Inhalt

Vorwort

Die Türkei befindet sich seit dem Machtantritt der islamisch-konservativen *Partei für Gerechtigkeit und Entwicklung* (AKP) im Jahr 2002 in einem Wandlungsprozess, der bereits mit deutlichen politischen, wirtschaftlichen und institutionellen Machtverschiebungen einhergegangen ist. Gestützt auf eine islamisch geprägte Machtelite und religiös-konservative Unternehmerschicht, konsolidierte die AKP Schritt für Schritt ihre Hegemonie gegenüber dem alten laizistischen Machtblock und seinen Institutionen. Während das Militär und die Justiz, als Bastionen des Kemalismus und Laizismus, immer mehr unter die Kontrolle der Politik gerieten, erweiterte der institutionalisierte Islam seinen Handlungs- und Betätigungsspielraum in der Gesellschaft, sunnitisch-islamisch geprägte Wertvorstellungen und Leitbilder gewannen in Politik und Gesellschaft deutlich an Gewicht, während säkulare Prägungen mehr und mehr verblassten. Der Begriff „Neue Türkei" soll diesem Wandel Nachdruck verleihen.

Am 15. Juli 2016 wurde die Weltöffentlichkeit durch ein einschneidendes Ereignis erschüttert: Teile der türkischen Streitkräfte versuchten, Staatspräsident Tayyip Erdoğan durch einen blutigen Putsch zu beseitigen. Das Vorhaben scheiterte, weil die Putschisten sich wahrscheinlich zum übereilten und unvorbereiteten Losschlagen hinreißen ließen. Trotz des andauernden Ausnahmezustands liegen die Umstände noch immer im Dunkeln. Der Putschversuch hat den Rechtsruck in der Türkei, der bereits vorher anlässlich der außenpolitischen Rückschläge in Syrien und Ägypten, der Panik wegen des Erstarkens des IS und der Herausbildung eines autonomen Westkurdistans begonnen hatte, immens verstärkt. Die Staatsführung reagierte auf den Umsturzversuch mit unpräzisen Verhaf-

tungs- und Suspendierungswellen und einer Verfassungsänderung zur Einführung eines Präsidialsystems. Das Verfassungs-
änderungspaket sieht eine starke Exekutive und weitreichende
Befugnisse für den Staatspräsidenten vor und wurde in einem
Referendum am 16. April 2017 mit einem knappen Ergebnis
(51,4 Prozent) angenommen. In Kraft tritt die neue Verfassung
voraussichtlich im November 2019.

Doch wohin wird sich die Neue Türkei entwickeln? In Richtung eines autoritär-autokratischen politischen Systems, das
stark islamisch geprägt ist? Wird aus der Türkei ein Land, das
dem Westen – der EU und den USA – den Rücken kehrt und
sich größtenteils der „islamischen Welt" und Eurasien zuwen-
det? Die Türkei blickt auf einen zwei Jahrhunderte andauernden Modernisierungsprozess zurück, in dessen Folge moderne
Institutionen und Normen aus Europa transferiert, an die vor-
herrschenden Bedingungen angepasst und implementiert wurden. Nach der Republikgründung wurden Nationalisierung
und Säkularisierung forciert fortgesetzt.

Allerdings war das Modernisierungsprogramm in der breiten Masse nie sonderlich beliebt, große Bevölkerungsteile betrachteten die säkular-prowestlichen Reformen als Maßnahmen, die das Land von seinen historischen Wurzeln, dem Islam, abgetrennt haben. In der Tat trieben die kemalistischen
Regierungen seit den 1920er Jahren zwei Sorgen um: der Erhalt der nationalen Einheit und das Bestreben, eine Politisierung des Islam zu unterbinden. Premier Menderes (1950–
1960) und Özal (1983–1993), beide konservativ-liberal orientiert und religiös, verstanden es, die Islamisten, die sich als
Widerstand gegen den republikanischen Laizismus formiert
hatten, in das politische System einzubinden. Unter Menderes trat die Türkei der NATO bei, unter Özal wurde der Antrag auf Aufnahme in die EU gestellt. Die türkischen Moder-
nisierer hatten erreicht, eine – wenn auch autoritäre – Mehr-
parteiendemokratie, eine funktionierende Wirtschaft und
staatliche Verwaltung zu etablieren – trotz mangelnder Begeis-

terung in der Bevölkerung. Durch die Versuche nach dem Militärputsch von 1980, sich mit der islamischen Identität des Landes zu arrangieren und Islamisten in die Politik einzubinden, wurde erreicht, dass eine islamistische Fraktion um Erdoğan, Abdullah Gül und Bülent Arınç sich mäßigte. Die AKP, die seit 2002 die Geschicke der Türkei lenkt, wurde am Anfang als eine „konservative demokratische Partei" zelebriert, die sich mit den säkularen Grundsätzen der Verfassung versöhnt hatte. Experten hielten der AKP-Regierung zugute, die türkische Demokratie normalisiert und die formale Demokratie und freie Marktwirtschaft mit einem moderat konservativen Islam verbunden zu haben. Von Analysten und Politikern wurde die Türkei als Modell für einen moderaten Säkularismus, Demokratie und privatwirtschaftlichen Wohlstand sowie als „Vorbild der Aufklärung" in der Region verhandelt.

In seiner medial inszenierten Rede gegen Ende des NATO-Gipfels 2004 in Istanbul griff US-Präsident George W. Busch die Brücken-Metapher auf und brachte gegenüber der türkischen Modernisierung seine Wertschätzung zum Ausdruck: „Nach 150 Jahren demokratischer und sozialer Reformen verkörpert Ihr Land ein Modell für andere Nationen und bildet Europas Brücke zur Welt. Ihr Erfolg ist eine Voraussetzung für eine von Fortschritt und Frieden geprägte Zukunft in Europa und im Nahen Osten" (*The Guardian*, 29.6.2004).

Von solchem Optimismus kann nicht mehr die Rede sein. Die Türkei wird heute als ein Land thematisiert, in dem die demokratischen Institutionen in ihrer Funktionsweise eingeschränkt, Menschenrechte verletzt, Rechtstaatlichkeit missachtet und Gewaltenteilung ausgehebelt werden. Welche historischen Ursachen und institutionellen Gründe hat die heutige Situation?

Dieses Buch will zum Verständnis der zentralen Elemente des politischen Systems der Türkei und damit seiner Funktionsweise sowie der Sozialstruktur, der Wirtschaft und des Verhältnisses von Religion und Politik beitragen. Bei der Erstellung dieses Buches hat sich der Autor auf die Forschungsliteratur, juristische Dokumente und eigene relevante Publikationen gestützt.

Yasar Aydin, Mai 2017

1. Eine kurze Geschichte der modernen Türkei

Die Geschichte der Türken lässt sich in eine alttürkische bzw. vorislamische Periode vom 6. bis zum 11. Jahrhundert und in eine islamische Periode ab dem 11. Jahrhundert einteilen. Die „ältesten verlässlichen Hinweise" auf die Türken finden sich in chinesischen Quellen aus dem 2. und 3. Jahrhundert n. u. Z., obwohl erst im 6. Jahrhundert auf dem Gebiet der späteren Mongolei mächtige türkische Föderationen entstanden. Ein historisches Dokument über eine Gesandtschaft des westtürkischen Khaghanats im Jahr 568 n. u. Z. in Konstantinopel gibt Auskunft über diplomatische Beziehungen zwischen Türken und dem Oströmischen Reich (Byzanz). Später entstanden zwischen der Chinesischen Mauer und dem Aralsee weitere Herrschaftsverbände nomadisch-türkischer Stämme. Von 745 bis 840 n. u. Z. bildeten die Uiguren ein Khaghanat, das nach einem Sieg über ein chinesisches Heer am Talas (751 n. u. Z.) die chinesischen Kaiser in seine Abhängigkeit bringen konnte. Um etwa 780 n. u. Z. traten die Oghusen *(Oğuzlar),* auf die die Sprachgruppe des Südwesttürkischen (u. a. Turkmenisch, Aserbaidschanisch, Osmanisch = ‚Türkei-Türkisch') zurückgeführt wird, auf die Bühne der Geschichte. „Der Name *Türk* wird v. a. von den Ogusen und ihren Abkömmlingen als Eigenbezeichnung verwendet" (Kreiser 2006a: 30). Die Oghusen waren auch die ersten islamischen Turkstämme.

Wenngleich die Islamisierung der Türken erst im 14. Jahrhundert als größtenteils abgeschlossen betrachtet werden kann, beginnt die islamische Periode, die sich wiederum in drei Unterperioden einteilen lässt, bereits im 11. Jahrhundert: Die *erste* Unterperiode bildet ein türkisches Mittelalter, das im 11. Jahrhundert mit dem Fall des Sassaniden-Reiches in Chorasan und

Transoxanien (etwa 1005 n. u. Z.) und der Entstehung des Großseldschukischen Reiches im Iran beginnt und mit der Eroberung Konstantinopels (1453) durch das Osmanische Reich endet. Die Seldschuken, benannt nach Khan Seldschuk, der gegen Ende des 10. Jahrhunderts mit seiner Gefolgschaft zum Islam übertrat, brachten 1034 Chorasan unter ihre Herrschaft, besiegten 1040 in der Schlacht von Dandânakân die Ghasnawiden, unterwarfen später auch große Teile Persiens und 1055 auch Iraks. Das Reich der Großseldschuken markiert sowohl die türkische Dominanz in der islamischen Welt als auch einen Wendepunkt in der Geschichte der islamischen Zivilisation und der muslimischen Völker. Die Seldschuken, die sich zuvor der „orthodoxen" Sunna angeschlossen hatten, hielten den Vormarsch des politischen Schiitentums auf, wandten sich davon ab und stellten so die politische Einheit der islamischen Welt wieder her (Kreiser 2006a: 37).

Die *zweite* Unterperiode der klassischen Jahrhunderte beginnt im 15. und endet im späten 18. Jahrhundert. Die *dritte* Unterperiode umfasst die Moderne, die mit den osmanischen Reformbemühungen eingeleitet wird, die im Bereich des Militärs beginnen und sich in der Bürokratie, Bildung und im Rechtssystem fortsetzen. Spätestens seit dem Reformedikt *Tanzîmât* (Neuordnung) vom 3. November 1839 lässt sich von einer türkischen Moderne sprechen, die sich wiederum in drei Zeiträume einteilen lässt (Zürcher 2004: 2-5):

1. in eine Ära der *osmanischen Modernisierung* von 1789 bis 1908, mit der der Übergang von einer klassisch-osmanischen hin zu einer modernen Gesellschaftsstruktur eingeleitet und größtenteils auch abgeschlossen wird.

2. in eine *jungtürkische Ära*, worunter die Jungtürkische Revolution von 1908, der Nationale Befreiungskrieg (1919-1922), die Gründung der Republik Türkei (1923), die kemalistischen Reformen sowie der Übergang zum Mehrparteiensystem fallen (1946). Diese Ära markiert eine tiefgreifende Kulturrevolution, die der Gesellschaft einen unver-

kennbar modern-westlichen Habitus verleiht, der trotz ge-
genläufiger Tendenzen erhalten geblieben ist.

3. schließlich in eine *Demokratie-Ära*, die mit dem Machtwechsel von 1950 beginnt, welche in zwei Perioden einzuteilen
ist: Vor und nach dem Jahr 1980, das den Übergang von einer importsubstituierenden zu einer exportorientierten
Wirtschaftspolitik sowie von einem strikten Laizismus zu einer Aufwertung des Islam als sozialen Kitt und Identitätsstif-
ter markiert. Charakteristisch für diese Zeit sind Versuche,
das politische System des Landes zu einer Demokratie nach
westlichem Vorbild zu machen, die mehrmals durch militärische Interventionen vereitelt wurden. Die strikte Westorientierung in der Außenpolitik ging mit einem Prozess der
Entsäkularisierung einher. Heute befinden sich Staat und
Gesellschaft der Türkei erneut in einer Umbruchphase, deren Ausgang offen ist.

Tabelle 1: Die türkische Geschichte im Überblick

Perioden	Herrschaft	Gesellschaftsstruktur	Ereignisse
Bis 11. Jh. Vorislamische Periode	Khaghanat der Göktürken, Khaghanat der Uiguren Karachaniden	Übergang von Segmentation zur Stratifikation, Herrschaftsverbände und Konföderationen	553-572: Erstes türk. Reich in der Mongolei 721: Chinesischer Hof verpflichtet sich zu Tributleistungen 731: Schlacht am Talas. Arabisches Heer besiegt ein chinesisches Heer etwa 1000: Niedergang der Macht der Sassaniden 1040: Seldschuken beherrschen Chorasam und fallen im Iran ein
11.-19. Jh. Islamische Periode	1037-1310: Seldschuken, 1299-1923: Osmanen	Reichsbildung, Urbanisierung, Aufstieg zur Großmacht – Land- und Seemacht	1049: Sultan Tugrul zieht in Bagdad ein, Kalif erkennt ihn als „Sultan des Ostens und Westens" an 1071: Schlacht von Manzikert/Malazgirt, Kriegsherr Alpaslan siegt über den oströmischen Kaiser Romanos IV. 1453: Eroberung Konstantinopels 1514-1518: Siege gegen Safawiden und Mameluken
Ab 19. Jh. Moderne Periode	Bis 1922: Osmanen, Ab 1923: Republik Türkei	Modernisierung, Inkorporation in das kapitalistische Weltsystem (Peripherialisierung), Ära der Jungtürken, Konstitutionelle parlamentarische Monarchie, Republikgründung, Prowestliche Reformen, Übergang zum Mehrparteiensystem, Ära der Demokratie	1789-1830er: Erste Reformen 1830-1870er: Fortsetzung der Reformen, ab 1839 Weltmarktintegration unter Bedingungen des „Freien Handels" 1870er-1908: Fortsetzung der Modernisierung, Abwendung vom Wirtschaftsliberalismus, graduelle Hinwendung zum Staatsinterventionismus 1908-1923: Konstitutionelle Monarchie 1919-1923: Nationaler Befreiungskrieg, Gründung der Republik Türkei (1923) 1923-1945: Einparteiensystem, kemalistische Reformen von oben 1946-1950: Einführung des Mehrparteiensystems und Machtwechsel (1950) 1950-1960: Westanbindung der Türkei, Teilliberalisierung 1961-1980: Pluralistische Phase der Demokratie-Ära, importsubstituierende Wirtschaftspolitik 1980-2002: Wirtschaftsliberalismus, exportorientiertes Wachstum, Liberalisierung der Märkte 2002/2009: AKP-Regierung, post-kemalistische Republik

Quelle: Eigene Zusammenstellung

1.1 Die osmanische Modernisierung

Auslöser der osmanischen Modernisierung waren interne und externe Faktoren. Seit dem späten 17. Jahrhundert befand sich die klassische soziopolitische Ordnung im Osmanischen Reich in einem Auflösungsprozess. Die Gesellschaft teilte sich auf in eine herrschende Klasse, bestehend aus dem Heer *(seyfiye)*, der Bürokratie *(kalemiye)* und den Rechts- und Gottesgelehrten *(ilmiye)* mit dem Sultan an der Spitze, und in steuerpflichtige Schichten *(reaya)*, bestehend aus freien Bauern, Handwerkern und Händlern. Zusätzlich existierte eine religiös begründete Schichtenzuordnung in Muslime und Nichtmuslime, wobei Letztere zwar Muslimen untergeordnet, jedoch innerhalb ihrer Religion relativ autonom organisiert waren *(Millet System)*. Die osmanische Gesellschafts- und Staatsordnung stützte sich auf drei Institutionen: 1.) auf die Bürokratie und das Militär, das aus einer Elitetruppe (Janitscharen) bestand, welche anfangs überwiegend aus christlichen Familien auf dem Balkan rekrutiert wurden *(Knabenlese)* und aus lokalen türkischen Reitertruppen *(sipahi* und *cebeli)* bestand; 2.) auf das *Tımar*-System, welches die Landverteilung und die Steuereintreibung regelte und 3.) auf Stiftungen (Karpat 2008: 13, Berkes 2013: 42 ff.). Eine eigenständige Klerikerschicht oder Landaristokratie existierte nicht.

Das Land war mit Ausnahme der Stiftungen *(vakıf)* im Besitz des Sultans *(miri)*, dessen Verteilung durch das Tımar-System erfolgte. Das *Tımar*-Lehnsgut wurde höheren militärischen und zivilen Staatsbediensteten anstatt eines Gehalts zugewiesen. Dem Nutzungsberechtigten *(Timariot)* wurden die Nutzungsrechte auf Lebenszeit übertragen, nach dessen Tod fiel das Tımar wieder an den Staat zurück. Der Timariot verpachtete das ihm zur Verfügung gestellte Land an Bauern und lebte von den Pachteinnahmen. Anders als im europäischen Lehenswesen durften die Nutzungsberechtigten ihre *Tımar* nicht vererben oder an Dritte weitergeben. Es gab drei Arten von Lehensgütern:

1. Die Einheiten *has* und *divani* brachten ein jährliches Einkommen über 100.000 *akçe* (osmanische Silbermünzen) für
   den Sultan und die Mitglieder der osmanischen Dynastie,
   die Großwesire, Provinz- und Kreis-Gouverneure.
2. *Zeamets* brachten ein Einkommen zwischen 20.000 und
   100.000 *akçe* für mittlere und untere Staatsbedienstete.
3. *Timar*, die kleinste Einheit mit einem jährlichen Einkommen von unter 20.000 *akçe*, wurde Reitersoldaten *(sipahi)*
   für ihre hervorragenden Verdienste im Krieg vergeben. Die
   Sipahis waren verpflichtet, sich und Hilfssoldaten *(cebeli)*
   mit Pferden und Waffen aufzurüsten und für den Sultan in
   den Krieg zu ziehen (İnalcık/Quataert 1994: 997, 1001 f.).

Für Bildung, Gesundheitsversorgung und Wohlfahrtsdienste
waren die Stiftungen zuständig, die ihre Dienste mit Einkommen aus ihren Besitzungen und Ländereien in ihrem Eigentum
finanzierten (Pamuk 2007: 51). Der überwiegende Teil des
Landes war im Besitz des Staates *(miri toprak)* und ein kleine-
rer Teil gehörte Stiftungen; freie Bauern besaßen lediglich das
Nutzungsrecht für das von ihnen bestellte Land (İnalcık 2008:
108 ff., Pamuk 2007: 47 ff.).

Die klassische osmanische Gesellschaftsstruktur wies präka-
pitalistische Züge auf: Die Wirtschaftsweise beruhte größtenteils auf bedarfsorientierter Produktion *(Subsistenzwirtschaft)*
und sollte v. a. die Versorgung von Hof, Heer und der Hauptstadt sicherstellen *(Provisionismus)*, wobei die Finanzpolitik sich
auf die Beschaffung finanzieller Mittel konzentrierte *(Fiskalis-
mus)*. Während der europäische Merkantilismus auf Export-
überschuss ausgerichtet war, zielte das osmanische System auf
Importüberschuss, was dem System enorme Stabilität verlieh.
Ein weiteres Charakteristikum der osmanischen politischen
Ordnung im klassischen Zeitalter war das Fehlen sozialer Kräfte (Feudalherren, Landaristokratie, Bourgeoisie, Kleriker) und
Institutionen (Kirche), die dem Absolutismus des Sultans hätten Widerstand leisten können (Ahmad 1993: 20-22, Toprak
1997: 222 ff., İnalcık 1994: 48 ff.).

Wirtschaftshistoriker bescheinigen dem Osmanischen Reich des 16. Jahrhunderts ein hochentwickeltes städtisches Manufakturwesen und enormes Potenzial für eine weitere Akkumulation des Handelskapitals, wobei sich dies jedoch nicht in Richtung eines höher entwickelten und einheitlichen Wirtschaftssystems (etwa Kapitalismus) entwickelte. Drei Faktoren waren dafür entscheidend: Erstens war die osmanische Wirtschaft geografisch, religiös und durch Standesschranken zersplittert, was die Entstehung eines stark vernetzten Binnenmarktes verhinderte. Zweitens hatte die Bevölkerung im Osmanischen Reich einen im Vergleich zu Russland und Japan deutlich größeren Anteil an Nomaden. Drittens schließlich kontrollierte und regulierte die zentrale Bürokratie den Wirtschaftskreislauf, setzte der Kapitalakkumulation Grenzen und verhinderte, dass ökonomische Macht in politische überging. Wenngleich die zentrale Verwaltung auf die wirtschaftliche Expertise und Netzwerke der Händler zurückgriff, hielt sie Händler von politischer Machtausübung fern (Karpat 2008: 31-37). Auch wenn sie ähnliche Funktionen wie die westeuropäische Bourgeoise ausübten, konnten sich Händler nicht zu einer politisch einflussreichen Klasse formieren (Lewis 1968: 31-37).

Im frühen 17. Jahrhundert zeigten sich erste Verfallstendenzen: Die lokalen Kräfte bauten ihre Machtbasis auf Kosten des Sultans aus, soziale, politische, wirtschaftliche und rechtliche Institutionen zeigten Funktionsstörungen. Das hohe Wirtschafts- und Wohlfahrtsniveau im späten 16. Jahrhundert hatte ein starkes Bevölkerungswachstum hervorgebracht, wovon die lokalen Notabeln profitierten. Sie nutzten den Bevölkerungs- und Arbeitskräfteüberschuss, um ihre wirtschaftliche und politische Machtbasis auszubauen. Im 17. und 18. Jahrhundert hatten es die Notabeln, die auch Steuern für den Sultan eintrieben, zu großem Wohlstand gebracht. Sie unterhielten große Söldnertruppen und hatten gegenüber dem Sultan an Autonomie gewonnen (Karpat 2008: 33).

Im 17. Jahrhundert endete zudem die geografische Expansion des Osmanischen Reiches. 1683 belagerte eine starke osmanische Armee Wien, die von den Habsburgern und ihren Verbündeten zerschlagen wurden. Im 17. und 18. Jahrhundert wurden kostspielige Kriege mit dem *Persischen* und *Russischen Reich* geführt, wodurch das *Osmanische Reich* militärisch und finanziell geschwächt wurde. Der Staatsführung gelang es nicht, eine stabile Währung zu etablieren, nachdem die osmanischen Münzen durch den Zufluss von Edelmetallen aus der *Neuen Welt* massiv abgewertet worden waren. Sie konnte auch kein neues funktionstüchtiges System der Landbesteuerung durchsetzen, um den ländlichen Mehrwert zu sichern (Faroghi 1994: 447 ff., 465 ff., Ahmad 1993: 23).

Am Vorabend der Französischen Revolution befand sich das *Osmanische Reich* aufgrund des zentrifugalen Drucks der aufstrebenden gesellschaftlichen Schichten in den Provinzen und der Expansionsbestrebungen des Russischen Reiches in einer doppelten Existenzkrise. Spätestens die Niederlage im Osmanisch-Russischen Krieg (1768-1774) brachte die militärische Unterlegenheit des *Osmanischen Reiches* ins Bewusstsein der herrschenden Schicht. Sultan Selim III. und die Staatseliten sahen die Lösung im Aufbau einer neuen, modernen Armee, um die Herrschaft des Zentrums in den Provinzen wiederherzustellen, den russischen Expansionsbestrebungen standzuhalten und die Existenz des Osmanischen Reiches in der internationalen Ordnung zu sichern. So erfolgte bereits im Jahr 1773 die Gründung der staatlichen Marineschule *(Mühendishâne-i Bahrî-i Hümâyûn)*. 1792 wurden umfassende Militär- und Finanzreformen durchgeführt, 1793 gründete man eine neue Armee nach westlichem Vorbild *(Nizâm-i cedîd)*, die jedoch 1807 aufgelöst wurde, nachdem Sultan Selim III. nach einem Aufstand in Istanbul abgesetzt worden war (McGowan 1994: 645, Akşin 1997: 78-83).

Tabelle 2: Gesellschaftsstruktur des Osmanischen Reiches

	Sultan	
Militärverwaltung Zivilverwaltung Gerichtsverwaltung	Osmanen	steuerbefreit Militärdienst
Reaya	Muslime Christen/Juden (dhimmi)	steuerpflichtig Militärdienst/Kopfsteuer

Quelle: Eigene Zusammenstellung

Die Französische Revolution und darauffolgende politische und verfassungsrechtliche Umwälzungen im späten 18. und 19. Jahrhundert, insbesondere aber die Staatenbildung nach Nationalitätsprinzip erfasste auch Ethnien des Osmanischen Reiches. Zunächst die nichtmuslimischen Serben, Griechen, Bulgaren und Armenier, später auch die muslimischen Albaner, Araber und Kurden. Ethnische Konflikte spitzten sich im 19. Jahrhundert zu, was entweder zur Loslösung der betreffenden ethnischen Gruppe vom Osmanischen Reich (Griechen, 1832), zur Autonomie (Serben und Bulgaren) oder zu ihrer gewaltsamen Vertreibung (Armenier, 1915-1917) führte (Quataert 1994: 766-770).

In der frühen osmanischen Modernisierung (1789-1830er) zielten die Reformen auf die Zentralisierung der Administration und die Stärkung der Staatsmacht gegenüber den Zentrifugalkräften. Der Staat wurde insbesondere durch zwei soziale Gruppen herausgefordert: Erstens durch die lokalen Notabeln, die wie gesagt im 18. Jahrhundert durch den Handel mit Europa ihre soziale und politische Machtbasis ausgebaut hatten, und zweitens durch die Janitscharen in der Hauptstadt, die sich immer mehr gegen die Macht des Sultans und seine Reformbemühungen stellten. Derweil war ein kapitalistisches Weltsystem auf dem Vormarsch, das auch vor dem Osmanischen Reich nicht Halt machte. Das Einfügen in dieses kapitalistische Welt- und Wertesystem kam einer Peripherisierung gleich, sodass dem osmanischen Staat immer mehr die Fähigkeit abhandenkam, externen wirtschaftlichen Einflüssen standzuhalten (Zürcher 2004: 63 ff., Keyder 2009: 229 ff.).

Durch das englisch-osmanische Handelsabkommen (1838) wurde der Protektionismus gänzlich aufgehoben und ausländischen Händlern das Recht zugestanden, sich direkt am Binnenhandel zu beteiligen. Das Abkommen stimulierte die Geldwirtschaft, der Import wuchs rapide an und auf dem Lande kam es ebenfalls zu einer Ausweitung kommerzieller Aktivitäten. Bei der Steuererhebung wurde von Naturalabgabe auf Barzahlung umgestellt, was die Bauern dazu nötigte, mehr für den Markt zu produzieren, um die Steuern in Barzahlung leisten zu können (Ahmad 1993: 28). Die Folge war ein Aufeinanderprallen des autochthonen traditionellen Wirtschaftssystems, der traditionellen gesellschaftlichen Produktionsweisen und politischen Strukturen, mit der europäisch-kapitalistischen Moderne, woraus sich nachhaltige gesamtgesellschaftliche Spannungen und Konflikte entwickelten (Zürcher 2004, İnalcık 1964).

Die Weltmarkintegration und der Handel mit Europa trugen zur Entwicklung einer griechischen Handelsbourgeoisie erheblich bei, die zu einer zentralen Trägerin der griechischen nationalistischen Bewegung wurde. Nach dem Unabhängigkeitskrieg von 1821 bis 1830 erreichte Griechenland schließlich seine Souveränität. Bald darauf setzten die Serben ebenfalls nach einem Aufstand (1815-1817) im Jahre 1839 eine weitgehende politische Autonomie durch (Zürcher 2004: 31-35).

Bereits im frühen 19. Jahrhundert gelangten die Staatseliten zu der Einsicht, dass zur Existenzsicherung des *Osmanischen Reiches* nebst einer effektiven Armee auch moderne politische und sozioökonomische Strukturen notwendig sind. Zwei Dinge wurden dabei als essenziell erachtet: die Sicherung des Rechts auf Privateigentum und der Schutz der Würde und Ehre aller osmanischen Untertanen ungeachtet ihrer Religion und Ethnie, insbesondere aber der besitzenden Klassen (Ahmad 1993: 24, 29). Die weitreichenden Reformbemühungen in der zweiten Phase der Modernisierung (1830-1870er) waren von diesen zwei Gesichtspunkten geleitet. So stand im Mittelpunkt des *Großherrlichen Handschreibens (Gülhâne-Edikt)*, womit Sultan Abdülmecîd 1839 die Epoche der *Tanzîmât-ı hayriye (Wohltätige Verordnungen)* einleitete, eine Rechtschutzgarantie für Personen und Vermögen aller Untertanen (Akşin 1997: 126-126).

Die *Tanzîmât*-Ära ist wirtschaftlich gekennzeichnet durch ein Freihandelsregime, das auf Druck von Großbritannien und Frankreich eingeführt wurde. Im Gegenzug sicherten beide Großmächte die Souveränität und die territoriale Integrität des Osmanischen Reiches. Das Handelsabkommen mit England im Jahr 1838 markierte den Abschied vom Staatsinterventionismus. Ausländische Händler konnten sich nun direkt am Binnenhandel beteiligen. Dies trug enorm zum Anstieg der Geldwirtschaft bei. Bauern waren nun gezwungen, für den Markt zu produzieren, um Steuern entrichten und Importgüter von ausländischen Händlern erwerben zu können. Dies führte dazu, dass Geldverleiher – meistens Nichtmuslime – auf dem Lande sozial, ökonomisch und politisch an Macht gewannen. Immer mehr Bauern waren von Gläubigern abhängig und mussten ihr Land an diese veräußern, um ihre Schulden zu begleichen. Diese Entwicklung trug zum Erstarken eines nationalen Bewusstseins bei und schürte ethnoreligiöse Konflikte – mit gravierenden Folgen (Ahmad 1993: 27 f.).

Während das Osmanische Reich immer mehr in die europäische Staatengemeinschaft einbezogen wurde und seine internationale Position sicherte (Hanioğlu 2008: 47 ff., 76 ff.), kam es im Inneren zu einer Machtverschiebung innerhalb des herrschenden Blocks: Der Palast des Sultans als Machtzentrum wurde abgelöst durch moderne Bürokratie und eine ministeriale Regierung, die im Zuge der institutionellen Reformen der *Tanzîmât*-Ära entstanden. Die Loyalität der Staatseliten und Bürokraten galt nun immer mehr abstrakten Idealen des Staates und der Nation. Charakteristisch für die *Tanzîmât*-Ära sind auch der Osmanismus als ein neuer imperialer Supranationalismus und das Gleichheitsversprechen des *Tanzîmât*- (1839) und

des *Hatt-ı-Hümâyûn-Reformediktes (Großherrliches Handschreiben)* vom 1856, mit denen die ethnischen Gruppen in den
Staat und die Gesellschaft integriert und separatistischen Strömungen entgegengewirkt werden sollte (Hanioğlu 2008: 72-
88). Flankiert wurde dies mit der Zulassung von Nichtmuslimen in den Staatsdienst und der Abschaffung der Kopfsteuer
für Nichtmuslime.

Ein Schlüssel zum Verständnis der osmanischen Modernisierung ist die Klassenstruktur, nämlich das Fehlen einer breiten
sozialen Schicht, auf die sich die Staatseliten bei ihren Reformbemühungen hätten stützen können. Die modernen Bürokraten
der Hohen Pforte unterstützten die Landbesitzer, die sie aus
zwei Gründen zum politischen Machterhalt benötigten: Zum
einen waren Pachteinnahmen die Haupteinnahmequelle für den
Staat und zum anderen handelte es sich bei der Landwirtschaft
um ein Wirtschaftssegment, das sich überwiegend in muslimi-
scher Hand befand. Die Grundrechtskodifizierung aus dem Jahr
1858, die das Ackerland privatisierte, sollte Grundherren Vor-
teile verschaffen. Weitere Reformen zielten ebenfalls auf die Anerkennung und Legalisierung des Privateigentums, insbesondere des Ackerlands. Bereits nach dem Handelsabkommen mit
England (1838) machte der Staat Landbesitzern diverse Zugeständnisse. Der Staat gab sein Ankaufsmonopol für Landwirt-
schaftsgüter auf und erlaubte Grundbesitzern, ihre Produkte direkt an ausländische Händler oder deren Agenten zu verkaufen,
wodurch die Kommerzialisierung der Landwirtschaft weiter vorangetrieben wurde, Landbesitzer prosperierten und Grund-
stückwerte rapide anstiegen. Bereits im Jahr 1876 formierten
sich Landbesitzer zu einer Gruppe, deren Vertreter im Parlament
eine moderne Interessenpolitik betrieben (Ahmad 1993: 29).

In den späten 1860ern kam es zu einer Schwächung der
Wirtschaftsdynamik, wovon die sich neu formierende Opposition der Jungosmanen profitierte, die größtenteils kleinbürgerlichen Schichten angehörten. Betroffen von der Wirtschaftskrise und dem *Freihandelsregime,* forderten sie die Verabschiedung

einer Verfassung sowie einen starken, in Wirtschaftsfragen intervenierenden Staat.

Die dritte Phase der osmanischen Modernisierung, die mit der Einführung der ersten osmanischen Verfassung im Jahr 1876 beginnt, ist gekennzeichnet durch eine – im Vergleich zu den Vorphasen – langsamere Wirtschaftsentwicklung und einen beachtlichen Anstieg ausländischer Direktinvestitionen. Die Anhänger der jungtürkischen Opposition, die die Jungosmanen ablösten, stammten ebenfalls aus der unteren Mittelschicht, die von der fortschreitenden Weltmarktintegration und der Erosion der einheimischen Wirtschaft benachteiligt waren (Ahmad 1993: 34, Hanioğlu 2008: 135 ff.).

In der Innenpolitik kam es unter Sultan Abdülhamid II. zu einer ideologischen Neuorientierung. An die Stelle des Osmanismus, der für eine Politik des Ausgleichs zwischen ethnischen und religiösen Gruppen stand, trat der *Panislamismus*, der u. a. in der Aufwertung des Islam zum Ausdruck kam. Damit vergrößerte sich die Skepsis nichtmuslimischer und nichttürkischer Bevölkerungsteile gegenüber der Zentralisierung. Nichtmuslime suchten zunehmend den Schutz der Großmächte, die dem türkischen Aufschwung ebenfalls mit Misstrauen begegneten. Den europäischen Großmächten ging es in erster Linie um den Erhalt von Privilegien und um Eingeständnisse ihren Bürgern gegenüber. Sie und nichtmuslimische Gruppen entwickelten sich zunehmend zu Gegnern der von Staatseliten angestrebten radikalen Reformen. Der Staat konnte vielfach nicht einmal das Staatsbürgerschaftsgesetz zur Anwendung bringen, weil zahlreiche osmanische Bürger durch den diplomatischen Schutz europäischer Großmächte und den Erwerb ausländischer Staatsbürgerschaften vor Strafverfolgung sicher waren. Ab 1858 hatten beispielsweise Angeklagte das Recht, ein mit einem Richter ihrer Religion besetztes Gericht zu wählen (Kreiser 2006b: 335).

Die Anstrengungen der Staatseliten der *Tanzîmât*-Ära, nichtmuslimische Bevölkerungsgruppen zufriedenzustellen und entsprechende Forderungen europäischer Mächte zu akzeptieren, hatten die muslimischen und türkischen Bevölkerungsteile von den Reformen entfremdet (İnalcık 1964). In dieser Atmosphäre betraten im späten 19. Jahrhundert die kleinbürgerlichen türkischen Nationalisten bzw. Patrioten die Bühne der Geschichte. Später wurden sie zentrale Akteure der spätosmanischen Modernisierung. Die von Sultan Selim III. initiierten und von Sultan Mahmut II. und Staatseliten fortgesetzten Modernisierungsbemühungen stärkten die Macht des Zentrums und beschränkten die Macht des Sultans – das Osmanische Reich entwickelte sich von einer absoluten zu einer konstitutionellen Monarchie (Hanioğlu 2008: 144ff., Zürcher 2004: 85-90, 93ff.).

Unter Sultan Abdülhamid II. wurde die Modernisierung in den Bereichen des Rechts, des Militärs und der Bildung fortgesetzt: Nach der Eröffnung der *Mekteb-i Hukuk-i Sultânî* im Jahr 1874, die Juristen ausbilden sollte, wurde 1877 die *Mekteb-i Mülkiye*, eine elitäre Zivilbeamtenschule, gegründet. Die Einrichtung etwa 10.000 öffentlicher Schulen fällt ebenfalls in die Regentschaft von Abdülhamid II. Der Sultan verstand Türken und turkophone Araber, Kurden, Albaner und Bosnier als staatstragende Schichten und setzte auf eine religiöse Homogenisierung der Gesellschaft und eine Turkisierung der Bildung (Georgeon 2012: 333ff. 365ff., Hanioğlu 2008: 123ff, 133ff.). Durch die Einwanderung muslimischer Volksgruppen aus dem Kaukasus und türkisch-muslimischer Gruppen aus dem Balkan verschob sich zudem die religiöse und ethnische Zusammensetzung der Bevölkerung Anatoliens zugunsten der Muslime und der ethnischen Türken (Karpat 2008: 123-142). 1894 wurde Türkisch auch an nichtmuslimischen Schulen als Pflichtfach eingeführt. Türkischkenntnisse in Wort und Schrift wurden zur Voraussetzung, um in den Staatsdienst aufgenommen zu werden. „Insofern gingen Homogenisierung und Emanzipation Hand in Hand" (Kreiser 2006b: 344).

1.2 Von der konstitutionellen Monarchie zur Republik

Am 3. Juli 1908 zogen sich die Jungoffiziere Ahmed Niyazi und der spätere Kriegsminister Enver mit ihren Soldaten und weiteren Zivilisten auf die Berge Makedoniens zurück und gaben damit die Initialzündung für einen Aufstand in den makedonischen Armeeeinheiten. Als die entsandten Truppen sich mit den Aufständischen solidarisierten, erhielt das *Komitee für Einheit und Fortschritt (İttihat ve Terakki)*, das hinter dem Aufstand stand, starken Zulauf. Sultan Abdülhamid II. konnte die Lage nicht mehr kontrollieren und erfüllte die Forderung der Jungtürken, die Verfassung vom 1876 wieder einzusetzen und das Parlament einzuberufen (Zürcher 2004: 93, Georgeon 2012: 546 ff.).

Ein zentrales Anliegen der jungen Offiziere, die vom französischen Positivismus beeinflusst waren, war die Rettung des Staates. Sie empfanden die Interventionen der europäischen Großmächte als Einschränkung der Reichssouveränität und fühlten sich in ihrem Ehrgefühl verletzt. Gebietsabtretungen trotz erfolgreicher militärischer Operation wie etwa beim Krieg gegen Griechenland oder beim Verlust Kretas bestärkten sie im Gefühl, europäischen Machenschaften ausgeliefert zu sein.

Nach Ankündigung der Wiedereinführung der Verfassung durch Sultan Abdülhamid II. am 24. Juli 1908 wurden im Spätherbst desselben Jahres Parlamentswahlen abgehalten, bei denen diverse Vorfälle das Vertrauen zu den Junktürken untergruben. Die feindliche Haltung der Nachbarstaaten und einiger Großmächte trugen ebenfalls zur Destabilisierung des neuen Regimes bei. Eine Reihe koordinierter Handlungen wie etwa die bulgarische Unabhängigkeitserklärung, die Annexion Bosniens und Herzegowinas durch Österreich-Ungarn sowie der Anschluss der Insel Kreta an Griechenland hatte eine Diskreditierung der verfassungsmäßigen Ordnung im Osmanischen Reich zur Folge. Verantwortlich für das Scheitern war auch das Fehlen einer nationalen Bourgeoisie, die als Trägerin des neuen konstitutionellen Systems hätte dienen können.

Nach einem Aufstand reaktionärer Kräfte im März 1909 konnten die aus Istanbul verjagten Jungtürken dank der Intervention eines Teils der Streitkräfte den Aufstand niederwerfen und Sultan Abdülhamid II. absetzen (Hanioğlu 2008: 150 ff., Georgeon 2012: 572 ff., Zürcher 2004: 95 ff.). Die Besetzung der osmanischen Provinz Tripolis in Nordafrika durch Italien eröffnete ihnen schließlich erneut den Weg zur Staatsmacht. Das Komitee für Einheit und Fortschritt organisierte durch seine jungen Offiziere den Wiederstand der Stämme gegen die Italiener. Das Balkankrieg-Debakel kam ebenfalls den Jungtürken zugute, die den Verlust der alten osmanischen Hauptstadt Edirne zum Anlass nahmen, um mit einem Staatsstreich am 23. Januar 1913 in Istanbul die liberale Regierung zu stürzen und die Macht an sich zu reißen (vgl. Hall 2000). Von diesem Zeitpunkt bis zum Ende des Ersten Weltkriegs lenkte sodann das *Komitee für Einheit und Fortschritt* die Geschicke des Osmanischen Reiches.

Die Zeit nach dem Balkankrieg markiert die Hinwendung vom Osmanismus, der auf Loyalität gegenüber Territorium und Staat basierte und ein Bündnis aller Volksgruppen vorsah *(ittihat-ı anasır)*, zum Türkismus (Toprak 2012: 41). Der türkische Nationalismus, der nach dem Balkankrieg in den Städten sehr im Aufwind war, war von Anfang an eine säkulare Bewegung, die sich gegen das Konzept der *umma* und gegen den Einfluss der *ulema* (religiöse Gelehrte) richtete. Eine weitere zentrale Besonderheit des türkischen Nationalismus bestand darin, dass weder eine national ausgerichtete Bauernschaft noch eine nationale Bourgeoisie existierte, die eine Wächterfunktion hätten erfüllen können (Günay 2012: 109). Die jungtürkische Regierung setzte die Säkularisierungspolitik der *Tanzîmât*-Ära fort, die 1915 mit der Unterordnung der religiösen Gerichtshöfe unter das Justizministerium und der Familienrechtsreform einen Höhepunkt erreichte.

Am 9. September 1914 erklärte die jungtürkische Regierung unilateral die Abschaffung der Kapitulationen ab dem 1. Oktober desselben Jahres, wodurch das Osmanische Reich endlich seinen „semikolonialen Status" (Ahmad 1993: 41) abschüttelte und seine Souveränität zurückerrang. Das *Komitee für Einheit und Fortschritt* setzte die Politik der *Tanzîmât*-Ära, die Landbesitzer durch Gesetze gegenüber den Bauern zu stärken, fort. Die jungtürkische Regierung verschrieb sich außerdem dem Ziel, eine moderne Gesellschaft mit kapitalistischer Wirtschaft zu errichten und eine türkische Bourgeoisie zu formieren, die diese Entwicklung mittragen sollte. Für viele Jungtürken war eine nationale Bourgeoisie die Bedingung für das Überleben der Gesellschaft und des Staates. Einer von ihnen war der einflussreiche Historiker Yusuf Akçuraoğlu, der sich für den Türkismus und die Abkehr von Osmanismus und Islamismus aussprach. Die Etablierung einer nationalen Bourgeoisie erachtete er als notwendig für den Fortbestand des Osmanischen Reiches und die Etablierung eines Nationalstaates (Akçuraoğlu 1330: 2102-3, 1340: 164-165).

Nach dem Ersten Weltkrieg hatte sich eine nationale Volkswirtschaft formiert, die von ethnischen Türken dominiert wurde, und eine neue, überwiegend türkische Unternehmerschicht, die als eine Bourgeoisie bezeichnet werden kann. Diese türkisch-nationale Bourgeoisie übte einen gewissen Einfluss auf die Regierungspolitik aus (Ahmad 2016: 7 f.).

Das Osmanische Reich ging aus dem Ersten Weltkrieg trotz einiger militärischer Erfolge *(Gallipoli-Schlacht* und *Kut'ül-Ammare-Schlacht* gegen die britischen Truppen im Irak und Vormarsch im Kaukasus) als Verlierer hervor. Die alliierten Truppen besetzten die Gebiete südlich der aktuellen türkischen Grenzen zu Syrien und Irak sowie die Hauptstadt Istanbul. Der Waffenstillstand von Moudros (30. Oktober 1918) sah die Öffnung der Meerengen und damit den Zugang zum Schwarzen Meer vor sowie für die Sieger das Recht, bei Bedarf jeden strategischen Punkt in Anatolien zu besetzen. Nach dem Friedensvertrag von Sèvres, der zwar vom Sultan unterzeichnet, vom Parlament jedoch nicht ratifiziert wurde, sollte Griechenland den größten Teil von Ostthrakien und das reiche Hinterland von Izmir erhalten, Artikel 89 sah die Ausdehnung des unabhängigen Armeniens auf Ostanatolien vor, das sich am 8. Mai 1919 auf russischem Boden gebildet hatte. Außerdem beabsichtigte man die Entmilitarisierung der Meerengen sowie die Einteilung des verbliebenen Anatoliens in ein italienisches, französisches und britisches Interessengebiet. Gegen diese Aufteilungspläne formierte sich schon bald Widerstand, der mit der griechischen Besetzung von Izmir einen weiteren Auftrieb erhielt (Tunçay 1997: 41 f., Kreiser 2006b: 364 ff., 377 ff.).

General Mustafa Kemal Pascha (später „Atatürk", „Vater der Türken", genannt) setzte sich ab Mai 1919 an die Spitze der nationalen Widerstandsbewegung, die hauptsächlich aus ehemaligen Mitgliedern der jungtürkischen Staatspartei *Komitee für Einheit und Fortschritt* bestand. Nach erfolgreicher Abwehr der griechischen Streitkräfte bei Inönü im Januar 1920 gelang es der türkischen Armee in einem dreiwöchigen Zermürbungskrieg am Sakarya-Fluss unweit von Ankara, die griechische Sommeroffensive zu stoppen. Nach einer einjährigen militärischen Vorbereitung gingen die türkischen Streitkräfte in die Offensive und errangen am 30. August 1922 im Raum Afyon bei Dumlupınar unter dem Oberkommando von Mustafa Kemal einen entscheidenden Sieg über die griechische Besatzungsarmee. Die türkische Armee setzte ihre Offensive fort und nahm bald darauf die Hafenstadt Izmir ein. Mit diesem Sieg war das Ende des 2000-jährigen Hellenismus in Anatolien endgültig besiegelt. Nach langen und zähen Verhandlungen wurde am 24. Juli 1923 der Friedensvertrag von Lausanne geschlossen, in dem die heutigen Grenzen der Türkei (mit Ausnahme der Provinz Hatay) festgelegt und die Minderheitsrechte für Nichtmuslime garantiert wurden. Am 13. Oktober 1923 wurde Ankara zur Hauptstadt ernannt und am 29. Oktober erfolgte die Proklamation der Republik mit Mustafa Kemal als Präsidenten (Tunçay 1997: 69-81, Kreiser 2006c: 383 ff.).

Nach Ansicht von Mustafa Kemal Pascha wie der meisten Intellektuellen seiner Zeit war für das Überleben der Türkei als Staat eine rasche und vollständige Modernisierung und Säkularisierung notwendig. Dazu gab es in den 1920ern und 1930ern eine Reihe von Reformen, die primär den politischen Überbau der Gesellschaft betrafen, ohne einen umfassenden sozialen und wirtschaftlichen Wandel zu bezwecken. Die Staatseliten gingen, gestützt auf Militär, Bürokratie und Händler, ein stabiles Machtbündnis mit den traditionellen ländlichen Notabeln ein. Zu den kemalistischen Reformen, die den Übergang zum säkularen Staat und einer westlich-modernen Gesellschaft markieren, zählen u. a. die Abschaffung des Kalifats und die Ausweisung aller Familienmitglieder der osmanischen Dynastie (3. März 1924), das Gesetz über die Schließung der Derwisch-Konvente und Mausoleen (3. September 1925), das Verbot traditioneller Kopfbedeckungen und die Kalenderreform (25. November und 26. Dezember 1925) sowie die Übernahme des italienischen Strafrechts und die Einführung der Zivilehe und des Zivilgesetzbuches nach Schweizer Vorbild (1. Juli, 9. September, 4. Oktober 1926). Mit dem Gesetz über die Einführung des lateinischen Alphabets am 3. November 1928 wurden zusätzlich alle geistigen Verbindungen zur osmanischen Geschichte und Kultur gekappt (Zürcher 2004: 166 ff.).

Die Abschaffung des Kalifats bedeutete eine qualitative Zäsur in der Reformbewegung und provozierte einen kurdischen Aufstand, da ohne den „Kalifen, der die gemeinsame, übernationale Tradition des Islam symbolisierte, […] die neue Republik als ein Nationalstaat in erster Linie des ethnisch-türkischen Elements [erschien]" (Adanır 1995: 35). Mit Notstandsmaßnahmen warf die Regierung den kurdisch-islamistischen Aufstand mit restaurativem Charakter nieder und brachte die Opposition zum Schweigen.

Ziel des von den kemalistischen Eliten forcierten Laizismus war die Zurückdrängung der Religion aus dem öffentlich-staatlichen Bereich. Sie sollte nicht abgeschafft, sondern Privatangelegenheit des Individuums werden. Im Jahr 1937 erreichte die Säkularisierung ihren Höhepunkt, als Laizismus als ein unabänderliches Prinzip in die türkische Verfassung aufgenommen wurde.

Die Zielsetzung von Atatürks Reformen war die Zerstörung alter Herrschaftsstrukturen, die Entmachtung der alten Staatseliten und traditionellen Würdenträger sowie die Diskreditierung antiquierter politischer Legitimationsmuster. Diesem Ziel sollte auch die Schriftreform dienen, mit der eine vollständige Abwendung von der islamischen Klassik und den politischen Einflüssen der spätosmanischen Zeit bezweckt wurde (Adanır 1995: 38).

In der Wirtschaftspolitik setzte die kemalistische Einparteiendiktatur die Wirtschaftspolitik der jungtürkischen Regierung fort, die sich an den Vorstellungen Friedrich Lists orientierte. Im *Alltürkischen Wirtschaftskongress* von Izmir im Februar und März 1923 wurde die künftige Wirtschaftspolitik festgelegt, die neben der Verpflichtung zur privatkapitalistischen Wirtschaftsweise drei weitere zentrale Punkte enthielt: die Förderung der einheimischen Unternehmer durch hohe Schutzzölle und steuerliche Erleichterungen, eine rasche infrastrukturelle Erschließung und Industrialisierung des Landes inklusive des Ausbaus des Transportwesens und der Herausbildung einer nationalen Bourgeoisie (Adanır 1995: 38 f.).

Auf der Friedenskonferenz von Lausanne konnte die Türkei die Abschaffung der Kapitulationen durchsetzen, musste jedoch in einem separaten Abkommen mehreren Staaten erhebliche Handelsvorteile einräumen. Die Türkei verpflichtete sich, keine Reglementierung des Außenhandels vorzunehmen. In den späten 1920er Jahren fielen schrittweise wichtige Bereiche der Produktion und des Handels unter das Staatsmonopol und bescherten der sich formierenden Nationalbourgeoisie mit Produkten und Dienstleistungen zu Höchstpreisen lukrative Gewinne. Damit trug das Regime der Kapitalarmut des Landes und der fehlenden unternehmerischen Tradition Rechnung.

Eine weitere wichtige Entwicklung war die Abschaffung des Naturalzehnten und die Subventionierung der Weizenpreise, was sowohl Großgrundbesitzern als auch Bauern zugutekam (Adanır 1995: 39 ff., Keyder 1989: 131 ff.).

1.3 Der Übergang zum Mehrparteiensystem

Die durch Kriegswirtschaft bedingte Knappheit und Inflationsbekämpfung während des Zweiten Weltkrieges ließ die Unzufriedenheit der Stadt- und Landbevölkerung wachsen, weil niedrige Preise für agrarische Produkte Bauern, Großgrundbesitzer und Provinzbürger (Handwerker, kleine Produzenten, Händler) gleichermaßen schädigte. Es ist u. a. diese Unzufriedenheit, welche die Macht der CHP unterminierte und bei der ersten freien Parlamentswahl im Jahr 1950 einen Machtwechsel herbeiführte (Zürcher 2004: 206 ff.). Verantwortlich für den großen Zulauf der Demokratischen Partei (DP, *Demokrat Parti)*, die bereits vier Jahre nach ihrer Gründung an die Macht kam, war auch das Unbehagen weiter Bevölkerungsteile gegenüber der autoritär etatistischen Politik der CHP-Regierung sowie ihre Unfähigkeit, auf die Sorgen breiter Bevölkerungsschichten einzugehen. Die Unzufriedenheit der Bevölkerung und die wirtschaftlichen und politischen Missstände gaben der DP Rückenwind. Sie konnte sich als eine Anti-Establishment-Bewegung gegen die CHP profilieren. Die DP versprach politischen Wandel durch Wirtschaftsliberalisierung und wurde in der Bevölkerung mit wirtschaftlichem Aufbruch in Verbindung gebracht. Eine tiefe Abneigung gegen die CHP und ihren militanten Säkularismus hielt die heterogene Anhängerschaft der konservativen und wirtschaftsliberalen DP zusammen (Günay 2012: 178 ff., 187 ff.).

Die ersten Jahre der DP-Regierung gingen mit einem beträchtlichen Wohlstandsgewinn einher. Verantwortlich hierfür waren der Kapitalzufluss im Rahmen des Marshall-Plans, der Korea-Boom und die Mechanisierung der Landwirtschaft sowie

der Ausbau des Straßennetzwerkes. Außenpolitisch führte die
DP-Regierung das Land weiter an den Westen heran, trat der
NATO bei und beantragte die Assoziierung an die Europäische
Wirtschaftsgemeinschaft (EWG). Die DP-Regierung markiert
im langen Modernisierungsprozess der Türkei eine Zäsur, da
erstmals versucht wurde, den Modernisierungsanspruch der
Eliten auf die Bedürfnisse der ländlichen Bevölkerung abzu-
stimmen. Mit ihrer Politik der Einbindung breiter ländlicher
und städtischer Massen und der Öffnung hin zu islamischen
Strömungen und ihrem pro-islamischen Populismus sicherte sie
zudem die Unterstützung religiös-islamistischer Kreise und
Netzwerke (Günay 2012: 187-201, Keyder 1989: 164 ff.).

Trotz der Wirtschaftsdynamik waren die Importe deutlich
stärker angestiegen als die Exporte, wodurch die türkische
Wirtschaft von ausländischen Krediten abhängig wurde. Als die
DP-Regierung in die Kritik internationaler Finanzinstitutionen
geriet, nahm der Kreditumfang ab, es kam zu einer Inflation
und Verlangsamung der wirtschaftlichen Entwicklung (Pamuk
2014: 223-234, 238-245). Mit ihrem zunehmend autoritären
und intoleranten Kurs gegen die Opposition verlor die DP-Regierung auch die Unterstützung von städtischen Intellektuellen. Anfang 1960 erreichte der Druck der Regierung und der
ihr nahestehenden Presse auf die Opposition einen Höhepunkt. Die Parlamentsmehrheit beschloss eine Untersuchung
gegen die CHP, am 18. April 1960 wurde eine Parlamentskom-
mission eingesetzt, die nur aus DP-Mitgliedern bestand. Am
selben Tag erklärte der Oppositionsführer İnönü, eine Revolution sei rechtens, wenn die Bedingungen erfüllt sind, was viele
als grünes Licht für eine Militärintervention interpretierten.
Nach regierungskritischen Massendemonstrationen in Istanbul
und Ankara wurde die DP-Regierung schließlich am 27. Mai
1960 durch einen Militärputsch abgesetzt und die Partei wurde verboten (Zürcher 2004: 221-240).

Die Putschisten leiteten ein Gerichtsverfahren gegen Staatspräsident Celal Bayar, Ministerpräsident Adnan Menderes so-

wie gegen weitere Minister und hohe Bürokraten ein. Gegen Menderes und zwei seiner Minister wurden Todesstrafen verhängt und ausgeführt. Entgegen dem Willen ihres radikalen Flügels, dessen Mitglieder ausgeschlossen wurden, entschied sich das *Nationale Einheitskomitee* für eine Rückkehr zur Demokratie. Eine neue Verfassung wurde entworfen, die in einem Referendum mit 61,7 Prozent der Stimmen angenommen wurde. In der Verfassung von 1961 und in der folgenden Regierung der CHP mit der Gerechtigkeitspartei (AP, *Adalet Partisi*) wurden der Presse größere Freiheiten und den Universitäten Autonomie gewährt sowie ein Zwei-Kammer-Parlament, ein Verfassungsgericht, ein neues Beamtenrecht und ein Hoher Rat der Wirtschaft eingeführt (Özdemir 1997: 192-206).

Die CHP-AP-Koalition ging nach zwei Jahren aufgrund unterschiedlicher Ansichten in der Frage der Gewährung einer Amnestie für Angehörige der verbotenen DP auseinander. Die CHP bildete unter der Führung von İnönü Koalitionsregierungen mit der *Yeni Türkiye Partisi* und der *Republikanischen Bauern- und Nationspartei*, die bis 1965 das Land regierte. 1965 kam die *Gerechtigkeitspartei (AP, Adalet Partisi)* mit absoluter Mehrheit an die Macht. Die 1961 gegründete AP trat als eine neue Kraft der politischen Mitte an die Stelle der im Vorjahr im Zuge des Militärputsches verbotenen DP. Die AP übernahm weitgehend auch die Kader der DP sowie ihr wirtschafts- und gesellschaftspolitisches Programm. Sie war eine Sammelpartei, die aus städtischen Industriellen, Bauern, Handwerkern, Großgrundbesitzern, Islamisten und westlich orientierten Liberalen bestand und deren Parteiführung eine antikommunistische und islamisch-moralische Rhetorik pflegte. Sie setzte der „linken Gefahr" islamisch-konservative Werte entgegen und trug so zur Stärkung einer islamisch geprägten Zivilgesellschaft bei. Der Aufstieg linker Gruppierungen in den 1960er Jahren beflügelte die Angst vor einem „linken Umsturz", was ein Zusammenrücken von Traditionalisten, Islamisten, Konservativen, Nationalisten und Vertretern der westlich orientierten städtischen Bevölkerung unter dem Dach der AP bewirkte (Günay 2012: 214 ff., Zürcher 2004: 250 ff.).

In die Zeit der AP-Regierung unter der Führung von Süleyman Demirel in den 1960er Jahren fallen staatliche Investitionstätigkeiten in großem Stil, wie etwa der Aufbau der großen Eisen- und Stahlwerke in İskenderun und Karabük. Im Gegensatz zur CHP, die auf politische und kulturelle Reformen setzte, entdeckte die AP-Regierung die Wirtschaft und Religion als Vehikel der Modernisierung. Für Demirel waren Islam und Säkularismus nicht unvereinbar; der Staat könne laizistisch sein, aber die Nation könne ohne die Religion nicht existieren. Diese Einstellung war dienlich, wenn es darum ging, den Zuspruch insbesondere der ländlichen Massen zu mobilisieren. Demirel konnte mit seiner AP die Parlamentswahlen im Jahr 1969 ebenfalls mit großem Abstand gegenüber der CHP gewinnen, wurde jedoch wegen seiner Weigerung, dem Militär im Antiterrorkampf weitere Zugeständnisse zu machen, 1971 gestürzt. Zum Hintergrund für die Intervention der Militärs am 12. März 1971 gehört auch der Bruch innerhalb des Mitte-rechts-Blocks. Necmettin Erdogan wurde gegen den Willen des Ministerpräsidenten zum Vorsitzenden der türkischen Wirtschaftskammer gewählt, die AP-Regierung war aufgrund parteiinterner Streitigkeiten gelähmt und unfähig, der zunehmenden Gewalt in den Universitäten Einhalt zu gebieten (Özdemir 1997: 225-231, Zürcher 2004: 253-263).

Charakteristisch für die 1960er Jahre sind eine wachsende politische Fragmentierung der Gesellschaft und die Herausbildung unterschiedlicher Interessen und Interessenvertretungen in Gestalt von Berufsverbänden, Gewerkschaften und Studentenorganisationen, die immer mehr an Bedeutung gewannen. Starkes Bevölkerungswachstum und die Mechanisierung der Landwirtschaft setzten sich fort, der Arbeitskräfteüberschuss auf dem Lande führte zur Abwanderung in die Städte. An den Rändern von Großstädten kam es mithilfe linksradikaler und religiöser Gruppen zur illegalen Besitznahme von Grundstücken, auf denen über Nacht neue Stadtteile mit notdürftigen Bungalowhäusern *(gecekondu)* entstanden. 1961 setzte zudem die Arbeitsmigration zunächst nach Deutschland, später auch in andere westeuropäische Staaten ein, Familienmigration und politische Migration folgten (Günay 2012: 217, Karpat 2010: 445 ff.).

Bei den Parlamentswahlen im Jahr 1973 errang Bülent Ecevit an der Spitze der CHP mit 33,3 Prozent der Stimmen einen Achtungserfolg. Obwohl sie die stärkste politische Kraft des Landes wurde, verfehlte die CHP eine absolute Mehrheit im Parlament und musste eine Koalitionsregierung mit der islamischen MSP, *Nationalen Heilspartei*, von Necmettin Erbakan bilden. Unter Ecevits Federführung hatte sich die CHP ab 1965 neu positioniert und die Parteilinie als links von der Mitte bestimmt. Nachdem Ecevit 1966 Generalsekretär der Partei wurde, setzte er die Linkswende fort und wurde bald als Kronprinz des alternden Parteiführers İnönü gehandelt. Beim Kongress im Jahr 1972 übernahm er die Parteispitze. Zuvor hatte sich Ecevit vehement gegen die Unterstützung der unter dem Druck der Militärs gebildeten Expertenregierung unter Nihat Erim ausgesprochen, war als Generalsekretär zurückgetreten und in innerparteiliche Opposition zu İnönü gegangen. Ecevit hatte sich bereits in den 1960ern als Anwalt der Arbeiter und kleinen Bauern profiliert, ging zu den Verbänden der Privatindustrie auf Distanz und trat für eine stärkere staatliche Reglementierung der Wirtschaft ein. Er bezeichnete die türkische Gesellschaft als korrupt *(bozuk düzen)* und änderungsbedürftig. In der Außenpolitik versuchte Ecevit, die Allianz mit dem Westen zu lockern. Die Beziehungen zum Westen hatten sich aufgrund der Landung türkischer Streitkräfte auf Zypern im Jahre 1974 und der Freigabe des Opiumanbaus gegen den ausdrücklichen Wunsch der USA verschlechtert, die USA verhängte ein Waffenembargo gegenüber der Türkei. Ecevits „Antiamerikanismus" hatte allerdings keine prosowjetische Kehrseite (Kreiser 2006c: 437).

Aufgrund von Differenzen mit Erbakans MSP war die Koalitionsregierung unter der Führung von Ecevit von kurzer Dauer. Für Erbakan war Ecevit in der Zypernfrage nicht radikal genug. Die links-islamische Koalitionsregierung wurde abgelöst von einer Dreierkoalition, der Nationalen Front unter Demirel. Sowohl diese als auch die nachfolgenden Regierungen konnten die Gewalt in den Straßen und Universitäten nicht eindämmen und für stabile politische Verhältnisse sorgen. Es kam zu bewaffneten Auseinandersetzungen zwischen links- und rechtsradikalen Gruppierungen, zu sunnitisch-alevitischen Zusammenstößen in den zentralanatolischen Städten Maraş und Çorum und zu Attentaten auf Politiker, Akademiker und Journalisten. Im Dezember 1978 fielen in Kahramanmaraş mehr als 100 Menschen, überwiegend Aleviten, einem Pogrom zum Opfer, etwa 300 Personen wurden verwundet, 500 Häuser und Läden zerstört. Bis zum Militärputsch am 12. September 1980 kamen laut offiziellen Angaben 5.713 Menschen bei Auseinandersetzungen, Attentaten und Anschlägen ums Leben, 18 480 wurden verletzt. Zwischen 1972 und 1980 wurden Politiker insgesamt 16-mal mit einer Regierungsbildung beauftragt, siebenmal waren sie dazu nicht in der Lage, zweimal regierten sie ohne Vertrauensvotum (Kreiser 2012: 96-99).

1.4   Der Beginn der rechten Hegemonie

Am 12. September 1980 übernahm das Militär zum dritten Mal in der Geschichte der Republik Türkei die Macht. Das Parlament wurde aufgelöst, die politischen Parteien und Hunderte von Politikern mit Betätigungsverbot belegt, später wurden die Parteien auch verboten. Zahlreiche linke und einige rechte Organisationen wurden verboten. Es kam zu mehreren Tausenden von Verhaftungen, 171 Menschen fanden nachweislich unter Folter den Tod. Etwa 517 Menschen wurden zu Tode verurteilt, an 26 politisch Angeklagten wurde die Todesstrafe vollzogen. Ungefähr 14.000 Türken entzog man die Staatsangehörigkeit, etwa 30.000 Menschen suchten den Weg ins europäische Exil. Die Auswanderung zahlreicher Akademiker und Künstler hatte einen spürbaren kulturellen Kahlschlag (Kreiser 2012: 102) zur Folge.

1982 bereitete die vom Militär zusammengestellte Gründungsversammlung *(danışma meclisi)* einen Verfassungsentwurf vor, der in einem Referendum am 7. November 1982 mit 91,3 Prozent Zustimmung fand. In dem Referendum wurde zugleich die Rückkehr zur Demokratie beschlossen, die allerdings viele Jahre eine durch die Militärs „gelenkte Demokratie" blieb. Gleichzeitig wurde der Führer der Militärjunta, Kenan Evrem, zum Staatspräsidenten gewählt. Unter der Militärherrschaft kam es zu einer Wiederbelebung des Atatürkismus und zur Aufwertung des Islam als nationales Bindeglied. Die vom konservativen Intellektuellen-Forum *(Aydınlar Ocağı)* konzipierte Türkisch-Islamische Synthese wurde zum Leitprinzip des Staates erhoben, wichtige Institutionen wie etwa der Hochschulrat *(YÖK)* und die öffentlich-rechtliche Rundfunkanstalt wurden mit Anhängern der Türkisch-Islamischen Synthese besetzt. Somit erfüllten sich viele Erwartungen des rechten Spektrums (Tanör 1997: 25-42, 51-57).

Bei der Parlamentswahl im Jahr 1983, zu der nur drei Parteien zugelassen wurden, wurde die Mutterlandspartei *(AnaP)* von Turgut Özal mit 45,1 Prozent die stärkste Kraft. Die Populistische Partei *(HP, Halkçı Parti)* wurde mit 30,5 Prozent zweitstärkste Kraft, die von den Generälen unterstützte Nationalistische Demokratie Partei *(MDP, Milliyetçi Demokrasi Partisi)* erreichte nur 23,3 Prozent, die unabhängigen Kandidaten erhielten 1,1 Prozent. Staatspräsident Kenan Evren, zuvor Führer der Militärjunta, misstraute dem Wirtschaftsfachmann Özal aufgrund dessen Verbindungen zu einer Nakşibendi-Bruderschaft, obwohl er von 1980 bis 1982 an der Regierung des von den Militärs ernannten Bülent Ulusu als Wirtschaftsminister beteiligt war. Özal gilt aufgrund des von ihm konzipierten Wirtschaftsreformprogramms vom 24. Januar 1980 als Begründer der liberalen türkischen Volkswirtschaft. Vor diesem Wirtschaftsprogramm übernahm der Staat wichtige Planungsaufgaben und eine große Anzahl von Betrieben war im öffentlichen Besitz (Tanör 1997: 58 ff.).

Die *AnaP* verstand sich als Antithese zu den Parteien aus der Zeit vor dem Putsch und trat für eine soziale Marktwirtschaft ein, gleichwohl bildeten neoliberale Ansätze die Basis ihres Regierungshandelns mit dem Ziel einer grundlegenden Modernisierung der Türkei. Diese Politik sorgte in den 1980er Jahren für rasantes Wirtschaftswachstum und bewirkte einen enormen Modernisierungsschub insbesondere der Infrastruktur des Landes. In diese Zeit fiel der Ausbau des Straßennetzes, der Flughäfen sowie des Telekommunikations- und Stromnetzes. Ministerpräsident Özal nahm sich im Juli 1987 das Recht, mit Necip Torumtay einen Generalstabschef selbst zu bestimmen, wodurch er mit der Tradition brach, der Armee die Auswahl ihrer Spitzenposition zu überlassen. Generalstabschef Torumtay trat vor dem Golfkrieg ab, weil er Özals USA-freundliche Außenpolitik missbilligte (Zürcher 283 ff.).

Bei der Parlamentswahl 1987 rutschte die AnaP auf 36,1 Prozent ab, blieb jedoch die stärkste Kraft, gefolgt mit 24,7 Prozent von der SHP (der Sozialdemokratischen Volkspartei unter der Führung von Erdal Inönü), mit 19,1 Prozent von der DYP *(Partei des Rechten Weges)* unter Führung von Süleyman Demirel) und mit 8,5 Prozent von der DSP (Demokratischen Linkspartei unter Führung von Bülent Ecevit). Zwei Monate vor der Parlamentswahl wurde das Betätigungsverbot für viele Politiker, darunter auch Demirel, Ecevit, Erbakan und Türkeş, frühzeitig aufgehoben. Ab 1984 verübte die 1978 gegründete PKK Anschläge nahe der irakischen Grenze, 1986 bombardierten türkische Streitkräfte die PKK-Stützpunkte in Nordirak und im Juli 1987 wurde in der Südosttürkei der Ausnahmezustand ausgerufen.

1989 ließ sich Premier Özal, der in der Wählergunst zurückgefallen war (seine AnaP wurde bei der Kommunalwahl 1989 mit 21,8 Prozent der Stimmen nur die drittstärkste Kraft des Landes), vom Parlament zum Staatspräsidenten wählen. Sein Nachfolger war Necmettin Akbulut, der später von Mesut Yilmaz ersetzt wurde, nachdem der 1987 gestellte Antrag der Türkei auf eine Mitgliedschaft in der Europäischen Gemeinschaft am 5. Februar 1990 abgelehnt wurde. Korruptionsvorwürfe gegen die Führungsriege, die rapide ansteigende Inflation sowie das Erstarken von Parteien aus der Zeit vor 1980 bzw. ihre charismatischen Führer (Demirel, Ecevit, Erbakan, Türkeş) ließen die Zustimmung für die AnaP weiter sinken. So kam sie bei der Parlamentswahl 1991 mit Verlusten von zwölf Prozentpunkten gegenüber 1987 auf nur 24 Prozent der Stimmen und ging in die Opposition (Tanör 1997: 79-83).

Bei der Parlamentswahl 1991 wurde die DYP die stärkste Kraft und bildete mit der sozialdemokratischen SHP eine Koalitionsregierung. Trotz weitreichender Ankündigungen, den Demokratisierungsprozess weiter voranzutreiben, wurden in den Bereichen Menschenrechte, Kurdenkonflikt und Verfassungsreform keine wesentlichen Verbesserungen erreicht. Nach dem unerwarteten Tod des Staatspräsidenten Turgut Özal wurde Süleyman Demirel 1993 vom Parlament zu dessen Nachfolger gewählt. Den Parteivorsitz übernahm die Wirtschaftsprofessorin Tansu Çiller, die erste und bislang einzige Ministerpräsidentin der Türkei (Tanör 1997: 87).

Nach der Parlamentswahl im Jahr 1995 bildete die DYP 1996 eine Koalitionsregierung mit der islamistischen RP, die mit 21,3 Prozent der Stimmen die stärkste politische Kraft wurde. Da keine andere Partei bereit war, mit Erbakans RP zusammenzuarbeiten, zog sich die Regierungsbildung über ein halbes Jahr hin. Zuvor stand Mesut Yılmaz für kurze Zeit einer Koalitionsregierung vor, allerdings ohne Vertrauensvotum. In diese Zeit fiel der Eintritt der Türkei in die Zollunion, womit die Türkei sich verpflichtete, den ungehinderten Handel mit Industriegütern zu ermöglichen. Als AnaP und DYP damit scheiterten, gegen die RP zu koalieren, bildeten im Juni 1996 DYP und RP dann doch noch eine Koalition mit Necmettin Erba-kan als Ministerpräsident (Günay 2012: 303).

Verschiedene Faktoren und Entwicklungen waren für den Er-folg der Islamisten verantwortlich. Aufgrund des abrupten Über-gangs zu einer liberalen Marktwirtschaft und einer Konsumge-sellschaft kam es in den 1980er Jahren zu starken gesellschaftli-chen Veränderungen und sozialen Verwerfungen. Korruptions-skandale ließen zudem das Vertrauen der Bevölkerung in die eta-blierten Parteien schwinden. In dieser Atmosphäre konnte die RP mit dem Beschwören moralischer und religiöser Werte erfolg-reich für sich werben. Gleichwohl präsentierte sich Erbakan in seiner Amtszeit weitgehend als Realpolitiker, seine politisch-isla-mische Ausrichtung zeigte er lediglich durch Auslandsreisen in die arabischen Staaten, mit denen die Türkei stärker kooperieren und sich gleichzeitig vom Westen loslösen wollte. 1997 wurde seine Regierung auf Betreiben des Militärs zum Rücktritt ge-zwungen. Der „sanfte Putsch" war das vierte und letzte Mal, dass das türkische Militär einen Regierungswechsel erzwang. Die RP wurde 1998 vom Verfassungsgericht verboten, Erbakan selbst mit einem fünfjährigen Politikverbot belegt (Günay 2012: 309 ff.).

Nach dem durch das Militär erzwungenen Rücktritt der Re-gierung von Necmettin Erbakan 1997 kam es zu einer Koaliti-onsregierung der AnaP, der DSP und der DTP *(Demokrat Tür-kiye Partisi)*. Als Ministerpräsident Mesut Yilmaz bereits im da-rauffolgenden Jahr wegen eines Misstrauensvotums zurücktre-ten musste, kam es zur Bildung einer neuen Regierung unter der Führung Bülent Ecevits, der zum vierten Mal Ministerprä-sident der Türkei wurde. In diese Zeit fiel die Verhaftung des kurdischen Rebellenführers Abdullah Öcalan, wovon sowohl die DSP als auch die nationalistische MHP bei der vorgezoge-nen Parlamentswahl 1999 massiv profitierten: Sie wurden zur stärksten bzw. zweitstärksten politischen Kraft des Landes. Nach der Wahl bildeten sie gemeinsam mit der *nationallibera-len AnaP* eine Koalitionsregierung unter der Führung von Ece-vit (Günay 2012: 319 ff.).

Die Regierung Bülent Ecevits trat mit dem Ziel an, umfassende Reformen durchzuführen, den Staatsapparat umzugestalten, die angeschlagene Wirtschaft wieder auf Kurs zu bringen sowie Inflation und Korruption effektiver zu bekämpfen. Auf dem EU-Gipfel in Helsinki 1999 erreichte die Türkei, dass ihr der Status eines EU-Beitrittskandidaten in Aussicht gestellt wurde. Daraufhin wurde ein nationaler Reformplan entwickelt, im Oktober 2001 wurden 34 Artikel der türkischen Verfassung geändert und die Todesstrafe wurde abgeschafft. Im selben Jahr stürzte die türkische Wirtschaft in eine tiefe Finanz- und Wirtschaftskrise, aus der sie mit einem Struktur- und Reformprogramm unter der Leitung von Kemal Derviş geführt werden konnte. In dieser Zeit kam es aufgrund von Differenzen zum Bruch der Koalition. Bei den vorgezogenen Parlamentswahlen 2002 gewann die islamisch-konservative AKP, *Partei für Gerechtigkeit und Entwicklung*, mit 34,4 Prozent der Stimmen (Günay 2012: 324 ff.).

Zwischen 2003 und 2005 hat die AKP-Regierung eine Reihe von liberalisierenden Reformpaketen verabschiedet, mit denen die Bedingungen der EU für den Beginn der Beitrittsverhandlungen erfüllt wurden (Oran 2006: 115 ff., Özbudun/ Hale 2010: 105 ff.). Diverse Entwicklungen führten zur Verbesserung des Images der Türkei in Europa und waren ausschlaggebend, dass 2005 die Europäische Union mit der Türkei Beitrittsverhandlungen aufnahm: Die Verabschiedung eines neuen Strafrechts (2005), die Abschaffung der Todesstrafe in Friedenszeiten (2002) und im Militärgesetz (2003) sowie die andauernde Umsetzung des Wirtschaftsprogramms von 2001 haben zusammen mit der positiven weltwirtschaftlichen Entwicklung die Wirtschaftslage deutlich entspannt. Im Jahr 2005, in dem die EU Beitrittsverhandlungen mit der Türkei aufgenommen hat, kam es zu einem Aufflammen nationalistischer Unruhen, die sich gegen die Kurden und andere „Feinde der Republik" richteten. Es folgten spektakuläre Prozesse gegen den späteren Literatur-Nobelpreisträger Orhan Pamuk, den

türkisch-armenischen Journalisten Hrant Dink und die türkische Schriftstellerin Elif Şafak wegen „Verunglimpfung des Türkentums". Die AKP-Regierung hielt sich in dem nationalistisch
aufgeheizten Klima zurück. Dink fiel am 19. Januar 2007 einem Mordanschlag zum Opfer (vgl. Dietert 2012a: 151 ff.,
Hermann 2007, Ritter 2008).

Im Juni 2007 fand die Polizei im Istanbuler Stadtteil Ümrani-
ye Handgranaten und Sprengstoff, die nationalistischen Kreisen
zugeordnet wurden. Es folgten weitere Untersuchungen und im
Juli 2008 ein Strafverfahren gegen das terroristische Netzwerk
Ergenekon, dem Aktivitäten zum Sturz der AKP-Regierung vor-
geworfen wurden. Im Frühjahr 2007 organisierten nationalistische, ultrakemalistische Organisationen in mehreren türkischen
Großstädten Massenproteste gegen die AKP-Regierung, der die
Abschaffung des Laizismus und Ausverkauf nationaler Interessen
unterstellt wurden. Am 27. April 2007 drohte der Generalstab
in einem auf seiner Internetseite veröffentlichten Memorandum
mit „Maßnahmen" für den Fall, dass AKP-Außenminister Abdullah Gül zum Staatspräsidenten gewählt werde. Nachdem im
Mai das Verfassungsgericht die Wahl Güls zum Staatspräsidenten verhindert hatte, kam es zur vorgezogenen Parlamentswahl
am 22. Juli 2007, bei der die AKP einen Erdrutschsieg erreichte.
Am 28. August wurde Gül im Parlament mit der erforderlichen
Mehrheit zum ersten nichtkemalistischen Staatspräsidenten der
Republik gewählt. 2008 scheiterte ein Verbotsverfahren gegen
die AKP, der „antilaizistische Bestrebungen" unterstellt wurde.
2010 wurde in einem Referendum mit 57,9 Prozent der Stimmen die bislang weitestgehende Änderung der Verfassung von
1982 beschlossen. Die Verfassungsänderung bewirkte eine weitere Beschneidung der Rolle des Militärs und beinhaltete eine
Justizreform, die die Zusammensetzung des Verfassungsgerichts
zugunsten der Exekutive veränderte und eine moderate Ausweitung der Gewerkschaftsrechte, die Einrichtung eines Ombuds-
manns und die Aufhebung der strafrechtlichen Immunität für
Mitglieder der Militärjunta von 1980 enthielt.

Die AKP konnte nach 2002 zwei weitere Kommunal- und Parlamentswahlen gewinnen und dabei ihren Stimmenanteil weiter ausbauen. Durch einen ansehnlichen Wohlstandsgewinn, die deutliche Stärkung sozialer Rechte sowie eine signifikante Verbesserung von Gesundheitsversorgung, urbanen Infrastrukturen und Verkehrsnetzwerken zwischen 2003 und 2012 stieg die AKP in der Wählergunst. Bis 2005 setzte die AKP-Regierung die politischen, juristischen und wirtschaftlichen Reformen fort und erreichte, dass die Türkei 2005 offiziell den Status eines EU-Beitrittskandidaten erhielt. Auch unternahm sie wichtige Schritte zur Verbesserung der sozialen und wirtschaftlichen Lage der kurdischen Bevölkerung, startete am 1. Januar 2009 einen staatlichen Fernsehkanal in kurdischer Sprache und führte mit der verbotenen Arbeiterpartei Kurdistans *(PKK, Partiya Karkeren Kurdistan)* Verhandlungen, um den bewaffneten Konflikt beizulegen (vgl. Dietert 2012b, Gottschlich 2009, Seufert 2013).

Mit zunehmender Machtkonsolidierung der AKP haben sich jedoch die Demokratisierungs- und Reformprozesse ab 2010 verlangsamt. Wenngleich bereits vorher die Meinungsfreiheit eingeschränkt, regierungskritische Medien durch Steuerfahndungen oder mit anderen finanziellen Mitteln unter Druck gesetzt und kritische Journalisten eingeschüchtert wurden, haben insbesondere die *Gezi-Park-Proteste* im Sommer 2013 die autoritären Züge der AKP-Regierung offengelegt. Als im Mai 2013 bei einem Bombenanschlag in der Provinz Hatay, die direkt an Syrien grenzt, 52 Personen ums Leben kamen, wuchs türkeiweit die Angst, in einen Krieg mit Syrien hineingezogen zu werden. Die Opposition unterstellte der Regierung, zur Verschärfung der Lage in Syrien beizutragen. In dieser angespannten Atmosphäre kam es wenige Wochen später zu einer Protestaktion gegen den Abbau des Gezi-Parks im Zentrum Istanbuls, um Platz für den Nachbau eines im Jahr 1940 abgerissenen Kasernengebäudes zu machen. Als am 28. Mai 2013 zu früher Morgenstunde der Park mit unverhältnismäßiger Polizeigewalt gegen die Besetzer geräumt wurde, löste dies landesweite Proteste aus, die mehrere Wochen andauerten. Bei den Auseinandersetzungen kamen acht Personen ums Leben, Erdoğans scharfe Rhetorik gegen die Demonstranten trug erheblich zur weiteren Polarisierung in der Gesellschaft bei (Aydın 2014e).

Am 17. Dezember 2013 wurden im Rahmen von Korruptionsfahndungen regierungsnahe Personen (darunter drei Söhne von Ministern) festgenommen. Statt Untersuchungen einzuleiten, sprach Erdoğan von einer „sehr schmutzigen Operation“ der Gülen-Bewegung, die das Ziel habe, die AKP-Regierung zu stürzen. Der Premier behauptete fortan, die Gezi-Proteste und die Korruptionsermittlungen seien zwei zusammenhängende Aktionen eines geplanten Angriffs gegen seine Regierung und überhaupt gegen die Türkei. In der Folge setzte sich der türkische Premier Erdoğan über alle demokratischen Grundsätze hinweg, um weitere Fahndungen zu verhindern. Vor der Kommunalwahl 2014 gewann die politische Lage zusätzlich an Unübersichtlichkeit durch die Grabenkämpfe mit der einst verbündeten Gülen-Bewegung, die nach der Wahl 2011 zum offenen Konflikt wurden, als die angeblich der Gülen-Bewegung nahestehenden Sonderstaatsanwälte den Geheimdienstchef Hakan Fidan wegen „Kollaboration mit Terroristen“ festnehmen wollten. Der Konflikt zwischen AKP und Gülen-Bewegung eskalierte mit dem Vorstoß der AKP-Regierung, die privaten Nachhilfeschulen – *Dershane* – zu schließen (Martens 2013: 3). Die *Dershanes* waren für die Gülen-Bewegung eine zentrale Einnahmequelle und ein Rekrutierungsfeld.

Im Sommer 2015 wurden die bewaffneten Kämpfe zwischen den türkischen Streitkräften und der PKK wieder aufgenommen, nachdem bereits vor der Parlamentswahl im Juni 2015 die Verhandlungen zwischen der Regierung, Öcalan und der PKK-Führung abgebrochen wurden. Unmittelbar nach dem Bombenanschlag von Suruç am 20. Juli 2015, bei dem 31 Jugendliche starben, antworteten türkische Spezialeinheiten mit groß angelegten Razzien gegen mutmaßliche IS-Geheimzellen. Zugleich flogen Kampfjets Luftangriffe gegen IS-Stellungen in Nordsyrien. Währenddessen ermordeten die PKK-Einheiten zwei Polizisten, denen sie eine Verwicklung in den Bombenanschlag von Suruç unterstellten. Seitdem führt die Türkei einen Zweifrontenkrieg gegen den IS und die PKK und wurde Zielscheibe von Terroranschlägen, bei denen mehrere Hundert Menschen ums Leben kamen.

Zwischen Juli 2015 und März 2016 kam es neben Angriffen auf Militärkonvois und Militärstationen durch die PKK zu fünf schweren Bombenanschlägen in Ankara und İstanbul, zu denen sich PKK und IS bekannten und bei denen mehrere Hundert Zivilisten starben. Seit dem Spätsommer 2015 eskaliert in der Südosttürkei ein bewaffneter Konflikt zwischen der türkischen Armee und den PKK-Milizen, die durch ihren Straßenkampf einen Autonomiestatus erzwingen wollen. Widerstandskraft und Ausdauer lassen auf eine lange, systematische Vorbereitung und eine durchdachte Strategie schließen. Die Aufständischen behaupten sich gegen Panzer, die durch Städte rollen, indem sie häufig Zivilisten als Schutzschilder missbrauchen.

Experten der Außen- und Sicherheitspolitik kritisieren die türkische Führung, das Land in eine missliche Lage manövriert zu haben. Obwohl Washington Ankara zur Mäßigung rät, zeigt sich Erdoğan kaum geneigt, außenpolitische Fehler oder gar im Inneren verschuldete Fehlentwicklungen einzugestehen. Die Verhandlungen mit der PKK sind gescheitert, weil diese aus den Erfolgen ihrer Schwesterorganisation PYD in Nordsyrien und der internationalen Aufwertung, die sie dadurch erfahren hat, politisches Kapital schlagen und die AKP-Führung den Kurden einen Deal abringen wollte, der auf das Junktim hinauslief: Mehr demokratische und kulturelle Rechte für Kurden gegen Unterstützung beim Übergang zum Präsidialsystem. Tatsache ist, dass sich die AKP-Regierung mit ihrer Syrien- und Kurdenpolitik wider den Zeitgeist gestellt hat, der mehr Demokratie und Autonomie für die Kurden verlangt. Zugleich hat der seit Sommer 2015 eingeschlagene Konfrontationskurs der PKK einen großen Anteil an den verhärteten Fronten und der Gewalteskalation. Dies schwächt und paralysiert die Opposition in der Türkei.

In der Nacht vom 15. auf den 16. Juli 2016 gab es in der Türkei einen Putschversuch, der jedoch vereitelt werden konnte. Dabei wurde das türkische Parlament von Kampfjets der türkischen Luftwaffe bombardiert und bei Zusammenstößen zwischen Zivilisten und Offizieren sowie unter Polizisten, Offizieren und Spezialeinheiten kamen etwa 250 Menschen ums Leben, über 2.000 wurden verletzt. Ausschlaggebend für das Scheitern des Militärputsches war die Bereitschaft Zehntausender AKP-Anhänger, dem Aufruf Recep Tayyip Erdoğans zu folgen und in der Nacht vom 15. zum 16. Juli auf die Straße zu gehen. Ebenso entscheidend war, dass sich die parlamentarische Opposition geschlossen gegen die Putschisten stellte. Hinzu kommt, dass anders als in der Vergangenheit der Geheimdienst heute zwar formell vom Premierminister, tatsächlich jedoch vom Staatspräsidenten kontrolliert wird. Bei bisherigen Militärputschen – zwischen 1960 und 1980 waren es insgesamt drei – erfuhren Regierung, Staatschef und Polizeikräfte von den Vorgängen erst, als die Panzer bereits rollten und kaum mehr aufzuhalten waren.

Bei bisherigen Putschaktionen wurde auf Staatskrisen, die Ohnmacht ziviler Regierungen gegenüber politischer Gewalt sowie auf bürgerkriegsähnliche Zustände reagiert. Es wurden Regierungen zu Fall gebracht, deren Legitimation sich in den Augen der Generalität und teilweise auch des Volkes erübrigt hatte. Der am 15./16. Juli vereitelte Putschversuch richtete sich hingegen gegen eine Regierung, die in Teilen der Bevölkerung über starken Rückhalt verfügt. Weil sich die Armeeführung gegen die Putschisten stellte, konnten Erdoğan und Yıldırım die Rebellion zur Meuterei ohne Chance auf Machtübernahme degradieren.

Die Staatsführung reagierte mit Repressionen gegen Putschisten, politisch unliebsame zivilgesellschaftliche Akteure und die linke Opposition. Vier Tage nach dem Putschversuch stimmte das türkische Parlament der Verhängung eines dreimonatigen Ausnahmezustandes durch Staatspräsident Erdoğan zu, der im Oktober 2016, Januar 2017 und April 2017 drei weitere Male verlängert wurde. Seitdem regiert die türkische Staatsführung das Land durch Sonderdekrete, mit denen zahlreiche Gesundheitseinrichtungen, private Bildungsinstitutionen, Gewerkschaften, Stiftungshochschulen, Studentenheime und Stiftungen wegen angeblicher Nähe zur Gülen-Bewegung geschlossen wurden. Mit weiteren Dekreten wurde eine großangelegte Säuberung im Militär veranlasst, von der insgesamt 117 Generäle, 32 Admirale, 1.099 Offiziere und 436 Unteroffiziere betroffen waren, sowie eine Umstrukturierung der Streitkräfte vorgenommen. Beschlossen wurde ferner eine Dezentralisierung der türkischen Streitkräfte (s. Kapitel 4.3).

1.5 Auf dem Weg in die „Neue Türkei"

Am 10. August 2014 wählte das türkische Volk erstmals in der Geschichte der Republik seinen Staatspräsidenten direkt. Der seit 2003 als Ministerpräsident amtierende Recep Tayyip Erdoğan konnte sich mit knapp 52 Prozent im ersten Wahlgang durchsetzen und wird bis 2019 die Türkei als Staatspräsident vertreten. In der linksliberalen Öffentlichkeit wurde Erdoğans Wahl zum Staatspräsidenten als weiterer Schritt in Richtung Diktatur kritisiert. Hintergrund für derartige Deutungen war sein erklärtes Ziel, durch eine umfassende Verfassungsänderung das parlamentarische in ein Präsidialsystem mit ihm an der Spitze zu überführen, sowie sein zunehmend autoritärer Führungsstil.

Ob sich die Prophezeiungen der Kritiker bewahrheiten werden, lässt sich aufgrund von ambivalenten und gegenläufigen Trends kaum einschätzen. Nur so viel steht fest: Die Türkei befindet sich in einem Strukturwandel, der noch nicht abgeschlossen ist. Während sich die Gesellschaft auf dem Weg in eine postnationale Struktur befindet, entfernt sich der Staat von seinen kemalistischen Prägungen. Der türkische Staat hat sich seit 1924 als eine ethnisch einheitliche und kulturell homogene Nation verstanden und entsprechend auf partikulare ethnokulturelle und religiös-konfessionelle Identitäten reagiert. Davon hat sich die AKP-Regierung verabschiedet, sie betont stattdessen die multiplen Identitäten der Türkei, die sich aus Geografie, Geschichte und Religion ergeben. Die Kandidatur von Demirtaş bei der Präsidentschaftswahl, die Genehmigung des Gebrauchs kurdischer Sprache und anderer Sprachen bei Wahlkämpfen sowie Diskussionen über eine mögliche Autonomie für den mehrheitlich von Kurden besiedelten Südosten der Türkei reihen sich in diesen Wandel ein. In den von der kurdischen *Demokratischen Partei der Regionen* (türk. *Demokratik Bölgeler Partisi, DBP)* verwalteten Gemeinden entsteht eine politische Struktur bzw. Kultur, die sich vom Rest der Türkei unterscheidet und in Richtung einer föderalen Struktur verweist.

In den zurückliegenden zwei Jahrzehnten haben partikulare Identitäten, muslimische, kurdische und alevitische, neue Artikulationsformen gefunden und sich in der Öffentlichkeit behauptet. Mit der AKP ist eine Partei an der Macht, die sunnitisch-muslimische Orientierungen und Identitäten begünstigt. Neben den muslimischen und kurdischen Identitäten erfuhr auch die alevitische Identität in großen Teilen der Öffentlichkeit und der Politik eine Aufwertung. Wenngleich die Aleviten in die öffentliche Meinungsbildung in der Türkei nicht eingebunden sind, werden sie doch von den politischen Parteien, insbesondere des Mitte-Links-Spektrums, inzwischen als Zielgruppe stärker wahrgenommen als in der Vergangenheit. Ähnliches lässt sich auch in Bezug auf die Frauen und LGBT-Bewegung sagen, die es schaffen, dass ihre Forderungen in der Öffentlichkeit und den Medien Gehör finden. Angesichts der Renaissance von Partikularidentitäten und Pluralisierungstendenzen lässt sich eine Entwicklung der Türkei hin zu einer postnationalen Gesellschaft konstatieren.

In einem ähnlichen Wandlungsprozess befindet sich der Staat. Das Amt des Staatspräsidenten hatte nicht nur eine die laizistische Republik repräsentierende Funktion, sondern galt zugleich als Hüter und Bollwerk der kemalistischen Tradition. Gemeinsam mit der hohen Justiz und den Militärs bildete das Amt des Staatspräsidenten ein Gegenwicht zur mehrheitlich konservativ-religiösen Gesellschaft. Weil der Staatspräsident nun vom Volk gewählt wird und nicht mehr dem kemalistischen Milieu entstammt, entfällt diese Funktion. Durch die Direktwahl erfuhr das Amt des Staatspräsidenten eine institutionelle Aufwertung, die mit einem großen gedeckten Budget weiter gestärkt wurde. Insofern kann bereits jetzt das politische System der Türkei als ein semipräsidiales beschrieben werden. Am 16. April 2017 wurde die Verfassungsänderung zur Einführung des Präsidialsystems mit 51,4 Prozent der Stimmen angenommen.

2. Die Verfassungstradition

Die Osmanische Verfassung vom 23. Dezember 1876 war die erste Verfassung der Türkei, die 1909 reformiert wurde und bis 1924 mit Modifikationen erhalten blieb. Mit der Reformierung der ersten Verfassung im Jahr 1909 entwickelte sich das Osmanische Reich von einer *konstitutionellen* zu einer *parlamentarischen Monarchie*. Die türkische Verfassungsgeschichte beginnt allerdings 1876. Ein erster Meilenstein war der am 7. Oktober 1808 unterzeichnete „Bündnisvertrag" *(Sened-i İttifāk)*, durch den der Sultan auf seine uneingeschränkte Verfügungsgewalt über Leben und Eigentum der Provinzfürsten und lokalen Notabeln *(ayān)* verzichtete. Dieser Vertrag wird auch als türkische Magna Carta bezeichnet (Tanör 2014: 41 ff.).

Das Reformedikt Tanzimat-ı Hayriye *(wohltätige Verordnungen)* von 1839 garantierte ohne Ansehen von Religionszugehörigkeit den Schutz des Lebens, der Ehre und des Vermögens der Bevölkerung, versprach öffentliche Gerichtsverfahren sowie die gerechte Verteilung von Steuern und senkte die Wehrdienstdauer auf vier bis fünf Jahre. In einem weiteren Erlass, Hatt-ı Hümayun *(Großherrliches Handschreiben)* vom 18. Februar 1856 wurden die Tanzimat-Reformen weiterentwickelt, das Prinzip der Gleichstellung zwischen Muslimen und Nichtmuslimen trat an die Stelle des Millet-Systems, welches den religiösen Gruppen ein relativ hohes Maß an Autonomie gewährte, gleichzeitig aber eine starre religiöse Stratifikation und Hierarchie vorsah (Tanör 2014: 85 ff., 95 ff.). Wenngleich die Edikte *Tanzimat* und *Hatt-ı Hümayun* keine Verfassungen im engeren Sinne waren, waren sie doch wichtige Meilensteine auf dem Weg zur ersten Verfassung vom 1876.

2.1   Die Verfassungen von 1921 und 1924

Im Anschluss an den *Ersten Weltkrieg* formierte sich in Anatolien eine nationale Widerstandsbewegung, die sich gegen den Vertrag von Sèvres (1920) richtete. Die für dieses Ziel einberufene *Große Nationalversammlung der Türkei* verabschiedete 1921 als Gesetz (Nr. 85) die *Türkische Verfassung*, welche trotz des Grundsatzes der Volkssouveränität (Art. 1) und der Ankündigung eines neuen Staates (*„Große Nationalversammlung des Staates Türkei"*, Art. 3) das Sultanat wie auch das Kalifat zunächst unberührt ließ.[1] Erst mit einem Parlamentsbeschluss vom 29. Oktober 1923 wurde das Osmanische Reich offiziell aufgelöst. Die Nationalversammlung verzichtete zugunsten einer von ihr verkörperten Gewalteneinheit *(kuvvetler birliği)* auf das Prinzip der Gewaltenteilung.[2]

Das Gesetz von 1921 war die erste türkische Verfassung *(Teşkilat-ı Esasiye)*, die auf gewählte Volksvertreter zurückging. Die vorläufige Verfassung des sich neu konstituierenden Nationalstaats vereinte erstmals im Namen des Volkes zunächst alle drei Gewalten in sich. Die Recht sprechende Gewalt sollte erst einige Jahre später unabhängigen Gerichten übertragen werden. Der *Exekutivausschuss der Nationalversammlung* entwickelte sich mit der Zeit zu einer eigenständigen vollziehenden Gewalt, sodass faktisch ein Parlamentsabsolutismus zustande gekommen war (Özbudun 1992: 2, Mumcu 1981: 271, Rumpf 1985: 169 ff.). Artikel 3 besagt, dass der Staat Türkei von der Großen Nationalversammlung verwaltet wird und die Regierung den Titel „Die Regierung der Großen Nationalversammlung" trägt. Obwohl Artikel 2 und 3 eine repräsentative Demokratie vorschreiben, finden sich im Text auch Formulierungen, die an direkte Demokratie erinnern. Die Verfassung von 1921 enthielt keine Passagen über Grundrechte und Justiz, sah kein Staatsoberhaupt vor und setzte die geltende *Osmanische Verfassung (Kanun-ı Esasi)* von 1908 nicht außer Kraft, sondern begnügte sich damit, sie als nachrangig zu erklären. Erst mit

Art. 104 der neuen Verfassung vom 20. April 1924 wurden sowohl das Gesetz Nr. 85 als auch die Osmanische Verfassung außer Kraft gesetzt.

Die Verabschiedung einer neuen Verfassung (1924) war aus
zwei Gründen notwendig: weil die Verfassung von 1921 un-
vollständig und unzureichend war und weil der Verfassungsdu-
alismus überwunden werden musste (Tanör 2014: 290). Die
Verfassung von 1924, die von der *Großen Nationalversammlung
der Türkei* erarbeitet wurde, bestimmte die Staatsform der Türkei als Republik. Die Erarbeitung war geprägt durch das Spannungsverhältnis, einerseits die Kompetenzen und Zuständig-
keiten der Exekutive auszuweiten, andererseits die legislativen
Befugnisse im Zuständigkeitsbereich der Großen Nationalversammlung beizubehalten.

Die Verfassung von 1924 betont das Prinzip der Ausführung
der Souveränität durch die *Große Nationalversammlung* und das
Prinzip, dass Rechtsprechung und Exekutive dem Parlament
zufallen. Das Parlament wurde zusätzlich dadurch aufgewertet,
dass ihm die Kompetenz zugesprochen wurde, die Regierung
jederzeit zu Fall zu bringen (Artikel 7). Umgekehrt wurde der
Exekutive nicht die Befugnis erteilt, das Parlament aufzulösen.
Die neue Verfassung gab dem Staatspräsidenten wie dem Parlamentspräsidenten das Recht, das Parlament außerordentlich zu
berufen. Der Staatspräsident wurde aus den Parlamentsmitglie-
dern durch das Parlament auf vier Jahre gewählt, sein Vetorecht
wurde geschwächt. Die Verfassung ist zudem Ausdruck eines
Parlamentarismus, obwohl das Prinzip der Priorität des Parlaments und die Tradition des Repräsentativkomitees (Exekutiv-
ausschusses) nachwirkten. Insofern lässt sich die Verfassung von
1924 als eine Mischform bezeichnen, die aus parlamentarischen Elementen und dem Prinzip der ungeteilten Ausübung
aller Kompetenzen der nationalen Souveränität bestand. Die
Beschränkung der Befugnisse des Staatspräsidenten auf symbolische Kompetenzen sowie die Trennung der Judikative, Exekutive und Legislative sind Elemente des Parlamentarismus.

Gleichwohl übten sowohl Mustafa Kemal Atatürk als auch später İsmet İnönü Kompetenzen aus, die weit über das Symbolische hinausgingen. Zudem wurde ab 1927 ein Einparteiensystem etabliert, obwohl die Verfassung von 1924 dies nicht vorsah (Koçak 1997: 95-97).

Die Verfassung von 1924 sieht eine Kontrolle der Verfassungskonformität von Gesetzen durch eine unabhängige Gerichtsbarkeit nicht vor (Tanör 2014: 307). Das Prinzip der Freiheit ist verankert im Paragrafen 68, in dem es heißt: „Jeder Türke kommt frei zur Welt, lebt frei". Wobei Freiheit jede Handlung einer Person einschließt, die anderen nicht schadet. Türke im Sinne der Staatsangehörigkeit ist jede/-r, der bzw. die ohne Ansehen der Religion und Rasse der Bevölkerung der Türkei angehört (Art. 88). Weitere Artikel garantieren das Recht auf Geheimhaltung der Kommunikation (Art. 81), Gleichheit vor dem Gesetz (Art. 69), der Unverletzlichkeit des Lebens, Eigentums, Hausrechts und der Ehre (Art. 71) und Schutz vor unrechtmäßiger Festnahme und Verhaftung (Art. 72).

2.2 Die Verfassung von 1961

Die *Türkische Verfassung* von 1961 *(1961 Anayasası)* war vom 20. Juli 1961 bis zum 7. November 1982 gültig. Entworfen wurde sie von einer *Verfassunggebenden Versammlung (Kurucu Meclis)*, die am 31. Oktober 1960 vom *Komitee der Nationalen Einheit* einberufen wurde. Am 27. Mai 1961 stimmte die *Verfassunggebende Versammlung* mit 260 Pro-Stimmen und zwei Enthaltungen für den Entwurf, über den am 9. Juli 1961 per Volksentscheid abgestimmt wurde. 60,4 Prozent der Wähler stimmten der Verfassung zu, 39,6 Prozent stimmten dagegen. Die relativ starke Ablehnung ist auf den Plebiszit-Charakter der Abstimmung zurückzuführen, d. h. sie ist Ausdruck der Ablehnung des Militärputsches vom 27. Mai 1960, mit dem eine zwar autoritär führende, aber demokratisch gewählte Regierung gestürzt wurde.

Die Verfassung von 1961 gilt aufgrund ihres ausdrücklichen Bekenntnisses zu Menschenrechten bis heute als die demokratischste Verfassung der Türkei. Ein Drittel des Gesetzestextes besteht aus Grundrechten und Grundpflichten (Art. 10-62). Die wesentlichen Grundrechte wie etwa das Recht auf Gleichheit vor dem Gesetz (Art. 10, 12), die Unversehrtheit der Person (Art. 14), die Verborgenheit des Privatlebens (Art. 15), Hausrecht (Art. 16), Kommunikationsrecht (Art. 17), Reise- und Niederlassungsfreiheit (Art. 18), Religions- und Gewissensfreiheit (Art. 19), das Recht auf freie Meinungsäußerung (Art. 20), Freiheit der Wissenschaft und Kunst (Art. 21), Presse und Publikation (Art. 22-27), Versammlungsfreiheit (Art. 28) u. a. waren in der Verfassung verankert.

Die Verfassung führte das Prinzip der Gewaltenteilung ein und sah eine Legislative vor, die aus einem Zweikammern-Parlament bestand: aus der *Nationalversammlung (Millet Meclisi)* und dem *Senat der Republik (Cumhuriyet Senatosu)*. Darüber hinaus stärkte sie die Judikative gegenüber der Exekutive und der Legislative, etablierte eine unabhängige Gerichtsbarkeit und führte ein Verfassungsgericht ein, das die Gesetzesentwürfe des Parlaments auf ihre Kompatibilität mit der Verfassung zu prüfen hatte. Eingerichtet wurde auch ein Staatsrat, der die Souveränitätsausübung mit dem Parlament teilte und die Exekutive kontrollierte. Zudem gab es nun einen *Hohen Rat der Richter* und einen *Hohen Rat der Staatsanwälte*, die befugt waren, über Fragen der persönlichen Rechte und des Berufseinstiegs sowie über Disziplinar- und Berufsausschlussstrafen zu entscheiden (http://www.hsyk.gov.tr/tarihce.html).

Die Bedeutung der Verfassung von 1961 liegt darin, dass sie endgültig den Übergang zum parlamentarischen System besiegelte und die Prinzipien der demokratischen Rechts- und Sozialstaatlichkeit fest verankerte. Das Prinzip des demokratischen Staates sah eine pluralistische Demokratie vor, in der die Souveränitätsausübung der Mehrheit durch die Rechte der Minderheit beschränkt werden sollte. Dazu gehören die Sicherung des rechtlichen Status politischer Parteien und die Autonomie öffentlicher Einrichtungen wie Universitäten oder die staatliche Rundfunkanstalt.

Das Prinzip der Sozialstaatlichkeit wurde konkretisiert durch die Verrechtlichung von sozialen und Wirtschaftsrechten, die Gewährung des Streik-, Gewerkschafts- und Tarifrechts sowie die Etablierung des Staatlichen Planungsamtes *(Devlet Planlama Teşkilatı)*. Während der Technokraten-Regierung (1971-1973), die im Anschluss an die Militärintervention von 12. März 1971 auf Druck der Militärs gebildet wurde, wurden eine Reihe von Veränderungen vorgenommen, mit denen die Grundrechte eingeschränkt, die Exekutive gestärkt und die Kontrollkompetenzen der Judikative begrenzt wurden.

In der Türkei wird in Teilen der Zivilgesellschaft die Verfassung von 1961 positiv gewürdigt. In der Tat gewährte sie dem Individuum, sozialen Rechten und Freiheitsrechten Vorrang, zugleich ebnete sie aber auch den Weg für die Militarisierung der Staatsstruktur: Sie wertete nicht nur die militärische Bürokratie quasi zu einer zweiten Exekutive auf, sondern stärkte und erweiterte auch den Kompetenzbereich der militärischen Gerichtsbarkeit und stattete den Staatspräsidenten mit weitreichenden Befugnissen aus (Parla 2016: 120-121).

2.3 Die Verfassung von 1982

Die bis 2019 gültige Verfassung der Türkei wurde am 18. Oktober 1982 vorgelegt und in einem Referendum am 7. November 1982 mit 91 Prozent der Stimmen angenommen. Die Verfassung von 1982 ist Ausdruck des Interesses der damaligen Militärführung an einer staatlich kontrollierten politischen Stabilität. Da für die türkische Generalität eine dauerhafte Militärherrschaft nicht infrage kam, sollten politische Stabilität und die Gewährleistung staatlicher Ordnung durch eine Verfassung garantiert werden, welche die „liberalen Irrtümer" der Verfassung von 1961 vermied. Dabei musste die Türkei als NATO-

Mitglied, das den Beitritt in die *Europäische Union* anstrebte,
die Fassade einer rechtsstaatlichen Demokratie westlichen Zu-
schnitts bewahren.

Gewaltenteilung, Rechtsstaatlichkeit und Grundrechte sind
konstitutive Bestandteile der Verfassung von 1982. Einschränkungen, die politische Parteien, Vereine und öffentliche Einrichtungen betreffen, zeigen, dass die Verfassung auf eine weniger partizipatorische Demokratie und Entpolitisierung zielt.
Mit der Verfassung von 1982 hat sich das Verhältnis zwischen
Staatsmacht und Freiheiten zugunsten der ersteren verschoben.
Der letzte Paragraf des Art. 13 sieht eine Begrenzung von Rechten und Freiheiten vor.

Während in der Verfassung von 1961 die Republik Türkei
als „ein nationaler, säkularer und sozialer Rechtsstaat" beschrieben wird, der „auf Menschenrechten basiert", wird er in der
Verfassung von 1982 als „ein nationaler, säkularer und sozialer
Rechtsstaat" definiert, der Menschenrechte „achtet" und sich
zum „Atatürk-Nationalismus" bekennt (Art. 2). Weiter wurden
die Grund- und Freiheitsrechte durch den Vorbehalt des Art. 13
dahingehend eingeschränkt, dass sie zum Schutz der „unteilba-
ren Einheit von Staatsgebiet und Staatsvolk", der „nationalen
Souveränität", gesetzlichen Beschränkungen unterworfen werden können (Art. 14). Zudem wurden in der Präambel die kemalistischen Prinzipien als unveränderliche Legitimations-
grundlage der Republik hervorgehoben. Ein Antrag, die Art. 1,
2 und 3 zu ändern, darf verfassungsmäßig – laut Art. 4 – nicht
eingebracht werden. Die „Ewigkeitsgarantie" des Art. 4 wird
von vielen für das Ausbleiben einer umfassenden Verfassungsreform verantwortlich erklärt, weil sie wesentlich dafür sorge,
„dass der illiberale Geist der herrschenden Sichtweise diese
Prinzipien staatlicherseits stets als Bremse für unerwünschte demokratische Bestrebungen" benutze (Kramer 2011: 23). Taha
Parla bezeichnet die Verfassung von 1982 aufgrund dieser
Ewigkeitsgarantie und des Sprachduktus, d.h. aufgrund von
Begriffen wie beispielsweise „ewiges türkische Vaterland" oder

„ewige türkische Nation" als eine metaphysisch-teleologische Verfassung (Parla 2016: 35).

Die Verfassung von 1982 steht bezüglich der Ziele und Aufgaben des Staates im Einklang mit der Verfassung von 1961. In Art. 5 werden die „Grundziele und Grundaufgaben des Staates" folgendermaßen definiert: „Unabhängigkeit und Einheit des türkischen Volkes, die Unteilbarkeit des Landes, der Schutz von Republik und Demokratie, die Gewährleistung von Wohlstand, Wohlergehen und Glück der Bürger und der Gemeinschaft". Jedoch hebt sie, im Gegensatz zur Verfassung von 1961, als staatliche Aufgaben wirtschaftliche Maßnahmen hervor wie etwa die Erhöhung des nationalen Sparaufkommens und der Produktion, Gewährleistung von Preisstabilität, Ausgeglichenheit bei Auslandszahlungen sowie die Förderung von Investitionen und Beschäftigung (Art. 166). Soziale Rechte werden weitgehend ausgeklammert, womit die Verfassung von 1982 stärker im Einklang steht mit einem liberalen Wirtschaftsmodell.

Ein weiteres Kennzeichen der Verfassung von 1982 ist die Stärkung der Exekutive gegenüber der Legislative und die Kompetenzerweiterung des Minister- und Staatspräsidenten, die als Entwicklung in Richtung eines semipräsidentiellen Systems interpretiert werden kann (siehe Kapitel 4.1). Ein zentraler Kritikpunkt an der Verfassung von 1982 lautet, diese konzentriere sich zu sehr auf den Staat, während in der Verfassung von 1961 das „Individuum" im Mittelpunkt stehe. Mit weitreichenden Vetorechten wurde der Staatspräsident in seiner Funktion als Wächter über Verfassung und System aufgewertet und die militärische Bürokratie gegenüber der Regierung gestärkt, indem sie mit dem Nationalen Sicherheitsrat auch über ein verfassungsmäßiges Organ verfügte.

2.4 Reformbemühungen und Debatten

Die Verfassungen von 1921 und 1924 waren die letzten, die
von einem demokratisch gegründeten Organ durchgesetzt worden waren. Die Verfassung von 1961, die umfassende Verfassungsänderung von 1971 und die derzeit gültige Verfassung
von 1982 waren alle Produkte von Militärputschen. Beide Verfassungen wurden von nichtgewählten Organen entworfen und
die Verfassungsänderung von 1971 erfolgte nach einer Militärintervention auf Betreiben der Generäle. Die Verfassung von
1982 wurde durch zahlreiche Änderungen demokratisiert. Die
umfassendsten Reformen fanden 1995 unter Ministerpräsidentin Tansu Çiller und 2001 unter Ministerpräsident Bülent Ecevit statt. 1995 wurde die Präambel geändert, das Vereinsrecht
verbessert und Einschränkungen der Betätigung in berufsstän-
dischen Vereinigungen gelockert. 2001 wurde das Prinzip der
Verhältnismäßigkeit eingeführt, Grundrechte wie Kommuni-
kationsfreiheit, Schutz des Privateigentums, Freiheit der Meinungsäußerung und Verbreitung der Meinung wurden gestärkt
und die Restriktionen bezüglich der Versammlungs- und De-
monstrationsfreiheit gelockert.

Eine weitere Verfassungsreform fand 2010 per Referendum
statt. In einem Reformpaket wurden Parteiverbote erschwert,
der Justizsektor wurde umstrukturiert, die Stellung der Militärs
neu justiert und das Verbot strafrechtlicher Verfolgung für Mitglieder der Militärjunta von 1980 aufgehoben. Kritisiert wurde
die Verfassungsreform von 2010 aufgrund des Vorgehens der
AKP-Regierung, die statt eines Konsenses die Verfassungsänderung im Alleingang durchgeführt hat. Die Opposition sah darin einen Versuch der Regierung, ihre Vormachtstellung in Justiz, Staatsapparat und Militär auf- bzw. auszubauen.

Trotz zahlreicher Veränderungen änderten diese Reformen
nichts am bevormundenden und autoritären Charakter der
Verfassung von 1982. Das Thema Verfassungsreform bestimmte seitdem die politischen Diskussionen in der Türkei. Neuer-

dings wird der Wunsch nach einer völlig neuen Verfassung, welche nicht mehr an den Militärputsch von 1980 erinnert, von vielen politischen Akteuren und Bürgern geteilt.

Am 10. Dezember 2016 hat die AKP-Regierung einen mit der MHP gemeinsam erarbeiteten Entwurf zur Verfassungsänderung eingereicht, über den das Parlament im Januar 2017 positiv entschieden hat. Da eine Zwei-Drittel-Mehrheit verfehlt wurde, wurde über die Verfassungsänderung am 16. April 2017 ein Referendum abgehalten, bei dem 51,4 Prozent der Wähler mit Ja stimmten. Die Verfassungsänderung sieht ein Präsidialsystem vor, das 2019 nach der zusammengelegten Parlaments- und Präsidentschaftswahl vollständig eingeführt werden soll. Zu den Änderungen gehört u. a. die Abschaffung des Amtes des Ministerpräsidenten, außerdem soll die Ernennung des Kabinetts künftig außerhalb des Parlaments erfolgen und die Zahl der Parlamentssitze soll von 550 auf 600 erhöht werden. Wenngleich die AKP-Regierung eine striktere Trennung zwischen Legislative und Exekutive behauptet, wird die Verfassungsänderung aufgrund der Ausweitung der Kompetenzen des Präsidenten (z. B. Auflösung des Parlaments, Parteimitgliedschaft, Erlassen gesetzlicher Dekrete) von der Opposition mit der Begründung kritisiert, eine massive Machtakkumulation beim Amt des Staatspräsidenten und ein Ungleichgewicht zugunsten der Exekutive zu bewirken.

Abbildung 1: Das politische System der Türkei bis 2017

Verfassungsorgane, Aufgaben, Organisation

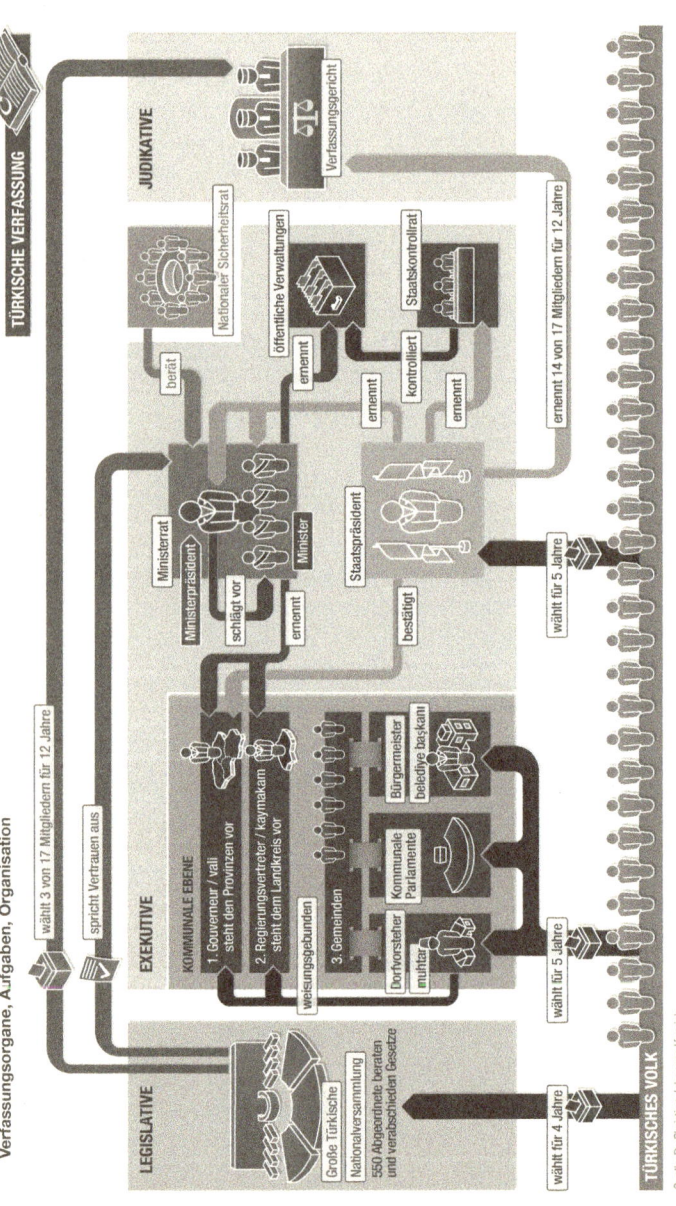

Quelle: Dr. Christian Johannes Henrich
Lizenz: Creative Commons by-nc-nd/3.0/de

(cc) BY - NC - ND

Abbildung 2: Das politische System der Türkei ab 2019

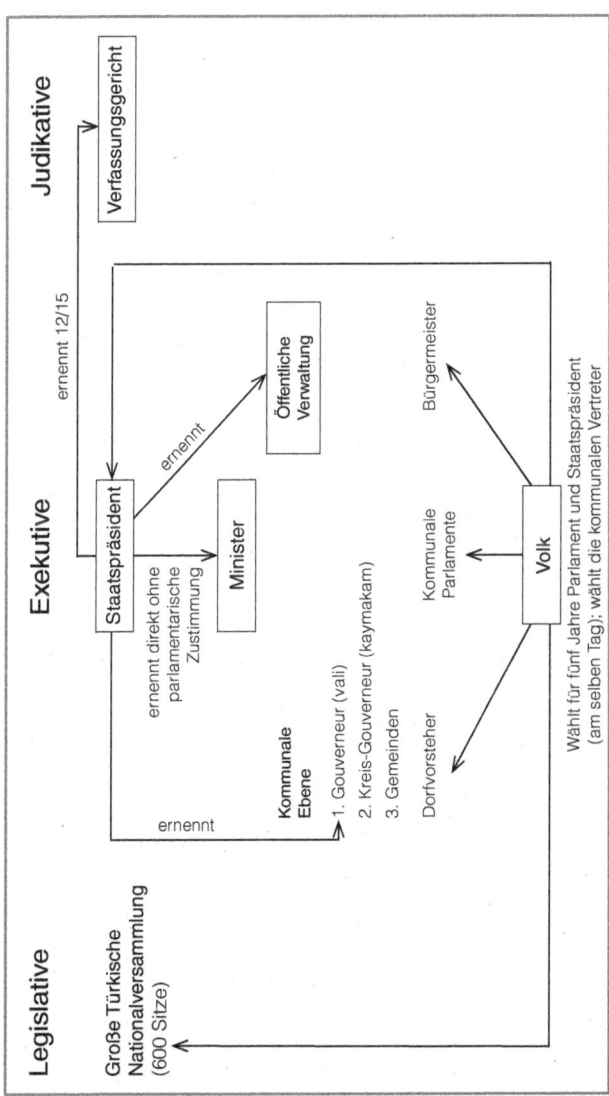

Quelle: Eigene Zusammenstellung

3. Die Legislative

Das politische System der Türkei war eine parlamentarische Demokratie, deren rechtliche Grundlage auf der dritten Verfassung von 1982 basierte. Nach dem Verfassungsreferendum vom April 2017 wird es in ein Präsidialsystem umgebaut. Das Land hat ein Einkammersystem mit dem Parlament, der *Großen Nationalversammlung der Türkei (TBMM – Türkiye Büyük Millet Meclisi)*.

3.1 Funktion und Struktur

Die *Große Nationalversammlung der Türkei* besteht seit 1995 aus 550 Abgeordneten, in die türkische Staatsbürger ab 25 Jahren und mit einem Grundschulabschluss gewählt werden können. Die Verfassungsänderung (April 2017) sieht die Aufstockung der Mandate auf 600 Sitze vor, das Mindestalter für passives Wahlrecht wird auf 18 Jahre heruntergesetzt. Davon ausgenommen sind Personen mit geistiger Behinderung, Gefängnis- und Zuchthausstrafe und Vorbestrafung wegen Preisgabe von Staatsgeheimnissen, der Teilnahme an terroristischen Aktivitäten sowie der Aufwiegelung und Ermunterung zu solchen Taten (Art. 75, 76 TV). Die Parlamentswahlen fanden bis 2007 alle fünf, seit 2011 alle vier Jahren in „freien, gleichen, allgemeinen und geheimen" Wahlen statt (Art. 77 TV). Ab 2019 soll die Parlamentswahl alle fünf Jahre stattfinden. Das türkische Wahlsystem kennt kein Nachrückverfahren. Werden Mandate frei, findet eine Zwischenwahl statt, die „in einer Wahlperiode nur einmal" und nicht „vor Ablauf von 30 Monaten nach der allgemeinen Wahl" stattfindet. Beträgt die Zahl der frei gewordenen Mandate ein Fünftel der Gesamtzahl der Mitglieder (28 Sitze) oder werden alle Mandate einer Provinz frei, werden die Zwischenwahlen innerhalb von drei Monaten durchgeführt (Art. 78 TV). In das Parlament können nur Parteien einziehen, die landesweit die Zehn-Prozent-Hürde überwinden. Während die Abgeordnetenwahlen allgemein und geheim sind, hat die Zählung der Stimmen öffentlich zu erfolgen.

Abgeordnete vertreten nicht nur ihren Wahlkreis bzw. ihre Provinz, sondern die Gesamtheit der Nation (Art. 80 TV). Die Abgeordneten genießen Indemnität[3] und Immunität. Meinungsdelikte, die im Parlament begangen werden, können nicht verfolgt werden. Für sonstige Straftaten muss das Parlament erst die Immunität aufheben, bevor sich die Justiz eines Abgeordneten bemächtigen kann (Art. 83 TV).

Die Große Nationalversammlung der Türkei trifft Grundsatzentscheidungen, die den politischen, wirtschaftlichen, sozialen und rechtlichen Alltag des Staatslebens steuern. Sie erfüllt ihre zentrale Aufgabe der Gesetzgebung (Art. 87 TV) durch direkt wirksame (formelle) Gesetze und durch Ermächtigungsgesetze, die den Rahmen für Rechtsverordnungen mit Gesetzeskraft, die vom Ministerrat erlassen werden dürfen, abstecken (Art. 91 TV). Zu den Aufgaben des Parlaments gehören die Verabschiedung von Gesetzen und Verfassungsänderungen, die Verabschiedung des Staatshaushaltes (Budgethoheit) (Art. 87) und die Ratifizierung völkerrechtlicher Verträge, die dadurch Gesetzeskraft und, sofern sie das Grundrecht betreffen, Vorrang vor den nationalen Gesetzen haben (Art. 90 TV). Das Parlament ermächtigte bisher zudem den Ministerrat zum Erlass von Rechtsverordnungen mit Gesetzeskraft, entschied über Krieg und Frieden, über Gnadenrecht (Amnestie) sowie über den Vollzug von rechtskräftig ausgesprochenen Todesurteilen (durch die Abschaffung der Todesstrafe ist die Entscheidungskompetenz naturgemäß entfallen). Mit der Verfassungsänderung vom April 2017 werden der Ministerrat und das Amt des Ministerpräsidenten abgeschafft.

Die Große Nationalversammlung der Türkei findet jährlich Anfang Oktober statt sowie auf schriftlichen Wunsch von mindestens einem Fünftel der Mitglieder (Art. 93 TV). Auch der Präsident der Nationalversammlung kann das Parlament jeder-

Tabelle 3: Die Ausschüsse

Ständige Ausschüsse	Vorübergehende Ausschüsse
• Verfassungsausschuss • Justizausschuss • Nationaler Verteidigungsausschuss • Ausschuss für innere Angelegenheiten • Ausschuss für auswertige Angelegenheiten • Ausschuss für nationale Bildung, Kultur, Jugend und Sport • Ausschuss für Bauwesen, Verkehr und Tourismus • Umweltausschuss • Ausschuss für Gesundheit, Familie, Arbeit und Soziales • Ausschuss für Forst- und Waldwirtschaft und dörfliche Angelegenheiten • Ausschuss für Industrie, Handel, Energie, natürliche Ressourcen, Wissenschaft und Technologie • Petitionsausschuss • Planungs- und Budgetausschuss • Ausschuss für Staatsbetriebe • Menschenrechtsausschuss • Ausschuss für den Harmonisierungsprozess mit der EU • Ausschuss für Gleichberechtigung von Männern und Frauen • Sicherheits- und Geheimdienstausschuss	• Parlamentarischer Untersuchungs- ausschuss • Parlamentarischer Ermittlungs- ausschuss

Quelle: Internetseite der *Großen Nationalversammlung der Türkei*, https://global.tbmm.gov.tr/index.php/DE/yd/icerik/19

zeit einberufen. Die Große Türkische Nationalversammlung tritt mit mindestens einem Drittel der Gesamtzahl ihrer Mitglieder zusammen. Beschlüsse werden mit einfacher Mehrheit der anwesenden Mitglieder gefasst. Die einfache Mehrheit darf allerdings ein Viertel plus eins der Gesamtzahl der Parlamentsmitglieder keinesfalls unterschreiten (Art. 96, TV). Das Parlament verrichtet die Tagesarbeit in Ausschüssen.

In jeder Legislaturperiode finden zweimal Parlamentspräsidentenwahlen statt, die in geheimer Wahl durchgeführt werden. Die Amtszeit des zuerst gewählten Parlamentspräsidenten beträgt zwei Jahre. In den ersten beiden Wahlgängen sind zwei Drittel (367) der Stimmen, beim dritten Wahlgang lediglich die absolute Mehrheit der Stimmen der Mitglieder (267) erforderlich. Wird diese beim dritten Wahlgang nicht erreicht, treten die beiden Kandidaten mit den meisten Stimmen für einen vierten Wahlgang an, bei dem der Kandidat mit den meisten Stimmen gewählt wird.

Der Vorstand der *Großen Nationalversammlung* besteht aus dem Parlamentspräsidenten, seinen stellvertretenden Präsidenten und schriftführenden Mitgliedern. Der Präsidiumsrat der Großen Nationalversammlung besteht aus dem Präsidenten, vier stellvertretenden Präsidenten, Schriftführern und Verwaltungschefs. Das Präsidium erfüllt neben administrativen Aufgaben auch bei der Regelung der Aktivitäten und der Gesetzgebung eine wichtige Funktion. Der Parlamentspräsident leitet die Sitzung, wenn er es für notwendig erachtet. Während der Sitzungen müssen zwei schriftführende Mitglieder anwesend sein. Zu den Aufgaben des Präsidiums gehören u. a., Ausschüssen die Erlaubnis zu erteilen, sich während der Zeit der Plenarsitzungen zu versammeln, die Rücktrittsschriften der Abgeordneten auf ihre Richtigkeit zu prüfen und Beschlüsse in Bezug auf die Präsidentschaft und deren Verwaltung zu schließen.

De facto ist der Einfluss der Abgeordneten auf die Gestaltung der Politik relativ gering. Für die parlamentarische Kontrolle stehen zahlreiche Mittel zur Verfügung wie etwa der Frage-Antrag, die allgemeine Verhandlung, die parlamentarische Untersuchung, Ermittlungsverfahren und Interpellation.

Gesetzesentwürfe und -anträge zur Verhandlung in den Plenarsitzungen werden in Ausschüssen vorbereitet. Diese Ausschüsse werden auf der Grundlage der Verfassungsbestimmungen, der Geschäftsordnung und der Gesetze gebildet. Man unterscheidet ständige (Fachausschüssen) und vorübergehende Ausschüsse (zur Ausübung von Aufsichtsfunktion). An Menschenrechts-, Petitions- und Gleichberechtigungsausschüsse können individuelle Anfragen gestellt werden.

Die Parteipolitik wird über die Fraktionen in das Parlament hineingetragen. Eine Fraktion muss mindestens 20 Mitglieder haben. Der Fraktionsvorsitz wird vom Parteivorsitzenden ausgeübt, wenn dieser der Nationalversammlung angehört. Ist der

Parteivorsitzende kein Abgeordneter, wird der Fraktionsvorsitzende aus dem Kreis der Abgeordneten gewählt. Art. 95 der türkischen Verfassung legt fest, dass alle Fraktionen an sämtlichen Aktivitäten des Parlaments proportional zur ihrer Mitgliederzahl teilnehmen können. Fraktionen werden zudem bei der Gesetzgebung Privilegien zugestanden. Stellvertretende Fraktionsvorsitzende sind ebenfalls berechtigt, Gesetzesvorschläge im Namen der Fraktion einzubringen und eine aktive Rolle in Bezug auf die Gesetzgebung einzunehmen. Gruppeninterne Vorschriften legen die Grundsätze für die Arbeitsweise der Fraktionen fest. Die Fraktionen halten einmal in der Woche ihre Versammlungen ab.

3.2   Der Gang eines Gesetzes

Eine der Hauptaufgaben der *Großen Nationalversammlung der Türkei* als legislative Versammlung ist die Gesetzgebung. Gesetzesinitiativen können bisher vom Ministerrat und den einzelnen Abgeordneten eingebracht werden (Art. 88). Dabei wird zwischen Gesetzesvorschlägen und Gesetzesentwürfen unterschieden. Die von Abgeordneten eingereichten Gesetzesvorlagen werden als Gesetzesvorschläge bezeichnet, während die vom Ministerrat als Gesetzesentwürfe bezeichnet werden. Die Gesetzesvorschläge können mit nur einer Unterschrift eingereicht werden, Gesetzesentwürfe erfordern dagegen die Unterschrift sämtlicher Mitglieder des Ministerrats. Sowohl Gesetzesvorschläge als auch Gesetzesentwürfe setzen sich zusammen aus einer Unterschriftenseite, einer allgemeinen Begründung, Begründungen der einzelnen Artikel, dem Gesetzestext, -titel und Artikel sowie ggf. aus Tabellen und Listen. Mit der jüngsten Verfassungsänderung vom April 2017 wird der Ministerrat abgeschafft.

Der Gesetzgebungsprozess läuft bisher nach folgendem Schema ab: Abgeordnete und Ministerrat reichen Gesetzesvorschläge bzw. Gesetzesentwürfe an das Amt des Parlamentspräsidenten ein. Diese werden von diesem direkt an die Ausschüsse weitergereicht und dort durchgesehen. Nach Beratungen kann der Antragsteller den Gesetzesvorschlag bzw. den Gesetzesentwurf zurückziehen. Bei Ablehnung und Annahme durch den Ausschuss wird ein Ausschussbericht verfasst, der zusammen mit dem angenommenen Text gedruckt, an die Abgeordneten verteilt und auf die Tagesordnung des Plenums gesetzt wird. Der durch den Ausschuss angenommene Text bildet die Grundlage für die Beratung im Plenum.

Im Plenum wird der Text entweder abgelehnt, durch den Ausschuss bzw. Antragsteller zurückgezogen oder angenommen. Bei Annahme gewinnt Gesetzesvorschlag bzw. Gesetzentwurf Gesetzescharakter, wird vom Staatspräsiden angenommen und im Amtsblatt verkündet. Der Staatspräsident kann jedoch ein Gesetz teilweise oder vollständig an das Parlament zurücksenden. Nimmt das Parlament das zurückgesandte Gesetz unverändert an, wird das Gesetz vom Staatspräsident im Amtsblatt verkündet. Abgelehnte Gesetzesentwürfe können nach einem Jahr erneut eingereicht werden.

Die Verhandlungsprozedur von Gesetzesvorschlägen und Gesetzesentwürfe bestehen aus vier Schritten. Im *ersten* Schritt erfolgt die Verhandlung über das Ganze, bei der die Regierung und der federführende Ausschuss 20-minütige Reden halten, dann halten Abgeordnete der Fraktionen ebenfalls 20-minütige Reden. Dem folgen 10-minütige Reden der Abgeordneten und ein 20-minütiger Frage-Antwort-Prozess. Sodann wird in die Phase der Abstimmung zu den Artikeln übergegangen. Bei angenommenen Artikeln beginnen die Verhandlungen für jeden einzelnen Artikel. Dabei hält die Regierungsseite eine zehnminütige, zwei Abgeordnete halten fünfminütige Reden im Namen ihrer Fraktion. Im Anschluss an den zehnminütigen Frage-Antwort-Prozess werden die Anträge bearbeitet und abgestimmt. Schließlich wird über das Ganze abgestimmt, nachdem zwei Abgeordnete Pro- und Kontrareden halten.

Der Staatspräsident hat ein Prüfungsrecht; er überprüft das Gesetz im Hinblick auf das Verfahren und auf seine materielle Verfassungsmäßigkeit.

4. Die Exekutive: Staatsoberhaupt, Regierung und Verwaltung

Die Exekutive bestand der hierarchischen Reihenfolge nach aus dem Staatspräsidenten, Ministerrat und Ministerpräsidenten und der Verwaltung (Art. 8 TV). Die Exekutive hat eine regionale Ebene, die aus weisungsgebundenen Vertretern der Regierung *(merkezi idare)* und der gewählten Gemeinden *(mahalli idareler)* besteht. Eine Besonderheit des türkischen parlamentarischen Systems besteht darin, dass es dem Staatspräsidenten im Vergleich zu anderen parlamentarischen Demokratien wie zum Beispiel Deutschland viel größere Machtbefugnisse und Vetorechte einräumt. Das Staatsoberhaupt war der Staatspräsident, die Regierung des Landes wurde vom Ministerrat gebildet, dem der Ministerpräsident vorstand. Mit der Verfassungsänderung werden Ministerrat und Ministerpräsident abgeschafft. An der Spitze der Exekutive soll der Staatspräsident stehen. Nach der Einführung des Präsidialsystems wird der Staatspräsident sowohl Staats- als auch Regierungschef.

4.1 Der Staatspräsident

2014 wurde der Staatspräsident für eine Dauer von fünf Jahren erstmals direkt vom Volk gewählt. Zuvor wählte die *Große Nationalversammlung der Türkei* den Staatspräsidenten für sieben Jahre. Im Oktober 2007 votierten türkische Staatsbürger per Referendum mehrheitlich für die Direktwahl des Staatspräsidenten. Am 19. Januar 2012 wurde das neue Gesetz (Nr. 6271) über die Wahl des Staatspräsidenten *(Cumhurbaşkanı Seçim Kanunu)* verabschiedet, das die Wahl des Staatspräsidenten durch das Volk für eine Dauer von fünf Jahren und mit einer einmaligen Wiederwahl vorsieht. Die Direktwahl des Staats-

Tabelle 4: Staatspräsidenten der Republik Türkei

1923-38	M. Kemal Atatürk (Feldmarschall)
1938-50	İsmet İnönü (General)
1950-60	Celal Bayar (Zivilist, vom Militär gestürzt)
1960-66	Cemal Gürsel (durch Militärputsch an die Macht)
1966-73	Cevdet Sunay (General)
1973-80	Fahri Korutürk (Admiral)
1980-89	Kenan Evren (General, durch Militärputsch an die Macht)
1989-93	Turgut Özal (Wirtschaftsexperte)
1993-2000	Süleyman Demirel (Ingenieur)
2000-07	Ahmet Necdet Sezer (Vorsitzender d. Verfassungsgerichts)
2007-14	Abdullah Gül (Manager)
Seit 2014	Recep Tayyip Erdoğan (vom Volk direkt gewählt)

Quelle: Eigene Zusammenstellung

präsidenten, die Verfügung über ein gedecktes Budget sowie die Anbindung des Generalstabschefs an den Staatspräsidenten gingen faktisch über ein Semipräsidialsystem hinaus. Schon die Verfassung von 1982 enthält präsidentielle Elemente wie etwa die strategische Ernennungsvollmacht von hohen Amtsträgern und die Erlassung bestimmter Akte durch den Staatspräsidenten ohne die Unterschrift des Ministerpräsidenten.

Türkische Staatsbürger, die für das Amt des Staatspräsidenten kandieren, müssen mindestens 40 Jahre alt sein und ein Hochschulstudium absolviert haben. Die Wahl des Staatspräsidenten muss innerhalb von 60 Tagen vor dem Ende der laufenden Amtszeit, im Falle eines vorzeitigen Endes der Amtszeit innerhalb der folgenden 60 Tage stattfinden (§ 101, § 102, TV). Die Aufgaben des Staatspräsidenten werden umrissen in § 104 der türkischen Verfassung. Der Staatspräsident ist das protokollarische Staatsoberhaupt *(devletin başı)*, repräsentiert die Republik Türkei nach außen und steht für die Einheit der türkischen Nation (Art. 104 TV).

Zu den Aufgaben des Staatspräsidenten gehören:

a) Die Legislative betreffend:

* Einberufung des Parlaments und Festlegung von Neuwahl (§ 118, TV);
* Vertretung des Oberkommandos der türkischen Streitkräfte im Namen des Parlaments;
* Entscheidung über den Einsatz der türkischen Streitkräfte;
* Ernennung des Generalstabschefs (auf Vorschlag des Ministerpräsidenten);
* Erklärung von Ausnahmezustand und Einführung des Standrechts;
* Unterschreiben von Dekreten;
* Ernennung der Mitglieder des Hohen Hochschulrates (YÖK) und Wahl von Rektoren;
* Überwachung der korrekten Anwendung der Verfassung und der ordentlichen Tätigkeit der Staatsorgane (Hüter der Verfassung);
* Verkündigung von Gesetzen, materielles Prüfungs- und suspensives Vetorecht;
* Vorlage von Gesetzen zur Volksabstimmung per Referendum.

b) Die Exekutive betreffend:

* Ernennung des Ministerpräsidenten und der Mitglieder des Ministerrats und Annahme der Rücktritte (entfällt);
* Ernennung und Entlassung von Ministern auf Vorschlag des Ministerpräsidenten (entfällt);
* Einberufung und Leitung des Ministerrats (entfällt);
* Leitung (Vorsitz) des *Nationalen Sicherheitsrates;*
* Ernennung des Staatskontrollrats;
* Ernennung der Gouverneure *(vali)* durch den Ministerpräsidenten (§ 104, TV) (entfällt);
* Ernennung der Minister (ohne Vertrauensvotum des Parlaments);
* Etablierung neuer Ministerien (§ 106) und Körperschaften des öffentlichen Rechts.

Tabelle 5: Die letzten zehn Ministerpräsidenten der Türkei

1983-89	Turgut Özal (AnaP)
1989-91	Yıldırım Akbulut (AnaP)
1991, 1996, 1997-99	Mesut Yılmaz (AnaP)
1965-71, 1975-77, 1977-78, 1979-80, 1991-93	Süleyman Demirel (AP, DYP)
1993-96	Tansu Çiller (DYP)
1996-97	Necmettin Erbakan (RP)
1974, 1977, 1978-79, 1990-02	Bülent Ecevit (CHP, DSP)
2002-03	Abdullah Gül (AKP)
2003-14	R. Tayyip Erdoğan (AKP)
8/2014 – 5/2016	Ahmet Davutoğlu (AKP)
seit 5/2016	Binali Yıldırım (AKP)

Quelle: Eigene Zusammenstellung

Aufgaben und Befugnisse, die sich aus der Verfassungsänderung ergeben:

• Zusammenstellung der Listen zur Parlamentswahl (als Mitglied seiner Partei);
• Auflösung des Parlaments;
• Vorbereitung und Vorlage des staatlichen Haushalts;
• Vetorechte bei Gesetzesinitiativen;
• Einschränkung der Gesetze.

Die Verfassungsänderung stattet den Staatspräsidenten mit weitreichenden Befugnissen aus – ohne ausgeprägte Kontrollmechanismen. Allerdings kann das Verfassungsgericht bei Amtsvergehen und Hochverrat gegen den Staatspräsidenten einen Strafprozess eröffnen, wofür im Parlament eine Zwei-Drittel-Mehrheit (400 von 600 Abgeordneten) notwendig ist. Der Staatspräsident erhält die Befugnis, Dekrete zu erlassen, wenn sie in seinen Aufgabenbereich fallen und den Grundrechten sowie Aufgaben und Pflichten der Staatsbürger nicht widersprechen (§104). Dem Staatspräsidenten wird auch die Befugnis erteilt, bei Gefährdung der öffentlichen Ordnung, Aufruhr und Gewalt sowie Naturkatastrophen für maximal sechs Monate den Ausnahmezustand auszurufen (§119).

c) Die Judikative betreffend:

- Anrufung des Verfassungsgerichts beim Verfassungsbedenken gegen Gesetze und Verordnungen (§ 104, TV);
- Ernennung von 12 von 15 Mitgliedern des Verfassungsgerichts für zwölf Jahre (§ 146).

4.2 Ministerrat und Ministerpräsident

Die zentrale politische Institution der Türkei ist – bis zur Umsetzung der im April 2017 beschlossenen Verfassungsreform – die Regierung, die vom Ministerrat *(Bakanlar Kurulu)* gebildet wird. Obwohl der Ministerpräsident, der dem Ministerrat vorsteht, keine Richtlinienkompetenz besitzt, übt er eine starke informelle Lenkungskompetenz aus. Der Ministerpräsident vereint in seiner Person die Funktionen des Regierungs- und Parteichefs. Die bisherigen Koalitionsregierungen gewährten ihren Partnern ein deutliches Maß an politischer Autonomie, die durch zweierlei beschränkt wurde: zum einen durch die informelle Leitfunktion des Ministerpräsidenten, zum anderen durch den Umstand, dass Gesetzesentwürfe grundsätzlich von allen Kabinettsmitgliedern gebilligt werden müssen (§ 109-113, TV).

Mit seiner Funktion, Gesetze zu verabschieden, ist der Ministerrat das wesentliche Element der Exekutive und die Spitze der Verwaltung. Der Ministerrat besteht aus dem Ministerpräsidenten, den Ressortministern und den Staatsministern ohne Portefeuille *(Devlet Bakanı)*. Die Staatsminister sind organisatorisch dem Amt des Ministerpräsidenten zugeordnet. Sie stehen an der Spitze bestimmter Fachbereiche oder nehmen politische Funktionen ohne eigenen Verwaltungsaufbau wahr. So gibt es beispielsweise Staatsminister für Religionsangelegenheiten und seit 1991 auch für Menschenrechte und andere Sonderbereiche.

Der Ministerpräsident wird vom Staatsoberhaupt ernannt. Die Parteien schlagen hierzu Kandidaten vor – meistens sind es die Parteivorsitzenden, in Ausnahmefällen waren es auch andere führende Persönlichkeiten wie etwa Abdullah Gül im Jahr 2002, als der AKP-Vorsitzende Recep Tayyip Erdoğan aufgrund seiner früheren Haftstrafe bei der Parlamentswahl 2002 nicht kandidieren durfte. Der Staatspräsident benennt dann denjenigen, von dem er annimmt, dass er die notwendige Parlamentsmehrheit hinter sich hat.

Nachdem die Ministerliste steht, muss der Ministerpräsident diese gemeinsam mit einem Regierungsprogramm in einer Vertrauensabstimmung dem Parlament vorlegen. Wird das Vertrauen ausgesprochen, werden die Minister förmlich vom Staatspräsidenten ernannt. Wird jedoch der Regierung durch das Parlament das Vertrauen vorenthalten, muss der Ministerrat zurücktreten. Der Staatspräsident beauftragt dann einen anderen Politiker mit der Regierungsbildung. Gelingt dies nicht innerhalb von 45 Tagen, kann der Staatspräsident Neuwahlen ansetzen (§ 116, TV).

Die türkische Verfassung kennt keine Richtlinienkompetenz für den Ministerpräsidenten, daher steht der Ministerrat in der gemeinsamen Verantwortung gegenüber dem Parlament. Eine Besonderheit des türkischen Verfassungsrechts liegt in der Form der Übergangsregierung (vorläufiger Ministerrat). Die Minister für Inneres, Justiz und Verkehr müssen vor allgemeinen Parlamentswahlen zurücktreten, deren Posten werden dann vom Ministerpräsidenten an parteilose Politiker vergeben, womit ein unparteiischer Verlauf der Wahlen gewährleistet werden soll. Diese Übergangsregierung bleibt so lange im Amt, bis das neugewählte Parlament zusammentritt.

An der Spitze der Zentralverwaltung in der Hauptstadt Ankara stehen die Organe der Exekutive – die Ämter des Staats- und des Ministerpräsidenten und der Ministerrat. Letzterer setzt sich zusammen aus Ministerpräsident, fünf Staatsministern und 21 Ministern mit eigenem Ressort. Der Verwaltungsunterbau von Ministerien besteht aus Generaldirektionen, Direktionen in den Provinzen, Bezirken und Körperschaften des öffentlichen Rechts, die über eine gewisse Autonomie verfügen. Das sind die Universitäten mit dem Hohen Hochschulrat mit eigener Rechts- und Fachaufsicht, der Oberste Rundfunk- und Fernsehrat, die Börsenaufsicht, die Wettbewerbsbehörde, die Behörde für Patentaufsicht und das Präsidium für Religionsangelegenheiten, das eine besondere Rolle einnimmt (Art. 136 TV).

4.3 Das Militär und der Nationale Sicherheitsrat

Das türkische Militär bildet eine zentrale Säule der kemalistischen Republik, das eine staatstragende Rolle nicht aus demokratischer Legitimation, sondern aus „eigenem Recht" (Kramer 2011: 35) ableitet. Diese politische Sonderrolle der türkischen Militärs geht auf das späte 19. Jahrhundert des Osmanischen Reiches zurück. Es waren zum einen die großen Kriege gegen das Russische Reich und die Balkanstaaten, die gegen das Osmanische Reich ihre Unabhängigkeit durchgesetzt hatten, welche den Militärs in der Bevölkerung ein großes Ansehen verschaffte und somit seine zentrale Rolle legitimierte. Zum anderen war es seine Sonderrolle als wichtigster Träger und Motor des türkischen Modernisierungsprozesses sowie beim Nationalen Befreiungskrieg und der Gründung der Republik.

Aufgrund dieser engen Verbundenheit mit der Modernisierung und der Republik und seinen Verdiensten im türkischen Unabhängigkeitskrieg unter Atatürks Führung sah und sieht sich das Militär in der Rolle des „Hüters" der kemalistischen Republik und des „Verfechters und Wächters" über die „kemalistischen Prinzipien". Diese Sonderrolle hat zudem eine gesetzliche Grundlage – laut türkischer Verfassung ist der Generalstab ein eigenes Organ und nicht dem Verteidigungsministerium unterstellt (Art. 117 TV). In dem *Gesetz zu den Aufgaben und Befugnissen des Generalstabschefs* (Gesetz Nr. 1320, 31.7.1970, rechtskräftig: 7.8.1970) heißt es, der Generalstabschef „kooperiert" (Art. 6) mit dem Verteidigungsministerium und ist dem

Ministerpräsidenten – nicht dem Verteidigungsminister – gegenüber „verantwortlich" (Art. 7). Das Verteidigungsministerium erfüllt eher, so eine Kritik, „die Funktion einer Streitkräfteversorgungsinstitution, die dem Militär das Material bereitstellen muss, das zur Erfüllung seiner Aufgaben für notwendig erachtet wird. Sicherheits- und Militärpolitik im engeren Sinne fallen hingegen in die Kompetenz des Generalstabs" (Kramer 2011: 36).

Der politische Einfluss des Militärs wurde im Gefolge des Militärputsches von 1960 durch die Schaffung des *Nationalen Sicherheitsrates (MGK – Milli Güvenlik Kurulu)* in der Verfassung von 1961 verankert, obwohl die Wurzeln des Nationalen Sicherheitsrates bis in die 1930er Jahre zurückreichen. Der Nationale Sicherheitsrat fungiert als beratendes Organ in Fragen der inneren und äußeren Sicherheit und besitzt keinerlei Entscheidungsbefugnisse – weder in Friedenszeiten noch im Ausnahmezustand. In der Vergangenheit wurde er von den Militärs dominiert. Die Regierungen waren gut beraten, die „Vorschläge" der Generäle zu beherzigen. Obgleich sie nur empfehlenden Charakter hatten, wurden sie faktisch als bindend anerkannt.

Nach dem Militärputsch von 1980 entwickelte sich der Nationale Sicherheitsrat zum Epizentrum der Staatsmacht und trat besonders dann in Aktion, wenn die Grundsätze der Republik Türkei gefährdet schienen – insbesondere die von Republikgründer Atatürk eingeführte strikte Trennung zwischen Staat und Religion (Laizismus).

Dem Nationalen Sicherheitsrat gehören Staats- und Ministerpräsident, Staatsminister, Justiz-, Verteidigungs-, Innen- und Außenminister, Generalstabschef und die vier Befehlshaber von Heer, Marine, Luftwaffe und Gendarmerie an (§ 118, TV). Unter dem Vorsitz des Staatspräsidenten debattiert er einmal im Monat über die innen- und außenpolitische Lage der Türkei.

Im Zuge der Beitrittsverhandlungen wurde die Rolle und Bedeutung der Militärs eingeschränkt und mit der Etablierung einer eigenen Hegemonie in Staat und Gesellschaft konnte die AKP-Regierung sich gegen die Militärs durchsetzen und sie stärker der politischen Kontrolle unterwerfen. Wenngleich sich das Militär sich nicht vollständig unter die zivile Autorität untergeordnet hat, hat es seine „Unantastbarkeit" mittlerweile weitgehend verloren und sein Status „Staat im Staate" befindet sich in Auflösung. Begonnen hat dieser Prozess mit einer Verfassungsänderung im Jahre 2001, womit der Nationale Sicherheitsrat explizit als „Beratungsorgan" der Regierung definiert und dessen Bedeutung erheblich eingeschränkt wurde. Ein weiterer Schritt ist die Praxis seit 2004, den Posten des Generalsekretärs durch Zivilisten zu besetzen. Zudem wurden Vertreter des Militärs aus zivilen staatlichen Einrichtungen wie etwa dem *Hohen Hochschulrat* und der nationalen Aufsichtsbehörde für elektronische Medien (RTÜK) abgezogen. Mit der Verfassungsreform von 12.9.2010 wurde die Kompetenz der Militärgerichte auf rein militärische Angelegenheiten beschränkt und die Zuständigkeit für alle Staatssicherheitsverfahren entsprechenden zivilen Strafgerichten übertragen.

Im Anschluss an dem Putschversuch vom 15. Juli 2016 wurde mit einem Sonderdekret (KHK Nr. 669) das Militär neu strukturiert: Die Kriegsakademien, militärische Gymnasien und Unteroffizier-Schulen wurden geschlossen, es wurde eine Nationale-Verteidigungs-Universität unter der Zuständigkeit des Verteidigungsministeriums gegründet, die Militärische Akademie der Medizin (GATA, *Gülhane Askeri Tıp Akademisi)* und weitere Militärkrankenhäuser wurden an das Gesundheitsministerium, die Gendarmerie an das Innenministerium, die Land- und Luftstreitkräfte sowie die Marine an das Verteidigungsministerium angebunden. Für die Ausbildung und Weiterbildung der Offiziere soll nun die Nationale-Verteidigungs-Universität zuständig sein.

4.4 Die lokale Dimension der Exekutive

Die kommunale Ebene der Exekutive besteht aus den Provinz-
verwaltungen, die durch die Regierung ernannt werden, und
den gewählten Kommunen. Die türkische Verwaltung ist nach
dem Grundsatz des Zentralismus organisiert. Sie ist unterteilt
in 81 Provinzen *(il)*, diese wiederum in Kreise *(ilçe)* und Dörfer *(köy)* (Art. 126 TV). An der Spitze der Provinzverwaltung
steht der Gouverneur *(vali)*, gefolgt vom Provinzparlament *(il
genel meclisi)* und dem ausführenden und beratenden Organ
des Provinzparlaments *(il encümeni)*. Die lokalen Verwaltungen
sind nach Paragraf 127 der TV juristische Personen des öffentlichen Rechts, die zur „Befriedigung der gemeinschaftlichen
Bedürfnisse der Provinz-, Stadt- oder Dorfbevölkerung gebildet" und deren Aufbau, Aufgaben und Kompetenzen nach dem
„Prinzip der Selbstverwaltung gemäß des Gesetzes geregelt"
werden.

Man unterscheidet Provinz-/Kreis-Kommunen *(il ve ilçe be-
lediyeleri)* und Metropol- bzw. Großkommunen *(büyükşehir be-
lediyesi)*. Sie verfügen jeweils über ein Kommunalparlament
(belediye meclisi), über ein ausführendes und beratendes Organ
des Kommunalparlaments *(belediye encümeni)* und einen Bürgermeister *(belediye başkanı)*.

5. Die Judikative: Rechtssystem und Justizwesen

Die Türkei ist das einzige Land in der islamischen Welt mit einem Rechtssystem, das inhaltlich-strukturell weitgehend kontinentaleuropäischen Mustern entspricht. Die türkische Rechtsterminologie gründet im Zivilrecht auf französisch-schweizerischer Rechtssprache und geht auf italienisches Strafrecht zurück. In Fachkreisen wird die Terminologie des türkischen Rechtssystems oft als „nicht konsistent" kritisiert. Sprachverwirrungen seien trotz Bemühungen nicht überwunden und der Wandel der Rechtssprache sei nicht abgeschlossen (Rumpf 2012: 121). Die Reformen des türkischen Zivilrechts im Jahre 2001 und des Strafrechts im Jahre 2004/2005 richteten sich nach Vorgaben der EU. Sie brachten eine signifikante Verbesserung in der rechtlichen Gleichstellung der Frauen, im Familienrecht bezüglich der Scheidung und des Erbrechts sowie im Strafrecht durch die Abschaffung der bisherigen „Entschuldigungsgründe" bei Vergewaltigung und „Ehrenmord".

Die Modernisierung in Form einer Anpassung an europäische Rechtstradition setzte Mitte des 19. Jahrhunderts im Osmanischen Reich als französisch beeinflusste Reformbewegung *(Tanzîmât)* ein. Versuche, das französische Handels- und Strafrecht im osmanischen Rechtssystem zu implementieren, gehen auf die 1840er Jahre zurück. Da die Grundsätze des islamischen Rechts zunächst beibehalten wurden, entstand ein System des Rechtsdualismus. In Gesetzen und Gerichtsbarkeit ergänzten sich religiöses und weltliches Recht teilweise gegenseitig.

Die Rechtsprechung wird in der Türkei von unabhängigen Gerichten und hohen Justizorganen im Namen des türkischen Volkes ausgeübt (§ 9 Türkische Verfassung (TV)). Die Judikative basiert auf Grundsätzen der Unabhängigkeit der Gerichte

und der Richtergarantie: „Die Richter sind in der Ausübung ihrer Ämter unabhängig; sie sprechen die Urteile gemäß ihrem Gewissen in Übereinstimmung mit der Verfassung, den Gesetzen
und dem Recht", heißt es im Artikel 138 TV. Die Organe der
Legislative und Exekutive unterliegen den Entscheidungen der
Gerichte und dürfen deren Umsetzung weder verändern noch
verzögern. Das Rechtssystem teilt sich in Strafrecht, Verwal-
tungsrecht und Zivilrecht, das sich wiederum in Schuldrecht,
Sach- und Immobilienrecht, Wirtschaftsrecht sowie in Familien-
und Erbrecht einteilen lässt. Darüber hinaus lässt sich das
Rechtssystem der Türkei in vier Bereiche einteilen (s. Grafik).

Die Hohe Gerichtsbarkeit der Türkei besteht aus sechs Hohen
Gerichten: Verfassungsgericht, Staatsrat, Kassationshof, Militär-
kassationshof, Hoher Militärverwaltungshof, Schiedsgerichts-
barkeit. Der *Hohe Rat der Richter und Staatsanwälte* (HSYK) sowie der Rechnungshof *(Sayıştay)* sind zwei weitere Organe mit
Sonderfunktionen, die im Abschnitt über die Rechtsprechung
der Verfassung dargelegt sind. Der Staatsrat der Türkei ist sowohl
als Revisionsinstanz als auch erste Instanz zuständig.

Abbildung 3: Rechtssystem der Türkei

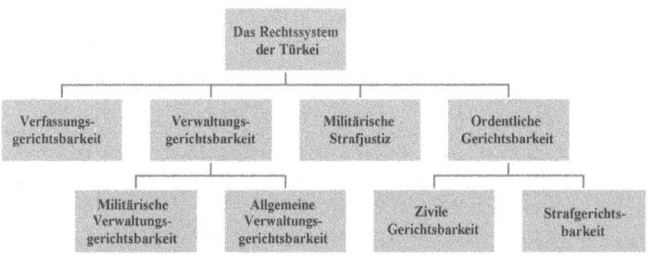

Quelle: Eigene Darstellung nach Süren 2009, Küçükyağci 2012

Die Verwaltungs- und Steuergerichte bestehen aus je einem
Richter mit Regionalverwaltungsgericht als Berufungsinstanz.
Die Regionalverwaltungsgerichte wiederum setzen sich zusam-
men aus drei Richtern mit Staatsrat als Revisionsinstanz.

Die militärische Gerichtsbarkeit urteilt über Straftaten und Delikte, die von Soldaten und Offizieren oder gegen sie begangen sind. Straftaten, die gegen die Staatssicherheit und verfassungsmäßige Ordnung gerichtet sind, werden von Strafgerichten behandelt (§ 145 TV).

Richter und Strafanwälte sind bezüglich ihrer administrativen Aufgaben gegenüber dem Justizminister weisungsgebunden (§ 140 TV). Der Justizminister steht dem Hohen Rat der Richter und Staatsanwälte vor, sein Staatssekretär ist Mitglied des Rats *(Gesetz über Organisation und Aufgaben des Justizministers,* Nr. 2992).

5.1   Die Hohe Gerichtsbarkeit

Die türkische Gerichtsbarkeit besteht aus einer organischen Gerichtsbarkeit, die alle Aktivitäten der Gerichte umfasst, und einer materiell-konkreten Gerichtsbarkeit, die aus der Anwendung des objektiven Rechts durch unabhängige Richter besteht.

Kassationshof *(Yargıtay)*
Der Kassationshof ist eines der obersten Gerichte der Türkei, das als das höchste ordentliche Gericht mit der Funktion einer zweiten und letzten Instanz im Zivil- und Strafverfahren ausgestattet ist. Der Kassationshof ist die „letzte Prüfungsinstanz" für „Entscheidungen und Urteile", die durch „Gerichte der ordentlichen Gerichtsbarkeit gefällt und nicht durch Gesetz einer anderen ordentlichen Gerichtsinstanz überlassen werden" (§ 154 TV). Die Mitglieder des Kassationshofs werden aus den Reihen der Richter erster Klasse der ordentlichen Gerichtsbarkeit und der Staatsanwälte erster Klasse zusammengesetzt. Seit 1868 steht an der Spitze von Rechts- und Strafgerichten der Kassationshof als Berufungsgericht. Administrativ besteht der Kassationshof aus folgenden Entscheidungsorganen: Abteilungen, Rechts-Hauptversammlung, Straf-Hauptversammlung, Generalversammlung und Vorstand.

Staatsrat *(Danıştay)*

Der Staatsrat ist zuständig für Verwaltungskontrolle und Beratung, er ist „die letzte Prüfungsinstanz für Entscheidungen und Urteile, welche durch Verwaltungsgerichte gefällt und nicht durch Gesetz einer anderen Verwaltungsgerichtsinstanz überlassen werden" (§ 155 TV). Seine Aufgaben bestehen im Einzelnen darin, „Gerichtsverfahren durchzuführen, zu den ihm vom Ministerpräsidenten und Ministerrat übersandten Gesetzentwürfen Stellung zu nehmen, Entwürfe der Rechtsverordnungen sowie allgemeine Konzessionsbedingungen und Konzessionsverträge zu überprüfen, Verwaltungsstreitigkeiten zu lösen und die übrigen im Gesetz vorgesehenen Tätigkeiten auszuüben" (§ 155/II TV).

Militärischer Kassationshof *(Askeri Yargıtay)*

Der militärische Kassationshof ist „die letzte Prüfungsinstanz für Entscheidungen und Urteile der Militärgerichte" (§ 156 TV). Seit 2001 besteht der militärische Kassationshof aus vier Abteilungen mit je sieben Mitgliedern, die vom Staatspräsidenten gewählt werden „aus jeweils drei Kandidaten, die das Plenum des Militärkassationshofs für jede freie Stelle aus der Reihe der Militärrichter erster Klasse mit der einfachen Mehrheit der Gesamtzahl seiner Mitglieder in geheimer Abstimmung aufstellt" (§ 155, Abs. 2, TV).

Hoher Militärverwaltungsgerichtshof *(Askerî Yüksek İdare Mahkemesi)*

Der Hohe Militärverwaltungsgerichtshof wurde im Jahr 1972 gegründet, dessen heutige Funktion bis dahin vom Staatsrat wahrgenommen wurde. Der Hohe Militärverwaltungsgerichtshof ist „das Gericht erster und letzter Instanz, das die Streitigkeiten aus Verwaltungsakten und Verwaltungshandlungen gerichtlich überprüft, welche Militärpersonen betreffen oder im Zusammenhang mit dem Militärdienst stehen, auch wenn sie von nichtmilitärischen Behörden erlassen wurden, und bei

Streitigkeiten, die sich aus der Militärdienstpflicht ergeben"
(§ 157 TV), tätig wird.

Es besteht aus verschiedenen Abteilungen, dem Gremium
der Abteilungen, dem Gremium der Präsidenten, dem Hohen
Disziplinarausschuss und der Plenarsitzung.

Hoher Rat der Richter und Staatsanwälte (HSYK)

Der *HSYK* wurde 2010 gründlich reformiert und besteht seitdem aus 22 ordentlichen und zwölf Ersatzmitgliedern. Sie arbeitet in drei Senaten. Vorsitzender des *Hohen Richter- und
Staatsanwälte-Rats* ist kraft seines Amtes der Justizminister, sein
Staatssekretär ist ebenfalls Mitglied des Rates. Zu den Aufgaben
des HSYK gehört u. a. das „Treffen der Verfügungen zur Aufnahme der Richter und Staatsanwälte der ordentlichen und
Verwaltungsgerichtsbarkeit in den Beruf, zu ihrer Ernennung
und Versetzung" sowie die Erteilung vorübergehender Zustän-
digkeiten, Beförderung und Einordnung in die Erste Klasse.
Darüber hinaus entscheidet der HSYK über den Verbleib von
Richtern und Staatsanwälten im Beruf, die Erteilung von Dis-
ziplinarstrafen und die Suspendierung vom Dienst (§ 159 TV).
Der Vorsitzende des HSYK und 6 von 13 Mitgliedern werden
nach der Verfassungsreform durch den Staatspräsidenten ernannt (§159).

5.2   Das Verfassungsgericht

Die Verfassung umfasst die abstraktesten und allgemeinsten
Rechtsregeln, die die Form des Staates, Rechte und Pflichten
der Individuen, der Staatsorgane und die Beziehungen zwischen den Staatsorganen betreffen. Dementsprechend steht die
Verfassung in der Normenhierarchie ganz oben, alle Normen
und Gesetze müssen verfassungskonform sein. Der Verfas-
sungsgerichtsbarkeit kommt die Aufgabe zu, die Verfassungskonformität von Gesetzen und Normen zu überprüfen (Gözler
2000). Diese Aufgabe wird wiederum eingeteilt in politische

und justiziare Inspektion. Das türkische Verfassungsgericht überprüft die Gesetze, Verordnungen mit Gesetzeskraft und das Gesetzgebungsverfahren. Darüber hinaus operiert es als Staatsgerichtshof, indem es über einen Verbotsantrag gegen politische Parteien entscheidet (§ 148 TV).

Zu den Aufgaben des Verfassungsgerichts gehören die Aburteilung von Personen und Mandatsträgern (als oberstes Gericht), die Überprüfung finanzieller Angelegenheiten von Parteien, Verfahren zur Immunitätsenthebung, die Überprüfung von und Warnung vor politischen Parteien sowie die Entscheidung über die Suspendierung der Parlamentsmandate, die Wahl des Schiedsgerichtsvorsitzenden und die Entscheidung über Privatpetitionen. Zusammenfassend obliegen folgenden Normen der Überprüfung des Verfassungsgerichts: Verfassungsänderungen, Gesetze, Dekrete mit Gesetzeskraft und die Geschäftsordnung des Parlaments. Nicht dem Verfassungsgericht obliegen internationale Verträge, Ausnahmezustands- und Standrechtsdekrete, Revolutionsgesetze, Gesetze, die während der Amtszeit des Nationalen Sicherheitsrates *(Milli Güvenlik Konseyi)* verabschiedet worden sind, außerordentliche Parlamentsentscheidungen, Immunitätsaufhebung sowie Suspendierung des Mandats.

Die Kompetenz, aus inhaltlichen Gründen eine Aufhebungsklage beim Verfassungsgericht einzureichen, haben innerhalb von 60 Tagen der Staatspräsident, die Regierungs- und Hauptoppositionspartei und ein Fünftel der Parlamentarier, eine Aufhebungsklage aus formalen Gründen kann der Staatspräsident und ein Fünftel der Parlamentarier binnen zehn Tagen erheben.

Seit der Verfassungsreform von 2010 besteht das Verfassungsgericht aus 17 Richtern, wobei 14 vom Staatspräsidenten und drei vom Parlament ernannt werden. Mit der Verfassungsänderung vom April 2017 wird die Zahl der Richter auf 15 heruntergesetzt, von denen 12 vom Staatspräsidenten ernannt werden. Der Staatspräsident ernennt die Richter aus Justiz, Anwaltschaft, Universitäten und Verwaltung; die türkische Verfassung ermöglicht auch die Mitwirkung hochqualifizierter Nichtjuristen im Verfassungsgericht (§ 146 TV). Erforderlich für ein Richteramt sind ein Mindestalter von 45 Jahre, Hochschulausbildung und eine Amtszeit von 20 Jahren. Sie werden für zwölf Jahre gewählt, ein zweites Mal dürfen sie nicht antreten. Das Verfassungsgericht hat auch die Funktion eines Obersten Gerichts, den Staatspräsidenten, Mitglieder des Kabinetts, hohe Bürokraten sowie die Heeresführer abzuurteilen.

Seit Inkrafttreten der Verfassung von 1961 bis 1980 wurden insgesamt sechs Parteien verboten – vier davon waren konservativ-islamistisch, zwei sozialistisch. Von 1982 bis 2007 wurden insgesamt 43 Parteiverbotsverfahren eingeleitet, von denen 19 abgelehnt und 19 mit einem Verbotsurteil abgeschlossen wurden. Drei der Schließungsverfahren wurden ausgesetzt, in einem Fall wurde die Streichung staatlich-finanzieller Hilfen beschlossen und einmal kam es zu einem Vereinigungsbeschluss. Die Grundlage dafür bildete das Parteiengesetz (Nr. 2820, insbesondere die Artikel 78-108).

Betroffen waren in erster Linie sozialistische und prokurdische Parteien, denen Verstöße gegen die „Unteilbarkeit der Nation" unterstellt wurden und dass sie bestimmten Bevölkerungsteilen einen „Minderheitenstatus" einräumen würden. Die islamistischen Wohlfahrtspartei und die Tugendpartei wurden wegen Verstößen gegen das Prinzip des Laizismus belangt. Die regierende AKP konnte im Jahr 2008 einen Verbotsantrag abwenden und kam mit dem Entzug staatlicher Finanzhilfen davon.

6. Die Parteienlandschaft und das Wahlsystem

Die Türkei ist seit vielen Jahren eine Wahldemokratie mit einem lebendigen Mehrparteiensystem. Gut organisierte Massenparteien bestimmen als mächtige politische Akteure die Landespolitik. Gleichwohl war und ist die türkische Parteipolitik starken externen Einschränkungen unterworfen, z. B. durch die Zehnprozenthürde für den Einstieg ins Parlament oder das Verbot, ethnische oder religiöse Gruppen bzw. eine partikulare Identität zu repräsentieren (Massicard/Watts 2013: 2). Hinsichtlich ihrer Hauptkonfliktlinien, parteiinternen Strukturen und der Lagerbildung unterscheidet sich die türkische Parteienlandschaft vom deutschen Parteiensystem.

6.1 Struktur und Besonderheiten der Parteienlandschaft

Struktureller Autoritarismus ist ein zentrales Organisationscharakteristikum türkischer Parteien. Der Parteichef leitet nicht nur den Bundesvorstand *(Zentrales Exekutivkomitee)*, sondern führt auch die Fraktion im Parlament. Beobachter konstatieren eine „nahezu absolute Kontrolle der Parteiführer auf ihre Parteiorganisation" (Musil 2011: 31). Sie sind dazu befugt, bei Parlaments- und Kommunalwahlen die Kandidaten zu nominieren und die lokalen Parteieinheiten durch den Parteivorstand auflösen zu lassen, und bei Kritik und Opposition ergreifen sie auch bereitwillig diese Maßnahmen. Ihre umfangreiche Macht sichern Parteichefs auch durch die Verteilung von Ressourcen an Delegierte und lokale Parteimitglieder (Sayarı 2002: 3). Dies hat weitreichende Konsequenzen für die parteiinternen Strukturen und die politische Praxis: Parteivorsitzende bleiben auch bei gravierendem Fehlverhalten, bei Misserfolg und nach-

gewiesener Korruption im Amt. Die Bestimmung einer ausrei-
chenden Anzahl von Delegierten in den Provinzen und Kreisen
durch den Parteivorsitzenden sichert weitgehend seine Wiederwahl. Dies hat u. a. zur Folge, dass in Parteigremien und Orts-
verbänden Debatten über Programmatik, Ideologie und politische Position kaum stattfinden (Musil 2011: 32 f.).

Der innerparteiliche Autoritarismus lässt sich mit drei Faktoren
erklären:

1. *mit dem fortdauernden Einfluss politischer Kultur auf die Par-
teistruktur:* Die ersten türkischen Parteien – CHP, TCF und
später DP – wurden von einem Führer „von oben nach unten" (top down) aufgebaut und organisiert. Im Falle der
CHP war es Mustafa Kemal Pascha, ein charismatischer
Feldmarschall und Führer des Nationalen Unabhängigkeits-
krieges (1919-1922), der die CHP aus der Taufe gehoben
und sie als ein Instrument zur Durchsetzung radikaler politischer, juristischer und kultureller Reformen eingesetzt hatte. Politische Parteien waren abhängig von bürokratischen
Eliten und Militärs; sie waren dazu angehalten, ihre Ideologie und Politik mit den Grundprinzipien der neuen Republik (insbesondere mit dem Staatsnationalismus und Laizismus) in Einklang zu bringen. Politische Parteien gingen zudem weitgehend autonom hervor. Die *CHP* zum Beispiel
gab in ihrem Parteiprogramm vor, die Gesellschaft als Gan-
zes zu repräsentieren, tatsächlich vertrat sie jedoch die Interessen der Staatseliten und die mit ihr verbündeten Schichten wie die heranwachsende und vom Staat protegierte Handelsbourgeoisie, die lokalen Händler und Großgrundbesitzer (Musil 2011: 41-43).

2. *mit dem institutionellen Rahmen:* Das Parteiengesetz *(Siyasi
Partiler Kanunu)* übt ebenfalls einen stabilisierenden Einfluss
auf die parteiinternen hierarchischen Strukturen aus, da es
wenig Spielraum für innerparteiliche Demokratie lässt. Es
macht beispielsweise die Parteien von staatlichen Zuschüssen

abhängig und hat zur Folge, dass der Parteivorsitzende sich mehr und mehr auf die Akquise von staatlichen Ressourcen konzentriert (Musil 2011: 43). Die türkischen Parteien unterscheiden sich von denen in Deutschland u. a. auch dadurch, dass für sie Mitgliedsbeiträge bei der Finanzierung eine untergeordnete Rolle spielen, da Spenden und staatliche Zuschüsse die Haupteinnahmequellen bilden. Ein weiterer relevanter Einnahmeposten sind die Antragsgebühren der Bewerber um eine Kandidatur bei Parlaments- und Gemeindewahlen. Dies ist ein Nährboden für Patronage und Klientelismus, die als „eine typische Interaktionsform zwischen Anhängern und Funktionären türkischer Parteien" gelten. Die „Vermittlung jeglicher Art staatlicher Ressourcen und Privilegien [erfolgt] im Austausch gegen Wählerstimmen" (Schüler 1998: 195). Das Parteiengesetz privilegiert den Vorsitzenden bei der Kandidatenauswahl als letzte Instanz, indem es den Parteivorstand befugt, die Kandidaten für das Parlament und die Gemeinden zu bestimmen. Zudem schreibt es die Organisationsstruktur vor und begrenzt somit die Suche nach alternativen Organisationsmodellen (Musil 2011: 43-44).

3. *mit Mikrofaktoren – Führungsstil und Ideologie:* Auf der Mikroebene lassen sich der Führungsstil des Vorsitzenden und (v. a. in den rechtskonservativen Parteien) die Parteiideologie als weitere Faktoren anführen, die für die Aufrechterhaltung autoritärer Parteistrukturen verantwortlich sind (Musil 2011: 45-46).

Eine wesentliche Funktion von Parteien ist es, gesellschaftliche Differenzen widerzuspiegeln. Dementsprechend lassen sich Wahlergebnisse sowie die Entwicklung von Parteisystemen mit langfristigen Konfliktlinien *(cleavage)* innerhalb der Gesellschaft erklären (vgl. Lipset/Rokkan 1967). Die Hauptkonfliktlinie, die das türkische Parteiensystem geprägt hat und weiterhin prägt, ist die Spaltung der Gesellschaft in Zentrum und Peripherie, die bis in die klassischen Jahrhunderte des *Osmanischen Reiches* zurückreicht. Bei diesem vom türkischen Soziolo-

gen Şerif Mardin vorgeschlagenen Deutungsmuster wird das
Begriffspaar Zentrum-Peripherie nicht durch geografische, sondern durch funktionale und kulturelle Kategorien definiert.
Charakteristisch für das Zentrum, das aus Staatseliten – an ihrer Spitze der Sultan – bestand, war eine ausgeprägte kulturelle
Homogenität. Die Peripherie dagegen umfasste alle abgabe-
pflichtigen Untertanen, die ethnisch, religiös und kulturell he-
terogen waren (Mardin 1973: 9). Zur Hauptkonfliktlinie entwickelte sich diese gesellschaftliche Spaltung erst im Zuge der
Modernisierung. Die von Sultan Selim III. initiierten und von
Mahmud II. fortgesetzten Reformbemühungen im späten 18.
und frühen 19. Jahrhundert haben die politische Einheit und
kulturelle Homogenität des Zentrums untergraben und eine
Konfliktlinie innerhalb des Zentrums hervorgebracht: einen
Konflikt zwischen Modernisierern und Traditionalisten. Mit
der Zerschlagung des *Yeniçeri*-Korps war die militärische Opposition gegen die Modernisierung innerhalb des Zentrums
ausgeschaltet, die Opposition der *ulema*, der islamischen Ge-
lehrten, setzte sich dagegen fort, nahm jedoch einen zunehmend peripheren Charakter an. Während Reformismus und
Westorientierung unter den bürokratischen Eliten des Zentrums handlungsbestimmend wurden, entwickelte sich der
„Volksislam" zu einem zentralen Bestandteil der Kultur der Peripherie (Özbudun 2011: 15).

Dieser Zentrum-Peripherie-Konflikt zog sich durch den
ganzen osmanischen Modernisierungsprozess hindurch und
setzte sich auch uneingeschränkt nach der Gründung der Republik Türkei fort. Die zentralistischen und säkularen Bestrebungen der bürokratischen Eliten provozierten peripheren Widerstand, der sich zumeist in religiöser Form äußerte. Politische
Akteure, die sich von den Eliten des Zentrums loslösten, setzten vielfach auf das oppositionelle Potenzial religiöser Gruppen
und Würdenträger in der Peripherie. Während Sultan Abdülhamid II. sich um einen Ausgleich bemühte, wurde im kemalistischen Einparteiensystem nach 1925 die Kluft zwischen Zent-

rum und Peripherie immer tiefer. Nach dem Übergang zum Mehrparteiensystem äußerte sich der Zentrum-Peripherie-Dualismus im Gegensatz zwischen CHP und DP. Kalaycıoğlu zufolge war die DP, die 1950 mit absoluter Mehrheit an die Macht kam und die 30-jährige CHP-Regierung ablöste, „eine Herausforderung der Bauern, der Vernachlässigten, Unterdrückten, der Unternehmer und Händler, mit einem Wort der Peripherie, für die egozentrisch-unangreifbare Willkürherrschaft der CHP, der Partei des Zentrums, und für die Staatsbürokratie. Und sie war entschlossen, diesen die politische Macht zu entziehen" (Kalaycıoğlu 2005: 74).

Die Verfassung von 1961 erzeugte eine Aufbruchsstimmung im Land und belebte die Zivilgesellschaft. Im Zuge der zunehmenden Binnenmigration in die Großstädte und der Industrialisierung kam es zum Aufstieg und Erstarken von Gewerkschaften, aber auch von linken und rechten Jugendorganisationen. Als die 1961 gegründete sozialistische *Türkiye İşçi Partisi (TİP)* 1965 mit 15 Abgeordneten in das Parlament einzog, entstand eine weitere politische Konfliktlinie, die v. a. in den 1970ern virulent war, in den frühen 1990ern jedoch wieder verblasste. Politik und Gesellschaft spalteten sich entlang von Klasseninteressen und sozioökonomischen Fragen.

Die 1970er Jahre waren geprägt durch soziale Bewegungen und die Massenmobilisierung linker Gruppierungen. Ab 1965 fing die CHP damit an, sich als eine „Partei links von der Mitte" zu positionieren. Die Linkswende setzte sich in den 1970ern unter der Führung von Bülent Ecevit fort. Die säkular-nationale Partei des Zentrums entwickelte sich zu einer linkspopulistischen Massenpartei, die Arbeiter und geringverdienende Bevölkerungssegmente sowie Binnenmigranten, die aus Provinzen und ländlichen Gebieten kamen und an den Rändern von Großstädten lebten, mobilisieren konnte. Aus der CHP wurde zwar keine Partei der Peripherie, gleichwohl distanzierte sich der neue Parteivorsitzende Bülent Ecevit von bürokratischen Eliten und vermied jegliche Tuchfühlung mit den Militärs.

Diese klassenspezifische Rechts-Links-Spaltung setzte sich auch in den 1980ern – nach einer Unterbrechung durch den Militärputsch vom 1980 – fort. Während die Mitte-Rechts-Parteien AnaP und DYP eine Marktwirtschaft vertraten, plädierten die Mitte-Links-Parteien SHP/CHP und DSP für eine Mischwirtschaft, in der dem staatlichen Sektor eine wichtige Rolle zukam (Özbudun 2011: 43-45).

Eine weitere zentrale Besonderheit des aktuellen türkischen Parteiensystems liegt in der Lagerbildung Rechts versus Links, bei der im Gegensatz zu westlichen Demokratien allerdings nicht sozioökonomische Fragen für Kontroversen sorgen – das wahr höchstens in den 1970er und 1980er Jahren der Fall –, sondern vielmehr kulturell-religiöse Differenzen im Vordergrund stehen. Die aktuelle Zentrum-Peripherie-Dichotomie speist sich aus drei politischen Gegensätzen: 1.) Laizismus versus religiöser Konservatismus; 2.) türkischer Nationalismus versus ethnisch-kurdische Identität; 3.) militärische Bevormundung versus zivile Demokratie (Özbudun 2011: 50, 54).

In den 1990ern erlebte die Türkei den Aufstieg der kurdisch-nationalen Bewegung und kurdischer Parteien, die sich trotz zahlreicher verfassungsgerichtlicher Verbote immer wieder neu konstituierten. Die prokurdischen Parteien sind der peripheren Opposition zuzurechnen. Es handelte sich um regionale Parteien, die ihren stärksten Zulauf in der Südosttürkei fanden. „Sowohl die islamisch-konservativen als auch die kurdischen ethnischen Parteien vertreten", so lässt sich mit Özbudun resümieren, „unzweifelhaft die periphere Opposition gegen die ausgrenzende Herrschaft laizistischer und nationalistischer Staatseliten. Die CHP als politische Repräsentantin einer laizistischen, nationalistischen, etatistischen und bevormundenden Ideologie befindet sich an den Rändern beider Achsen und gegenüber zweierlei peripherer Oppositionen. In diesem Sinne bewahrt die Zentrum-Peripherie-Spaltung ihre Eigenschaft, weiterhin die Hauptspaltungslinie türkischer Politik zu sein" (Özbudun 2011: 55).

6.2 Zentrale Probleme der Parteienlandschaft

Drei zentrale Probleme waren und sind teilweise nach wie vor konstitutiv für das türkische Parteiensystem: Zersplitterung, Volatilität (Unbeständigkeit) und Polarisierung.

Zersplitterung

Vom Übergang in das Mehrparteiensystem im Jahr 1946 bis zum Militärputsch vom 27. Mai 1960 gab es in der Türkei ein Zweiparteiensystem; CHP und DP dominierten die politische Szene und die Wahlkämpfe. In der *Großen Nationalversammlung* der Türkei 1950-54 waren neben CHP und DP die MP *(Millet Partisi, Nationspartei)* mit einem Sitz (mit 3,1 Prozent der Stimmen) und die Unabhängigen mit neun Sitzen vertreten. In den beiden folgenden Legislaturperioden waren ebenfalls eine weitere Partei, die CMP *(Cumhuriyetçi Millet Partisi, Republikanische Nationspartei)* mit fünf und die Unabhängigen mit zehn Sitzen vertreten (1954-1957) sowie zwei weitere Parteien, CMP mit vier, *Hür Parti (Freie Partei)* mit zwei und die Unabhängigen ebenfalls mit zwei Sitzen (1957-1960). In dieser Periode konnten DP und CHP zusammen 93,2 Prozent, 91,4 Prozent und 87,9 Prozent der Stimmen auf sich vereinen (Teziç 1976: 352).

Zwischen 1961 und 1980 dominierten ebenfalls zwei große Parteien, CHP und AP, das politische System. Diese beiden Volksparteien besaßen einen Stimmenanteil, der zwischen 63,1 Prozent (1973) und 81,6 Prozent (1965) variierte. Zwischen 1965 und 1971 existierten zwei kleinere Parteien, TİP und MHP, die zwar kein Koalitionspotenzial besaßen, aber aufgrund ihrer Ideologie, Mobilisierungsfähigkeit und ihres Bedrohungspotenzials als relevante Parteien bezeichnet werden können (Özbudun 2011: 62).

In den 1980ern beginnt die Fragmentierung des türkischen Parteiensystems. Bei den Parlamentswahlen 1983 und 1987 schafften nur drei, 1991 hingegen fünf Parteien den Einzug ins

Parlament und bekamen gemeinsam 99, 80 und 99,5 Prozent der Stimmen. Zwischen 1995 und 2002 existierten im türkischen Parlament sechs Parteien, deren Stimmenanteil von 8,2 bis 21,4 Prozent (1995) bzw. von 8,7 bis 22,2 Prozent (1999) variierten. Folgen der Zersplitterung waren unbeständige und häufig wechselnde Koalitionsregierungen sowie vorgezogene Parlamentswahlen; alle Parlamentswahlen zwischen 1987 und 2002 fanden vorzeitig statt.

Seit 2002 ist ein Prozess der Vereinheitlichung zu beobachten. Nach dem Zweiparteiensystem in der Großen Nationalversammlung zwischen 2002 und 2007 hat sich ab 2007 ein Vierparteiensystem etabliert. Bei den Parlamentswahlen 2007 und 2011 sowie im Juni und November 2015 haben vier Parteien den Einzug ins Parlament geschafft.

Volatilität

Die Volatilität zwischen den Parteien ist in der Türkei im Vergleich zu ähnlichen Demokratien relativ stark. Die jeweiligen Stimmanteile variierten von Wahl zu Wahl und dementsprechend gab es relativ viele Wechselwähler. Eine Ursache hierfür waren die Unterbrechungen des Demokratisierungsprozesses durch Militärinterventionen und Militärputsche (1960, 1971, 1980 und 1997). Zwischen 2002 und 2007 gelang es Parteien wie AKP, MHP und DEHAP, die aus sozialen Spaltungen hervorgingen, einen Großteil ihrer Wähler zu behalten.

Im Gegensatz dazu ist die Volatilität zwischen den ideologischen Blöcken – rechtes versus linkes Lager – vergleichsweise gering. Yasushi Hazama zufolge lässt sich das mit der Bedeutung des sunnitischen Islam erklären. Sunniten würden überwiegend Parteien aus dem rechten, Aleviten größtenteils Parteien aus dem linken Lager wählen (Hazama 2007: 73 ff.).

Polarisierung

Eine weitere Besonderheit der türkischen Parteienlandschaft ist die starke Polarisierung zwischen den Parteien. In den 1950ern beispielsweise war die Polarisierung zwischen DP und CHP besonders extrem, auch wenn die ideologischen Differenzen zwischen ihnen nahezu unbedeutend waren. Ähnlich war die Lage in den 1970ern. Erklären lässt sich das mit lokalen Fraktionen, auf die sich die Parteien in ihrer Aufbauphase gestützt haben, wodurch sich schnell ein Zweiparteiensystem etablieren konnte (Özbudun 2011: 33).

Seit der Regierungsbildung der AKP im Jahr 2002 ist eine Polarisierung zwischen der AKP und ihren Gegnern zu beobachten, die sich nach den Gezi-Park-Protesten im Sommer 2013 und dem Machtkampf zwischen der AKP-Regierung und der Gülen-Bewegung weiter zugespitzt hat. Auf der einen Seite gibt es zahlreiche Traditionskonservative, religiöse Menschen, türkische Nationalisten und zum Teil sich radikalisierende Islamisten, die rechts stehende Parteien wählen – bei der jüngsten Parlamentswahl waren es 65 Prozent. Sie eint v. a. eine tiefe Abneigung gegen alles, was im linkssäkularen Lager zum guten Ton gehört. Auf der anderen Seite finden sich Linke verschiedener Couleur, Kurden und Aleviten, die überwiegend die linkssäkulare CHP, die pro-kurdisch linke HDP und weitere linke Splitterparteien wählen und Erdoğans Machtanspruch ablehnen. Diese kamen bei der jüngsten Wahl auf 35 Prozent. Die Sympathisanten des im amerikanischen Exil lebenden Predigers Gülen gehören zu den entschiedenen Gegnern der AKP-Regierung, obwohl sie soziopolitisch demselben religiös-traditionalen Lager angehören.

6.3 Die aktuelle Parteienlandschaft

Die seit 2002 ununterbrochen alleine regierende AKP dominiert das rechte Lager in der türkischen Parteienlandschaft. Die zweitstärkste Partei „rechts von der Mitte" ist die nationalistische MHP, die ebenfalls seit 2007 im Parlament vertreten ist. Die islamistische *Partei der Glückseligkeit* (SP), die wie die AKP 2001 aus der Spaltung der FP *(Fazilet Partisi,* dt.: *Tugendpartei)* hervorging, und die nationalistisch-islamistische *Partei der gro-ßen Einheit* (BBP), die sich von der MHP abgespalten hat, sind im Parlament nicht vertreten. Sie konnten bei der Parlaments-wahl 2011 lediglich 1,25 bzw. 0,74 Prozent, bei den Kommu-nalwahlen 2014 nur 2,77 bzw. 1,58 Prozent der Stimmen mo-bilisieren. Daneben existieren weitere bedeutungslose Parteien.

Im linken Lager gibt es neben CHP und HDP weitere klei-nere Splitterparteien wie etwa die DSP *(Partei der demokrati-schen Linken)* des ehemaligen Ministerpräsidenten Bülent Ece-vit, die bei den Parlamentswahlen 2011 nur 0,25 Prozent, bei den Kommunalwahlen 2014 0,33 Prozent und bei den Parla-mentswahlen im Juni und im November 2015 lediglich 0,19 bzw. 0,07 Prozent der Stimmen für sich gewinnen konnte. Die nationalistisch-antiwestliche, nach eigener Darstellung „sozia-listische" *Arbeiterpartei* (İP) konnte bei den Kommunalwahlen 2014 ebenfalls nur 0,25 Prozent der Stimmen für sich gewin-nen. Bei den Parlamentswahlen im Juni und November 2015 erreichte sie ebenfalls 0,35 bzw. 0,25 Prozent der Stimmen. Zu-vor hatte sie ihren Namen in *Vatan Partisi* (Vaterlandspartei) umgeändert. An der Kommunalwahl 2014 nahmen vier weite-re linke Parteien teil, darunter die TKP *(Türkische Kommunisti-sche Partei)* und sozialistische ÖDP *(Partei der Freiheit und So-lidarität)*, die 0,11 bzw. 0,12 Prozent der Stimmen erhielten.

Im türkischen Parteiensystem bedeutet „rechts" nicht unbe-dingt „konservativ" im Sinne pro Status quo und „links" nicht per se „progressiv", also auf Überwindung bestehender Verhält-nisse zielend. Die Lagerbildung entwickelt sich, wie bereits aus-geführt, entlang des System-Peripherie-Gegensatzes und ver-läuft weitgehend entlang ethnokultureller Bruchlinien. Die AKP wird überwiegend gewählt von religiös-konservativen, re-ligiös-nationalen und traditioneller eingestellten Bevölkerungs-schichten, denen die islamische bzw. islamisch-türkische Iden-tität mehr bedeutet als die ethnotürkische Identität (Aydın 2014b: 4-5). Die Betonung der Religiosität und ein „muslimi-scher Nationalismus" (White 2013), der die osmanische Ära glorifiziert, macht die AKP für viele Kurden im Osten wie im Westen der Türkei wählbar.

Menschen, die sich an einem monokulturellen Nations- und autoritären Staatsverständnis orientieren, Europa und einer Ausweitung von demokratischen Rechten und Minderheitenrechten kritisch bis ablehnend gegenüberstehen, fühlen sich eher in der MHP zu Hause. Die MHP konnte v. a. Bevölkerungsschichten ansprechen, die die Verhandlungen zwischen der AKP-Regierung und der verbotenen kurdisch-nationalistischen PKK von 2012 bis Anfang 2015 mit Skepsis betrachteten.

Die CHP wird in erster Linie von säkularen, liberalen wie nationalen urbanen Bevölkerungsschichten v. a. in der Westtürkei gewählt. Die Istanbuler Stadtbezirke Beşiktaş, Kadıköy oder Bakırköy zum Beispiel, Hochburgen der CHP, setzen sich größtenteils aus der mittleren und oberen Mittelschicht zusammen. In Zentralanatolien schnitt die CHP bei den Kommunalwahlen 2014 und Parlamentswahlen 2011 und 2015 außer in Eskişehir oder Ankara relativ schlecht ab und bekam im Durchschnitt deutlich unter 20 Prozent, im Osten und Südosten der Türkei lag sie mit etwa zwei Prozent weit abgeschlagen hinter AKP, BDP/HDP und teilweise auch hinter MHP und SP. Die CHP ist in Thrakien und im europäischen Teil der Türkei die stärkste Partei und hatte zuletzt im Westen, in den Küstenregionen (Ägäis, Mittel- und Schwarzmeer) sowie in einigen zentralanatolischen Stadtbezirken mit mehrheitlich alevitischer Bevölkerung starken Zulauf. Die HDP ist in den östlichen und südöstlichen Provinzen mit einer mehrheitlich kurdischen Bevölkerung die stärkste, in einigen Provinzen die zweitstärkste Partei mit einem deutlichen Aufwärtstrend.

Die AKP ist die stärkste politische Kraft, die landesweit am gleichmäßigsten verteilt ist. Sie ist in den meisten Provinzen die stärkste, in einigen die zweitstärkte und in nur wenigen Provinzen drittstärkste Partei. Die Regierungspartei wird im Westen wie im Osten, sowohl von ethnischen Türken als auch von ethnischen Kurden gewählt. In den Hochburgen von CHP war die AKP ebenfalls stark; in Izmir, Hochburg der CHP und die drittbevölkerungsreichste Stadt der Türkei, hatte sie bei der Kommunalwahl 2014 etwa 32 Prozent der Stimmen, in Eskişehir lag sie mit 37 Prozent nur fünf Prozentpunkte hinter der CHP zurück. Die MHP-Stimmen waren zwar außerhalb von Regionen mit einer mehrheitlich kurdischen Bevölkerung ebenfalls relativ gleichmäßig verteilt, die Partei lag jedoch in den vier bevölkerungsreichsten Provinzen weit abgeschlagen hinter AKP und CHP.

AKP – Partei für Gerechtigkeit und Entwicklung

Die AKP *(Adalet ve Kalkınma Partisi)* beschreibt sich selbst als eine „konservativ-demokratische" Volkspartei (AK Parti 2012: 4 ff.). Das Parteiprogramm beinhaltet zahlreiche positive Bezugnahmen auf Demokratie, Konsenskultur, Grund- und politische Freiheitsrechte sowie die Forderung nach einer rechtlichen Begrenzung politischer Macht. Konservatismus impliziere die Ablehnung des staatlich aufgezwungenen Wandels, des Radikalismus und der Sozialtechnologie (ebd.: 6).

Die seit 2002 alleine regierende AKP ging 2001 aus der Spaltung der islamistischen *Tugendpartei* hervor, deren Reformflügel den Kern der späteren AKP bildete. Bis zu seiner Wahl zum Staatspräsidenten am 10. August 2014 wurde sie von Recep Tayyip Erdoğan, von September 2014 bis Mai 2016 von Ahmet Davutoğlu und seit Mai 2016 von Premier Binali Yıldırım geführt. An ihrer Gründung waren auch ehemalige Mitglieder der liberal-konservativen *Mutterlandspartei AnaP* (Cemil Çiçek, Abdülkadir Aksu u.a.), der *Demokratischen Partei DP* (Hüseyin Çelik, Köksal Toptan) und Politiker mit nationalistischem Hintergrund (u.a. Kürşat Tüzmen) beteiligt. Die AKP erhielt bei der Parlamentswahl 2002, ein Jahr nach ihrer Gründung, mit 34 Prozent die meisten Stimmen und gewann seither fünf Parlaments- und drei Kommunalwahlen sowie zwei Referenden und eine Präsidentschaftswahl.

Verantwortlich für den ersten Wahlsieg im Jahr 2002 waren drei Entwicklungen: 1.) politische Differenzen unter den Regierungsparteien (DSP, AnaP, MHP) und eine innerparteiliche Spaltung der DSP, die zu einer Neuwahl führte, bei der jedoch die drei Regierungsparteien den Einzug ins Parlament nicht schafften, weil u. a. nach der türkischen Finanz- und Wirtschaftskrise 2001 die positiven Entwicklungen der Wirtschaftsreformen noch nicht eingesetzt hatten. 2.) eine anhaltende Legitimationskrise von etablierten Parteien (DYP) und Regierungsparteien aufgrund von Missmanagement, Korruptionsvorwürfen und Konzeptlosigkeit bei der Lösung struktureller Probleme der Wirtschaft und der Politik sowie ihre Unfähigkeit, die Sozialintegration kurdischer und konservativ-muslimischer Bevölkerungsteile voranzutreiben. 3.) das Versprechen der AKP, das Land weiter zu demokratisieren, die Menschenrechte auszuweiten und die Türkei an die EU heranzuführen (Aydın 2014d: 124 ff., Ünlühisarcıklı 2013).

Die AKP-Regierung konnte sich in den folgenden Jahren gegen den säkular-nationalen Machtblock durchsetzen und ihre Machtposition stabilisieren. 2007 behauptete sich die AKP-Führung gegen die versuchte Einflussnahme der Militärs durch ein Internetmemorandum und Massenkundgebungen in Großstädten. Sie beschloss vorgezogene Parlamentswahlen, aus der sie mit einem eindeutigen Wahlsieg und der Parlamentsmehrheit hervorging, und trotz Widerstand der Generäle wurde Abdullah Gül zum Staatspräsident des neuen Parlaments gewählt. 2008 konnte die Partei einen Verbotsantrag des Verfassungsgerichts abwehren, das der Regierungspartei unterstellte, Sammelbecken für antilaizistische Umtriebe zu sein. 2010 gewann die AKP-Regierung ein Referendum zu einer umfassenden Verfassungsänderung, mit der sie ihren Einfluss auf die Zusammensetzung des *Hohen Rats der Richter und Staatsanwälte* und damit ihren Zugriff auf die Justiz ausweiten konnte. In der Folge konnte sie auch den Machtkampf mit der laizistischen Armeeführung für sich entscheiden (Meier/Berktaş 2010, Hakyemez 2010).

Verantwortlich für die Wahlerfolge der AKP ist neben Erdoğans Charisma, seiner Wortgewandtheit und Volksnähe v. a. die dynamische Wirtschaftsentwicklung seit 2003. Eine Ausnahme ist die Parlamentswahl November 2015, bei der nicht wirtschaftliche, sondern sicherheitspolitische Themen entscheidend waren. Hierzu zählen v. a. ein beachtlicher Wohlstandsgewinn, der Ausbau sozialer Rechte, die Verbesserung der Gesundheitsversorgung sowie der urbanen Infrastrukturen und Verkehrsnetzwerke. Nach der Regierungsbildung (2002) stieß die AKP weitere politische, juristische und wirtschaftliche Reformen an und erreichte, dass 2005 die Beitrittsverhandlungen mit der Türkei eröffnet wurden. Die AKP-Regierung setzte ihre Politik der Einbindung der kurdischen Bevölkerung fort und unternahm Schritte zur Verbesserung ihrer sozialen und wirtschaftlichen Lage: Am 1. Januar 2009 wurde ein staatlicher Fernsehkanal in kurdischer Sprache gestartet und Verhandlungen mit der verbotenen und in Europa und USA als Terrororganisation eingestuften *Arbeiterpartei Kurdistans (PKK, Partiya Karkeren Kurdistan)* begonnen, um den bewaffneten Konflikt beizulegen (vgl. Seufert 2013). Allerdings führten diese zu keinem Ergebnis, wurden im Frühjahr 2015 ausgesetzt und seit Sommer 2015 eskaliert erneut die Gewalt zwischen den Streitkräften und PKK-Milizen sowie der PKK-Terror gegen Zivilisten.

Die säkularen Staatseliten misstrauten der AKP-Regierung und unterstellten ihr eine geheime Agenda: die Gesellschaft islamisieren, die Trennung von Staat und Religion aufheben oder die Türkei zu einem Gottesstaat umbauen zu wollen. Tatsächlich hat sie aber zunächst islamisch-konservative Bevölkerungsteile von der Kompatibilität von Islam, Demokratie und Wirtschaftsliberalismus überzeugt. Obwohl sie bereits vorher wegen der Einschränkung der Pressefreiheit, Verletzung des Rechtsstaatsprinzips und des repressiven Umgangs mit der Opposition („Ergenekon-", „Schlaghammer-" und „KCK-Verfahren") kritisiert wurde, zeigte insbesondere der repressive Umgang mit der landesweiten Protestwelle im Juni 2013 die autoritären Züge der AKP-Regierung deutlich (vgl. Aydın 2014e).

Auf die Verhaftungswelle vom 17./25. Dezember 2013 reagierte der damalige Ministerpräsident Erdoğan mit Verhaftung und Versetzung der ermittelnden Polizisten und Staatsanwälte. Dennoch konnte die AKP bei den Kommunalwahlen am 30. März 2014, die in einer stark polarisierten Atmosphäre stattfanden, einen deutlichen Wahlsieg einfahren. Am 10. August 2014 wurde ihr Kandidat Recep Tayyip Erdoğan mit absoluter Mehrheit zum Staatspräsidenten der Türkei gewählt (Aydın 2014c). Als Ministerpräsident und Vorsitzender der AKP folgte ihm der bisherige Außenminister Ahmet Davutoğlu nach, der im Mai 2016 zum Rücktritt gezwungen wurde. An seine Stelle trat Binali Yıldırım. Bei der Parlamentswahl im Juni 2015 sackte die AKP auf 40,8 Prozent ab und verlor ihre Parlamentsmehrheit. Weil keine Koalitionsregierung gebildet werden konnte, fand im November 2015 erneut eine Parlamentswahl statt, aus der die AKP mit knapp 50 Prozent der Stimmen als klare Siegerin hervorging (Aydın 2015).

CHP – Die Republikanische Volkspartei

Die zentralen Prinzipien der CHP *(Cumhuriyet Halk Partisi)* sind Republikanismus, Laizismus, Revolutionismus, Etatismus, Populismus und Nationalismus (§ 2, s. CHP 2012b: 9). Die säkulare „Mitte-Links-Partei" versteht sich als Garant der „unabhängigen, republikanischen und laizistischen Türkei" und steht nach eigener Angabe für Menschenrechte, die Herrschaft des Rechts, Gewaltenteilung, die Unabhängigkeit der Justiz und Rechtsstaatlichkeit. In ihrem Parteiprogramm *Veränderung für eine zeitgemäße Türkei* verspricht die CHP „demokratische und soziale Reformen" und eine nachhaltige Wirtschaftsentwicklung (CHP 2012a: 18, 22 ff.). Die CHP ist seit 2002 die Hauptoppositionspartei der Türkei, die zuletzt 1979 alleine regierte und 1995 letztmals Teil einer Koalitionsregierung war. Ihre Stammwählerschaft besteht überwiegend aus städtischen

säkularen und gebildeten Bevölkerungsschichten und aus Aleviten, die in der CHP ein Bollwerk gegen eine „Islamisierung"
sehen. Die Wähler kommen hauptsächlich aus Westanatolien,
aus den Großstädten und Thrakien.

Die CHP ging 1919 aus der *Gesellschaft zur Verteidigung der
Rechte von Rumelien und Anatolien* hervor, die den nationalen
Widerstand gegen die Besatzung Anatoliens organisierte, und
formierte sich 1923 als Partei. Von 1923 bis 1945 war die
CHP – mit Ausnahme kurzer Perioden – die einzige Partei der
Türkei und mit dem Staat verschmolzen. Unter der Führung
des Staatsgründers Mustafa Kemal Atatürk führte sie zahlreiche
Reformen durch, u. a. die Abschaffung des Sultanats und des
Kalifats, eine Vereinheitlichung des schulischen Lehrplans, die
Einführung des lateinischen Alphabets, des Zivil-, Straf- und
Schuldenrechts. 1946 leitete die CHP unter der Führung von
İsmet İnönü den Übergang zum Mehrparteiensystem ein, un-
terlag jedoch bei der Parlamentswahl 1950 der DP.

In der Opposition erfuhr die CHP eine demokratische Wende. Auf dem 14. CHP-Kongress im Jahr 1959 wurde die „Erklärung der primären Ziele" verabschiedet, worin für den Fall
einer Regierungsbildung die Aufhebung antidemokratischer
Gesetze, eine weitreichende Verfassungsänderung in Anleh-
nung an die Prinzipien der Volkssouveränität, soziale Gerechtigkeit, Rechtsstaatlichkeit und soziale Sicherheit sowie eine
stärkere Kontrolle der Legislative über die Exekutive verspro-
chen wurde.[4] 1965 bezeichnete der Parteichef İsmet İnönü die
CHP als eine Partei „links von der Mitte", unter der Leitung
von Bülent Ecevit ab 1972 wurde die Bezeichnung „demokratische Linke" gebräuchlich.

Im Anschluss an den Militärputsch vom 1980 wurde die
CHP zusammen mit allen anderen Parteien verboten (1981).
Nach der Aufhebung des Verbots wurde die Partei 1992 neu gegründet. Den Vorsitz übernahm Deniz Baykal, der mit kurzfristigen Unterbrechungen bis 2010 an der Spitze blieb. Unter seiner Führung entwickelte sich die CHP zu einer Partei urbaner,

säkular eingestellter Türken insbesondere aus der Mittelschicht und der Aleviten. Militanter Laizismus, defensive Haltung in der Kurdenfrage und EU-Skepsis waren fortan die Eckpunkte der Politik der wiedergegründeten CHP (Sancar 2014).

2010 trat Deniz Baykal nach Veröffentlichung eines heimlich aufgenommenen Videos einer sexuellen Begegnung mit einer CHP-Abgeordneten zurück. Den Vorsitz übernahm nun Kemal Kılıçdaroğlu, der einen vorsichtigen Wechsel in der Führungsriege einleitete. Obwohl die CHP seitdem Fragen der sozialen Sicherheit und Gerechtigkeit betont und sich verstärkt um die Stimmen auch konservativer Bevölkerungsteile bemüht, ist sie entgegen ihres Selbstbildes programmatisch, organisatorisch und rhetorisch nicht mit einer sozialdemokratischen Partei europäischen Vorbilds vergleichbar. Unter der Führung von Kılıçdaroğlu unterlag die CHP bei drei Parlamentswahlen (2011 sowie im Juni und November 2015), einer Kommunalwahl (2014), einem Referendum (2010) und einer Präsidentschaftswahl (2014) der AKP (vgl. Erdemir 2012: 55-62, Cıngı 2011).

MHP – Die Partei der nationalistischen Bewegung

Die MHP *(Milliyetçi Hareket Partisi)* bezeichnet in ihrem Parteiprogramm den Schutz der territorialen Integrität des Staates und die Pflege der türkisch-nationalen Identität als ihre wesentlichen Aufgaben. Die Partei bezeichnet die Schaffung einer „türkeizentrierten Zivilisation", ohne dies jedoch näher auszuführen, als ihre langfristige Vision. Aus dem Gesamtbild geht jedoch hervor, dass sich damit die Vorstellung einer Türkei als Regionalmacht verbindet, die zum Anziehungspunkt für türkischsprachige Staaten Zentralasiens und die islamische Welt werden soll. Zu den Grundwerten der MHP zählen u. a. Nationalismus, Demokratie, Primat des Rechts, Laizismus, nationale Einheit und Integrität, soziale Gerechtigkeit und „türkische" Soziabilität (MHP 2009).

1958 wurde die *Republikanische Bauern-Nationspartei* gegründet *(Cumhuriyetçi Köylü Millet Partisi, CKMP)*. 1965 trat

Alparslan Türkeş der Partei bei und übernahm ihre Führung. Zwei Jahre später wurde die Partei in *MHP* umbenannt. In dieser Zeit orientierte sie sich ideologisch am Turkismus und am Turanismus und war militant antikommunistisch und antisozialistisch. Die MHP stand bis zum Militärputsch von 1980 mit ihren paramilitärischen Strukturen (Kommandos) und militanten *Idealisten-Vereinen (Ülkü Ocakları)* im Mittelpunkt von Studentenbewegungen und sozialen Protesten und beteiligte sich an Ausschreitungen gegenüber linken Gruppen.

In den 1970er Jahren war die MHP an den von Süleyman Demirel geführten Regierungen der *Nationalen Front* beteiligt. Nach dem Militärputsch 1980 wurde sie, wie alle bestehenden Parteien, verboten. Ihre Anhänger gründeten 1983 die *Konservative Partei (Muhafazakâr Parti)*, die 1985 in *Nationalistische Arbeitspartei (Milliyetçi Çalışma Partisi, MÇP)* umbenannt wurde. 1992 änderte die MÇP ihren Namen dann wieder in MHP und in den 1990er Jahren gewann sie unter der Führung von Alparslan Türkeş erneut an Einfluss.

1999 bildete sie mit der DSP und der AnaP eine Koalitionsregierung, die wichtige Reformen durchführte, um die Türkei an die EU heranzuführen. 2002 trat die Partei jedoch mit einem „Anti-EU-Programm" zur Wahl an und ist weiterhin skeptisch bis ablehnend gegenüber der EU eingestellt. Regierungen in Europa und den USA wirft sie vor, eine Politik der bewussten Schwächung und Spaltung der türkischen Nation zu betreiben. Sie lehnt den Ausbau von Minderheitenrechten und kurdische Forderungen nach ethnisch-kultureller Anerkennung ab. Auch wenn die MHP in den letzten Jahren in der Lage war, städtisch säkulare Bevölkerungsschichten in den westtürkischen Küstenregionen für sich zu gewinnen, gehören zu ihrer Kernanhängerschaft auch größere Gruppen frommer, sunnitisch-türkischer Muslime. Daher ist sie 2007 bei der Wahl von Abdullah Gül zum Staatspräsidenten und 2013 bei der Aufhebung des Kopftuchverbots an Universitäten eine begrenzte Zusammenarbeit mit der AKP eingegangen (Beriş 2012). Devlet

Bahçeli, Nachfolger des charismatischen Alparslan Türkeş, hat es verstanden, der Partei den „Nimbus einer zur gewaltsamen Radikalität neigenden national-chauvinistischen Partei" (Kramer 2011: 31) zu nehmen. Die MHP vermeidet es, sich zu ihrer faschistoid-rechtsextremistischen Vergangenheit und ihren rassistischen Wurzeln zu äußern.

HDP – Die Demokratische Partei der Völker

Kurden waren in der Geschichte der Republik Türkei in allen Parteien vertreten und sie sahen sich in der *Großen Nationalversammlung der Türkei* auch immer als Vertreter regionaler Interessen des Südostens an – jedoch nicht zwingend als kurdische Nationalisten. Dies änderte sich mit der Gründung der *Arbeitspartei des Volkes (Halkın Emek Partisi, HEP)* im Juni 1990, die mit einem Wahlbündnis mit der sozialdemokratischen SHP *(Sosyal Demokrat Halkçı Parti, dt. Sozialdemokratische Populistische Partei)* ins Parlament einziehen konnte. Als die HEP 1993 vom Verfassungsgericht verboten wurde, gingen aus ihr mehrere prokurdische Parteien (zuletzt die BDP) hervor.

Die BDP *(Barış ve Demokrasi Partisi)*, Vorgängerpartei der HDP, definierte sich als „libertär, egalitär, pluralistisch". Sie setzte sich für ein „demokratisches Staatswesen und eine multikulturelle Gesellschaftsstruktur" ein und positionierte sich gegen jede Form von Rassismus, Diskriminierung, Ausbeutung, Unterdrückung und Despotismus. Als Interessenvertreterin der kurdischen Minderheit stellte die BDP vier zentrale Forderungen an die Regierung: 1.) die Gewährung des Rechts auf Bildung in der Muttersprache; 2.) die Aufhebung bzw. Verminderung der Zehnprozenthürde bei nationalen Parlamentswahlen; 3.) die Beendigung politischer und „militärischer Aktionen" gegen kurdische Organisationen und 4.) die Freilassung „politischer Gefangener" (Çakır 2011: 18, Al Jazeera Turk 2013).

Die BDP forderte ferner eine demokratischere Verfassung, die ein Recht auf Kriegsdienstverweigerung, „rechtliche Zugeständnisse" im Hinblick auf die Verwendung der kurdischen

Sprache, kulturelle Rechte und Rechte für Individuen mit unterschiedlichen sexuellen Neigungen enthält und Nationalität
nicht auf der Basis von Ethnizität definiert. Neben der Stärkung von Legislative und Justiz gegenüber der Exekutive sowie
der Kommunen („demokratische Autonomie") befürwortet sie
einen EU-Beitritt der Türkei und einen Laizismus, der die Un-
parteilichkeit des Staates gegenüber Religionen und Konfessionen garantiert (Çakır 2011: 17 f., Al Jazeera Turk 2013).

Beim Verhandlungsprozess zwischen der türkischen Regierung und der verbotenen kurdischen PKK spielte die BDP eine
wichtige Rolle und versuchte, zur Lösung des Konflikts beizutragen. Gleichzeitig wurde sie jedoch kritisiert, der parlamentarische Arm der PKK zu sein. So wurde sie in der Vergangenheit
(zuletzt bei den Kommunalwahlen im März 2014) und ihre
Nachfolgepartei HDP bei den beiden Parlamentswahlen im
Jahr 2015 Ziel von Anfeindungen lokaler Presse und von Angriffen extremistischer Gruppierungen. Inwieweit die PKK
wirklich Einfluss auf die BDP ausübte und auf die HDP aus-
übt, ist umstritten.

Im April 2014 traten 27 Abgeordnete der BDP der 2012 gegründeten HDP bei. BDP[5] und HDP *(Halkların Demokratik
Partisi)* haben fusioniert und weitere linkssozialistische Gruppierungen aufgenommen. Bei den Kommunalwahlen im März
2014 trat die HDP erstmals bei einer Wahl an, allerdings nur
in der Westtürkei.

Die prokurdisch linke HDP konnte bei der Parlamentswahl
im Juni 2015 ihren Stimmenanteil mehr als verdoppeln und
zog dank ihrer 13 Prozent als erste kurdisch-linke Partei mit 80
Mandaten ins Parlament ein, wofür primär vier Gründe genannt werden können. Erstens war die HDP Hoffnungsträge-
rin für all jene, die statt eines autoritär-präsidialen ein demo-
kratisch-parlamentarisches System vorzogen. So haben viele
Gegner Erdoğans und des Präsidialsystems die HDP gewählt,
um zu verhindern, dass diese an der Zehnprozent-Sperrklausel
scheitert und die in der Osttürkei gewonnenen Mandate der

AKP zufallen, womit diese eine qualifizierte bzw. verfassungs-
ändernde Parlamentsmehrheit erzielt. Zweitens lässt sich der
Triumph der HDP ohne eine Einbettung in den regionalen
Kontext nicht verstehen. Kurdische Akteure haben bis 2015 in
der Nahost-Region aufgrund ihrer Frontstellung gegenüber
den islamistischen bzw. dschihadistischen Formationen eine
bisher unvorstellbare Anerkennung erfahren. In der Türkei hatte sich die kurdische Bewegung aufgrund ihrer Bereitschaft zur
Beendigung des bewaffneten Kampfes selbst in türkischen
Kreisen eine Reputation verschafft (Seufert 2015: 10). Drittens
haben ihr Drängen auf eine gewaltlose Lösung des Kurdenproblems, ihr von der Gezi-Bewegung geprägter radikaldemokra-
tischer und kulturpluralistischer Diskurs, die Aufstellung auch
nichtkurdischer und nichtmuslimischer Kandidaten wie Armenier, Assyrer und Aleviten, aber auch die Betonung der Frauen-
frage – 50 Prozent der Kandidaten waren Frauen – der HDP
besonders in Istanbul große Sympathien verschafft. Selbst in
türkischen liberal-säkularen Kreisen wurde der HDP zugutege-
halten, keine klientelistische Kurden-, sondern eine gesamttür-
kische Partei zu sein, die souverän Themen besetzt und damit
nicht nur Kurden ansprechen will. Viertens kam es während
des Wahlkampfes zu zahlreichen Anschlägen auf Büros sowie zu
Angriffen auf Wahlveranstaltungen der HDP in der Westtürkei
und zuletzt in Diyarbakır, die einen Solidaritätseffekt mit der
Partei v. a. unter Kurden ausgelöst haben. Je nationalistischer
im Wahlkampf die AKP-Rhetorik ausfiel, desto mehr wandten
sich auch konservative Kurden der HDP zu. Bei den Neuwahlen im November konnte die HDP jedoch ihren Aufwärtstrend
nicht fortsetzen. Sie fiel auf 10,8 Prozent der Stimmen zurück
und konnte im November 2015 nur noch mit 59 Mandaten
(im Juni 2015 waren es noch 80) ins Parlament einziehen.

Drei relevante Parteien im rechten Lager

Zwei Parteien im rechten Lager haben ideologisches Gewicht
unter konservativen Bevölkerungsschichten und somit auch das

Potenzial, Einfluss auf die AKP- und MHP-Wählerschaft auszuüben. Das ist zum einen die *Partei der großen Einheit (BBP,
Büyük Birlik Partisi)*, die sich als rechtsextrem, islamistisch und
nationalistisch charakterisieren lässt. Sie ging aus dem radikalen Flügel der *Nationalistischen Arbeitspartei (Milli Çalışma Partisi, MÇP)* hervor, als Muhsin Yazıcıoğlu sich aufgrund inner-
parteilicher Differenzen vom Alpaslan Türkeş loslöste. Die BBP
versteht sich als Erbin der MHP der 1970er Jahre und als Teil
der Idealisten-Bewegung *(Ülkücü Hareket)* (vgl. BBP 2016a).

Die BBP betrachtet den Islam als Hauptelement türkischer
Identität, den Laizismus lediglich als Neutralität des Staates gegenüber Religionen und reduziert den Kurdenkonflikt auf seine wirtschaftliche Dimension, versteht ihn als Ergebnis sozialer
Benachteiligung, erkennt jedoch die Kurden als eine eigenständige ethnische Gruppe nicht an. Wenngleich die BBP-Führung
Rassismus offiziell ablehnt, wirken viele Schriften und die Rhetorik ihrer Politiker rassistisch und nationalistisch. Die BBP
setzt Europa mit kultureller Dekadenz gleich und lehnt daher
einen EU-Beitritt der Türkei ab (vgl. BBP 2016b).

Eine weitere relevante Partei ist die *Partei der Glückseligkeit
(Saadet Partisi, SP)*, die – wie die AKP – aus einer Abspaltung
aus der *Tugendpartei (Fazilet Partisi, FP)* hervorging. Die Tu-
gendpartei löste die 1999 verbotene Wohlfahrtspartei *(Refah
Partisi, RP)* ab. Die islamistische Partei RP wurde 1983 als
Nachfolgeorganisation der ebenfalls islamistischen, nach dem
Militärputsch von 1981 verbotenen *Nationalen Heilspartei* (Milli
Selamet Partisi, MSP) gegründet. Die *Wohlfahrtspartei* konnte
unter der Führung von Necmettin Erbakan ihre ersten Erfolge
auf kommunaler Ebene in den Provinzen Konya, Şanlıurfa,
Van, Kahramanmaraş und Sivas (1989) erzielen, später war sie
auch in Istanbul und Ankara (1994) erfolgreich. Bei der Parlamentswahl 1995 wurde sie mit 21,4 Prozent die stärkste politische Kraft der Türkei. Da keine Partei bereit war, mit der RP
zusammenzuarbeiten, zog sich die Regierungsbildung über ein
halbes Jahr hin. Ein Versuch der AnaP und der DYP, gegen die

RP zu koalieren, scheiterte. Im Juni 1996 wurde der Vorsitzende Erbakan zum Ministerpräsident ernannt.

Die Relevanz der 2012 von sunnitischen Muslimen kurdischer Herkunft gegründete *Hüda Par (Hür Dava Partisi)* besteht zum einen darin, dass sie von einigen Beobachtern als mögliche Konkurrenz zur regierenden islamisch-konservativen AKP und der prokurdischen HDP angesehen wird. Zum anderen offenbart sie eine innerkurdische soziokulturelle Spaltung und politische Differenzierung. Bei den Kommunalwahlen am 30. März 2014 erzielte sie u. a. in den kurdisch geprägten Provinzhauptstädten Diyarbakır und Batman erste Achtungserfolge. An den Parlamentswahlen im Jahr 2015 nahm sie jedoch nicht teil.

Die am 17. Januar 2000 von der türkischen Polizei zerschlagene sunnitisch-islamistisch-kurdische „Hisbollah", die einen eigenen islamisch-kurdischen Staat anstrebte, gilt als Vorgängerin der *Hüda Par*. Die Anhänger der zerschlagenen Bewegung gründeten zunächst den Verein *Mustazaf-Der (Verein der Solidarität mit den Unterdrückten)*, aus der die Partei *Hüda Par* hervorging. 2006 erregte dieser erstmals öffentliches Aufsehen, als er in Diyarbakır eine Demonstration mit 150.000 Menschen organisierte. Der Kurzname *Hüda Par* hat im Kurdischen die gleiche Bedeutung wie das arabische „Hisbollah", nämlich „Partei Allahs".

6.4 Wahlsystem und Wahlrecht

Das türkische Wahl- und Parteiengesetz wurde bereits mehrmals geändert[6] (vgl. SPK 1983). Die erste Änderung fand am 28.6.1983 (bereits zwei Monate nach Inkrafttreten des Gesetzes am 24.4.1983) statt, die letzte Änderung am 28.6.2014. Das Wahlsystem, die gesetzlichen Grundlagen der Parteien sowie die Form der parlamentarischen Repräsentation erfuhren immer wieder Veränderungen in Bezug auf die Größe der Wahlkreise, die parlamentarischen Sperrklausel oder die Anzahl parlamentarischer Kammern. Mal gingen diese Veränderungen von Regierungsinitiativen, mal vom Militär oder von der hohen Justiz aus. Seit 1980 besteht das Parlament, *Die Große Nationalversammlung der Türkei*, aus nur einer Kammer.

Das Wahlsystem ist eine Kombination aus Verhältnis- und Mehrheitswahlrecht. Es baut auf dem Prinzip der Verhältniswahl auf, indem es die Sitze relativ zum Verhältnis der Gesamtstimmenzahlen der einzelnen Parteien verteilt. Es enthält jedoch auch die Möglichkeit, als parteiunabhängiger Kandidat in einem Wahlkreis anzutreten. Parteilose Kandidaten, die die Mehrheit der Stimmen eines Wahlkreises auf sich vereinen, ziehen direkt ins Parlament ein. Damit enthält das türkische Wahlsystem auch ein Element der Mehrheitswahl.

Wahlberechtigt sind grundsätzlich alle Bürger ab 18 Jahren, die ihre Stimme in allgemeinen, gleichen, geheimen und direkten Wahlen abgeben können. Gewählt wird in der Türkei in Wahllokalen, an den 64 Grenzübergängen und seit der Präsidentschaftswahl 2014 auch im Ausland in Räumlichkeiten der Konsulate, die als Wahllokale dienen (insgesamt 112). Bei der Parlamentswahl im Juni 2015 waren 56,5 Millionen Menschen wahlberechtigt, davon 53.741.883 türkische Staatsangehörige in der Türkei und 2.866.940 im Ausland. Von Parlaments-, Kommunal- und Präsidentschaftswahlen sowie von Volksabstimmungen ausgeschlossen sind Soldaten, Unter- und Garnisonsoffiziere, Schüler von Militärakademien, Strafgefangene, die wegen vorsätzlich begangener Straftaten verurteilt sind, beschränkt Geschäftsfähige sowie Personen, die vom öffentlichen Dienst ausgeschlossen sind.

Das Mindestalter für das passive Wahlrecht ist bei Parlaments- und Kommunalwahlen 25, bei der Präsidentschaftswahl 40 Jahre. Die Kandidaten müssen Grundschulabschluss, bei der Präsidentschaftswahl Hochschulabschluss besitzen und – als Mann – ihren Wehrdienst abgeleistet haben.

Die in der Regel hohe Wahlbeteiligung bei den bisherigen Wahlen erklärt sich nur teilweise durch die Wahlpflicht, denn

das Fernbleiben von Wahlen hat lediglich eine geringe Geld-
strafe (umgerechnet etwa zehn Euro) zur Folge. Insbesondere
das Patronage-Verhältnis zwischen Parteien und Wählern sowie
der politische Klientelismus tragen zur hohen Wahlbeteiligung
bei.

Das Parteiengesetz sieht keine umfassende Regulierung und
eindeutige Festlegung für die Finanzierung von Wahlkampag-
nen vor. Gleichwohl sind Spenden für Kandidaten und Partei-
en relativ scharfen Restriktionen unterworfen. Das Gesetz verbietet Spenden – sowohl finanzielle als auch Sachhilfen – aus
anonymen Quellen, von ausländischen Staaten, internationalen Organisationen und ausländischen natürlichen wie juristischen Personen. Verboten sind auch Spenden von Unternehmern an Politiker und Parteien, die mit der Regierung Geschäftsbeziehungen unterhalten.

Parlamentswahlen

Bis 2007 fanden Parlamentswahlen alle fünf, seither finden sie
alle vier Jahre statt. Im Juni 2015 wurde die 25. Legislaturperiode der *Großen Nationalversammlung der Türkei* gewählt. Bereits nach einigen Monaten gab es neuerliche Parlamentswahlen und am 1. November 2015 begann die 26. Legislaturperiode. Von den 550 Sitzen im Parlament werden 469 nach Wäh-
lerzahl und 81 nach Provinzen gewählt. Die Provinzen decken
sich mit Wahlkreisen – mit Ausnahme von Istanbul, Ankara
und Izmir. Istanbul und Ankara sind in drei Wahlkreise, İzmir
in zwei Wahlkreise aufgeteilt. Die 81 Provinzen müssen zumindest mit einem Abgeordneten pro Provinz vertreten sein. Dieser Parlamentssitz geht an die Partei oder Kandidaten (unabhängige Kandidaten oder Kandidaten auf der Parteiliste), die in
ihrer jeweiligen Provinz die Mehrheit der Stimmen erhalten haben. Die restlichen Sitze werden entsprechend der Einwohnerzahl in den jeweiligen Provinzen verteilt. Parteien, die mindestens zehn Prozent der Gesamtstimmen im Land erzielen, erhalten eine ihrer Stimmenzahl entsprechende Anzahl von Parla-

mentssitzen. Wenn in Istanbuls Wahlkreis 1 eine Partei 20 Prozent der Stimmen auf sich vereint und landesweit die Zehnprozent-Sperrklausel überspringt, bekommt sie 20 Prozent der 31 Mandate. Parteien, die in bevölkerungsreichen Provinzen stark abschneiden, sind im Vorteil. So konnte die HDP bei der Parlamentswahl im Juni 2015 mit 13 Prozent genauso viele Sitze erringen wie die MHP mit über 16 Prozent (beide Parteien waren mit 80 Sitzen im Parlament vertreten).

Die Zehnprozent-Sperrklausel bringt mit sich, dass die Stimmen einer Partei, die landesweit darunter bleibt, auf nationaler Ebene nicht berücksichtigt werden – unabhängig davon, wie viele Mandate die Partei in den einzelnen Provinzen gewonnen hat. Die Mandate der Partei, die den Einzug ins Parlament nicht schafft, fallen der stärksten Partei in der betreffenden Provinz zu. Die prokurdischen Parteien waren lange Zeit durch diese Regelung benachteiligt, heute sind es v. a. die kleinen Splitterparteien. Das Wahlsystem sieht die Wahl von Direktkandidaten nicht vor, deren Partei unterhalb der Sperrklausel bleibt. Es enthält auch kein Nachrückverfahren für ausscheidende Abgeordnete; werden mehr als fünf Prozent der Sitze im Parlament frei, gibt es Zwischenwahlen, um die neuen Mandate zu bestimmen. Diese finden mindestens 30 Monate nach und spätestens ein Jahr vor allgemeinen Wahlen statt.

Kommunalwahlen

Die Kommunalwahlen finden alle fünf Jahre statt. Gewählt wird am letzten Sonntag des Monats März im fünften Jahr. Die Wahlberechtigten wählen die Bürgermeister, Dorf- und Stadtviertelvorsteher sowie die Mitglieder der kommunalen Parlamente. Die drei kommunalen Parlamente, die vom Volk direkt gewählt werden, sind: die 81 Provinzparlamente *(il genel meclisi)*, die Gemeindeversammlungen *(belediye meclisi)* und die Dorfältestenräte *(ihtiyar meclisi)*.[7] Die Groß-, Provinz- und Kreisbürgermeister werden direkt gewählt. Bei der letzten Kommunalwahl im März 2014 waren 52,6 Millionen Bürger wahlberechtigt, von denen 89,2 Prozent an der Wahl teilnahmen (46,9 Millionen). Gewählt wurden 1351 Bürgermeister von Groß-, Provinz- und Kreishauptstädten und von Stadtteilgemeinden sowie 1251 Vertreter der Provinzversammlungen landesweit.

6.5   Parlamentswahlen 2015: Ergebnis und Implikationen

Parlamentswahlen im Juni und November 2015

Bei der Parlamentswahl im Juni 2015 kandidierten 9.696 Personen auf Parteilisten, 165 Personen als unabhängige Kandidaten. Insgesamt standen 20 Parteien zur Wahl, im November 2015 waren es 16 Parteien. Die Parlamentswahl in der Türkei am 7. Juni 2015 bescherte der *Partei für Gerechtigkeit und Entwicklung* (AKP) einen Stimmenrückgang von neun Prozentpunkten und den Verlust der absoluten Parlamentsmehrheit. Mit knapp 41 Prozent der gültigen Stimmen blieb die AKP dennoch die stärkste politische Kraft im Land, gefolgt von der säkular-kemalistischen Oppositionspartei *Republikanische Volkspartei* (CHP) mit 16 Prozentpunkten Abstand, die von den Verlusten der AKP nicht entsprechend profitieren konnte. Als eigentliche Siegerin der Parlamentswahl tat sich die prokurdisch linke *Demokratische Partei der Völker* (HDP) hervor, welche ihren Stimmenanteil mehr als verdoppeln konnte. Die drittstärkste politische Kraft wurde die *Partei der Nationalistischen Bewegung* (MHP), die ebenfalls Zugewinne um drei Prozentpunkte erzielen konnte.[8]

Da die Koalitionsgespräche zwischen der AKP und der CHP zu keinem Ergebnis führten, wurde eine Neuwahl angesetzt, bei der die AKP erneut eine absolute Mehrheit erringen konnte.

Tabelle 6: Wahlergebnisse der Parlamentswahlen in der Türkei 2011 und 2015

Wahljahr	AKP		CHP		MHP		BDP/HDP	
	Stim-men	Sitze	Stim-men	Sitze	Stim-men	Sitze	Stim-men	Sitze
2011	49,9%	327	25,9%	135	12,9%	51	6,6%	29
6/2015	40,9%	258	24,9%	132	16,3%	80	13,1%	80
11/2015	49,5%	317	25,3%	134	11,9%	40	10,7%	59

Quelle: Eigene Zusammenstellung

Politische Defragmentierung und Stärkung der Repräsentativität des Parlaments

Auch bei dieser Parlamentswahl hat sich der Trend der Defrag-mentierung der Parteienlandschaft in der Türkei fortgesetzt. Fünf der 20 Parteien, die im Juni 2015 an der Parlamentswahl teilgenommen haben, konnten 97,29 Prozent der Stimmen auf sich vereinen: AKP, CHP, MHP, HDP und SP – *Saadet Partisi/ Partei Glückseligkeit*. Der Stimmenanteil der verbliebenen 15 Parteien variiert von 0,01 bis 0,35 Prozent. Dies deutet auf eine Stabilisierung der Parteienlandschaft und Parteienpräferenzen hin. Ein weiterer Trend ist die Stabilisierung eines Vier-Partei-en-Systems im Parlament. Seit der Parlamentswahl 2007 sind im türkischen Parlament vier Parteien mit je eigenen Fraktio-nen vertreten. Diese vereinen in der *26. Legislaturperiode* (2015 bis 2019) 97,4 Prozent der Stimmen auf sich, was – wie 2011 auch – auf eine hohe Repräsentation des Parlaments hinweist. 2002, 2007 und 2011 waren nur 53, 67 und 87 Prozent der Stimmen (5,24 Prozent der Stimmen erhielten unabhängige Kandidaten) im Parlament vertreten.

Die Anatolische Partei *(Anadolu Partisi)*, die sich von der CHP abspaltete, erhielt lediglich 0,06 Prozent. Die nationalis-tisch staatssozialistische Vaterlandspartei *(Vatan Partisi)* von Doğu Perinçek, die Kandidaten mit CHP- und nationalisti-scher Vergangenheit aufstellte, erreichte trotz Unterstützung aus Teilen der säkularen Medien ebenfalls nur 0,35 Prozent der Stimmen. Es ist anzunehmen, dass diese Beispiele den Prozess der Defragmentierung verstärken und sich im Hinblick auf neue Parteigründungen bzw. -abspaltungen negativ auswirken werden.

Gestiegen ist auch die Repräsentation der Frauen im Parlament (25. Legislaturperiode) um 17 Abgeordnete auf 96 Sitze; wenn auch der Frauenanteil weiterhin unter einem Fünftel der Abgeordneten bleibt (17,45 Prozent). Den höchsten Frauenanteil weist mit 40 Prozent die HDP (32) auf, gefolgt von der CHP mit 15,91 Prozent (21) und der AKP mit 13,95 Prozent (36). Schlusslicht ist mit 5 Prozent die MHP (4). Zum ersten Mal seit Jahrzehnten schafften im Juni 2015 drei Armenier, Markar Esayan (AKP), Selina Doğan (CHP) und Garo Paylan (HDP), eine Ezidin, Feleknas Uca (HDP), und ein Roma, Özcan Purçu (CHP), den Einzug ins Parlament. 369 der insgesamt 550 Volksvertreter (67 Prozent) zogen erstmals ins Parlament ein: Bei der AKP waren es 151, bei der CHP 85, bei der HDP 72 und bei der MHP 61.

Die hohe politische Polarisierung und die aggressive Wahlrhetorik im Wahlkampf wirkten nach, verhinderten eine konstruktive Zusammenarbeit der Opposition unter sich und haben die Koalitionsverhandlungen erschwert. Unmittelbar nach der Wahl hat sich gezeigt, dass es allen vier Parteivorsitzenden primär um die Durchsetzung von Parteiinteressen sowie die Absicherung der eigenen Machtposition ging. Statt über gemeinsame Gesetzesinitiativen die Zehnprozent-Hürde herunterzusetzen, das Gesetz zur inneren Sicherheit zurückzunehmen und die jüngste Justizreform zu revidieren, konzentrierten sie sich auf taktische Manöver bei der Regierungsbildung.

Ein gemeinsames Vorgehen der Opposition blieb auch bei der Wahl des Parlamentspräsidenten am 1. Juli 2015 aus. Statt den Kandidaten der CHP (Deniz Baykal) zu wählen, blieb die nationalistische MHP im vierten Durchgang der Wahl fern.[9] Gewählt wurde mit 258 Stimmen İsmet Yılmaz von der AKP. Das Ergebnis stärkte die AKP-Führung. Nach Scheitern der Koalitionsverhandlungen wurden Neuwahlen anberaumt.

Identität als zentraler Faktor der Parteipräferenz

Die politische Lagerbildung entspricht wie schon erwähnt weitgehend den ethnokulturellen Identitäten und Bruchlinien. Laut einer Befragung des KONDA-Instituts definieren sich 54 Prozent der CHP-Wähler als „modern“, bei HDP- und MHP-Wählern liegt der Anteil der sich als „modern“ definierenden Wähler bei 25 bzw. 24 Prozent. Bei der AKP sehen sich dagegen nur neun Prozent der Wähler als „modern“ an (Landesdurchschnitt: 25 Prozent). Als religiös-konservativ definieren sich 44 Prozent der AKP-, 23 Prozent der HDP-, 20 Prozent der MHP- und nur acht Prozent der CHP-Wähler. Ein ähnliches Bild ergibt sich aus dem Anteil der Kopftuchträgerinnen unter den Wählerinnen. Zwölf Prozent der AKP-Wählerinnen trägt kein Kopftuch, unter HDP-Wählerinnen beträgt der Anteil 19 Prozent und bei MHP- und CHP-Wählerinnen sind es 28 bzw. 59 Prozent (Landesdurchschnitt: 28 Prozent). Der Anteil der kopftuchtragenden AKP-Wählerinnen beträgt 68 Prozent, der HDP-Wählerinnen 61 Prozent, der MHP-Wählerinnen 46 Prozent und der CHP-Wählerinnen 28 Prozent (KONDA 2015).

Diese Daten bestätigen die Erkenntnis, dass Identität und Lebensstil wichtige Faktoren für die Parteipräferenz sind. Auch im Hinblick darauf lässt sich sagen, dass die *AKP* überwiegend von religiös-konservativen bzw. religiös-nationalen Bevölkerungsschichten gewählt wird, denen die islamisch-türkische Identität mehr bedeutet als die rein türkische Identität. Die islamische Rhetorik und ein islamisch geprägtes Nationsverständnis, in der Forschungsliteratur muslimischer Nationalismus (White 2013) genannt, für welche die AKP steht, sowie die Glorifizierung der osmanischen Ära machen die AKP auch für viele Kurden im Osten sowie im Westen der Türkei wählbar.

Die *MHP* ist dagegen eine ausschließlich auf die türkische Identität ausgerichtete Partei, die von jenen gewählt wird, die sich an einem monokulturellen Nations- und autoritären

Staatsverständnis orientieren, die Europa gegenüber kritisch bis ablehnend eingestellt sind und keine Ausweitung von demokratischen Rechten und Minderheitenrechten wollen.

Die *CHP* wird zumeist von säkularen, urbanen, liberalen sowie nationalen Bevölkerungsschichten v. a. im Westen der Türkei gewählt. Im traditionell-konservativ bzw. religiös-konservativ ausgerichteten Zentralanatolien ist die CHP außer in Eskişehir oder in Ankara relativ schwach und erhält durchschnittlich deutlich weniger Stimmen als im Landesdurchschnitt. Im überwiegend kurdisch besiedelten Osten und Südosten der Türkei liegt sie mit etwa zwei Prozent weit abgeschlagen hinter der AKP, der HDP und teilweise auch hinter der MHP und der islamistischen SP.

Die *HDP* fußt stärker auf kurdischer Identität und ist dementsprechend in den östlichen und südöstlichen Provinzen mit einer mehrheitlich kurdischen Bevölkerung die stärkste, in einigen Provinzen die zweitstärkste Partei.

Die vier im Parlament vertretenen Parteien entsprechen vier großen Identitätsblöcken in der türkischen Gesellschaft: der islamisch-türkischen (Konservatismus), der türkischen (Nationalismus), der säkular-türkischen (Säkularismus) und der kurdischen Identität. Das Ergebnis der Parlamentswahl im Juni 2015 lässt sich auch als Zementierung dieser ethnokulturellen und identitären Ausdifferenzierung der politischen Landschaft interpretieren.

Ethnische Konsolidierung

Bereits vor der Parlamentswahl 2015 wurde der radikaldemokratische und kulturpluralistische Diskurs der HDP gewürdigt; ihre Ausrichtung auf die Gesamttürkei und ihr Einzug ins Parlament mit 13 Prozent der Stimmen wurden als Sieg des nationalen Zusammenhalts zelebriert. Die Kurden und die Türken, die im Westen die HDP wählten, hätten mit ihrem Votum für eine gemeinsame Zukunft plädiert. Die vorhandenen Daten bestätigen allerdings kaum eine solche Sichtweise.

Einer Befragung zufolge sind 78 Prozent aller Wähler ethnische Türken, 16 Prozent Kurden. Der Anteil der Kurden unter
den HDP-Wählern beträgt allerdings 84 Prozent. Drei Prozent
der HDP-Wähler sind Zaza[10], ein Prozent Araber und nur
neun Prozent von ihnen sind Türken. Der Anteil der Kurden
unter den AKP-Wählern ist mit 16 Prozent fast doppelt so hoch
wie der Anteil der Türken unter HDP-Wählern. Nach einer Be-
rechnung haben sechs von zehn Kurden die HDP gewählt. Insofern ist die HDP in Hinblick auf ihre Wählerschaft eine primär kurdische Partei. Ähnliches gilt auch für den jüngsten
Wahlerfolg der HDP im Juni 2015, der in erster Linie durch
den starken Zulauf von Kurden möglich wurde. Nur etwa
900.000 der drei Millionen neuen HDP-Wähler sind Türken,
von denen wiederum etwa 600.000 aus Istanbul stammen. Insofern ist es schwierig, von der HDP als einer gesamttürkischen
Partei zu sprechen, die Türken und Kurden vereint und zwischen beiden Gruppen eine Brückenfunktion erfüllt (Aydın
2015: 23 ff.; vgl. auch KONDA 2015).

Ein ähnliches Bild ergibt sich aus der geografischen Verteilung der HDP-Wähler. 54 Prozent der HDP-Wähler kommen
aus der Osttürkei (aus der Südosttürkei 32, aus Mittel-Ost-
Anatolien 15 und aus Nordost-Anatolien sieben Prozent). Das
sind Regionen mit einer mehrheitlich oder zahlreichen kurdischen Bevölkerung. Von Mittelmeer und Ägäis dagegen kommen nur neun bzw. acht Prozent der HDP-Wähler. Der Anteil
der Istanbuler HDP-Wähler beträgt 18 Prozent. Auch in Hinblick auf die geografische Verteilung der HDP-Wähler ist es
schwierig, von der HDP als einer gesamttürkischen Partei zu
sprechen.

Allerdings gilt dies nicht nur für die HDP, sondern gleichermaßen für die CHP und MHP. Die säkular-linke CHP rekrutiert ihre Wähler v. a. aus Istanbul, aus den West-Ägäis und Ägäis (22,8 und 21 Prozent) und bekommt nur zwei Prozent ihrer
Stimmen aus der Südosttürkei und ein Prozent ihrer Stimmen
aus dem Nordostanatolien. Die MHP spielt in den kurdisch

und alevitisch besiedelten Gebieten kaum eine Rolle. Die AKP bleibt die einzige Partei mit einer landesweit gleichmäßigen Zustimmung. Allerdings musste die AKP im Juni 2015 große Stimmeneinbußen bei kurdischen Wählern und in der Südost-türkei hinnehmen. Eine Ausnahme bilden die Aleviten, die aufgrund der sunnitisch-islamischen Ausrichtung die AKP fast einheitlich ablehnen.

7. Die Interessenverbände

Im Anschluss an die Wiedereinführung des Mehrparteiensystems im Jahr 1946 und im Zuge der darauffolgenden politischen Modernisierung und wirtschaftlichen Entwicklung in den 1960ern entwickelten sich in der Türkei die ersten Arbeitnehmer- und Arbeitgebervertretungen. Mittlerweile gibt es zahlreiche Gewerkschaften und Interessenverbände, die sich entlang der Dichotomie säkular-westlich versus religiös-traditionell gruppieren.

7.1 Gewerkschaften

Der erste Gewerkschaftsbund *TÜRK-İŞ (Türkiye İşçi Sendikaları Konfederasyonu)* wurde im September 1952 in Izmir auf der Grundlage des Gewerkschaftsgesetzes von 1947 mithilfe US-amerikanischer Gewerkschaften gegründet. Der Verband verstand sich als „überparteilich", obwohl er bis in die 1960er Jahre unter der Kontrolle des Staates stand. Das Gewerkschaftsgesetz von 1947 sah weder das Recht auf Tarifverhandlungen noch ein Streikrecht vor, beides wurde erst mit der Verfassung von 1961 gewährt. 1963 wurden zudem ein neues Gewerkschaftsgesetz (Nr. 274) und das Gesetz zu Tarifverhandlungen, Streik und Aussperrung (Nr. 275) verabschiedet. Im Anschluss an die Verfassung von 1961, welche politische, soziale und Freiheitsrechte ausweitete, kam es zu einer militanten Politisierung der türkischen Gewerkschaftsbewegung. Gewerkschaftsmitglieder waren teilweise an gewaltsamen Auseinandersetzungen beteiligt (Dinler 2013: 1).

1967 wurde *DİSK – Devrimci İşçi Sendikaları Konfederasyonu (Konföderation der Revolutionären Arbeitergewerkschaften der Türkei)* von einer Reihe von Gewerkschaften gegründet, die den Dachverband TÜRK-İŞ verlassen hatten, weil sie im Gegensatz zur TÜRK-İŞ-Führung eine militante Klassenpolitik vertraten. *DİSK* befand sich auf einer sozialistischen Linie und unterstützte in den 1960ern die sozialistische türkische Arbeiterpartei *TİP (Türkiye İşçi Partisi)*, die nach dem Vorbild der englischen *Labour Party* von Gewerkschaftlern gegründet wurde. Die linke Konföderation konnte in den 1970ern ihre Mitgliederzahl ausbauen (Koç/Koç 2008: 99 ff.).

Tabelle 7: Gründungsjahr von Gewerkschaften

TÜRK-İŞ	1952
DİSK	1967
MİSK	1970
HAK-İŞ	1976
Türkiye KAMU-SEN	1992
KESK	1995
MEMUR-SEN	1995

Tabelle 8: Offizielle Mitgliedszahlen der Arbeitergewerkschaften

Gewerkschaftsbund	Mitglieder	Gewerkschaften
TÜRK-İŞ	2.239.341	33
HAK-İŞ	431.550	7
DİSK	426.232	17
Unabhängige	135.556	37
Gesamt	3.332.679	
Organisationsgrad	59 %	

Quelle beider Tabellen: Dinler 2013: 2

In Reaktion auf die linksgerichtete Ideologie von DİSK und die „Staatsnähe" von TÜRK-İŞ entstanden zwei weitere gewerkschaftliche Dachverbände, welche die ideologischen Spaltungen der türkischen Politik widerspiegeln: die *MİSK – Milliyetçi İşçi Sendikaları Konfederasyonu (Konföderation Nationalistischer Arbeitergewerkschaften)* und die *HAK-İŞ*, die der nationalistischen *MHP* bzw. der islamistischen *MSP* nahestanden. *HAK-İŞ* hat sich inzwischen zum zweitgrößten Gewerkschaftsverband der Türkei entwickelt (vgl. Koç 1997, HAK-İŞ 2016).

In den 1990er Jahren entstanden die drei derzeit größten ge-
werkschaftlichen Dachverbände der öffentlich Bediensteten:
Türkiye KAMU-SEN (1992), KESK (1995) und MEMUR-
SEN (1995).

Relevante Gesetze

Das erste Gewerkschaftsgesetz gab es 1947, doch erst die Verfassung von 1961 enthielt ein Recht auf Tarifverhandlungen
und ein Streikrecht. 1963 wurden ein neues Gewerkschaftsgesetz (Nr. 274) und das Gesetz zu Tarifverhandlungen, Streik
und Ausschluss (Nr. 275) verabschiedet. Darin wurde das
Recht auf Streiks und Tarifverhandlungen anerkannt. 1965
wurde mit einem Gesetz (Nr. 624) Beamten das Recht auf
Gründung von Gewerkschaften gewährt.

Im Verlauf der Militärintervention vom 1971 wurden sämt-
liche Streiks verboten und gewerkschaftliche Aktivitäten waren
nur nach vorheriger Genehmigung erlaubt. Am 12. September
1980 kam es erneut zu einem Militärputsch. Unmittelbar danach wurden die Aktivitäten von DİSK, HAK-İŞ und MİSK
verboten. Bereits nach einem Jahr wurde der Betätigungsverbot
für HAK-İŞ, 1984 für MİSK und erst 1991 für DİSK aufgehoben. 1983 wurde ein Gewerkschaftsgesetz (Nr. 2821) und ein
Gesetz (Nr. 2822) über Tarifverträge, Streiks und Ausschluss
verabschiedet, was den rechtlichen Rahmen, innerhalb dessen
sich die Gewerkschaften bewegten, änderte, aber zugleich die
Vereinigungsfreiheit erheblich einschränkte. Experten zufolge
haben diese Gesetze, die mit geringfügigen Änderungen bis
Ende 2012 galten, die Organisierungsanstrengungen der Gewerkschaftsbewegung beträchtlich behindert (Dinler 2013: 1).

1995 kam es zu einer Verfassungsänderung, die Staatsbediensteten das Recht auf Vereinigung gewährte. Bis 1995 war
es Beamten nicht gestattet, sich gewerkschaftlich zu organisieren. Erst im Zuge der Ratifizierung der ILO-Übereinkommen
Nr. 87 und Nr. 151 im Jahr 1992 beschloss das Parlament 1995
eine Änderung des Art. 53 der Verfassung von 1982 und mach-

te den Beamten den Weg frei für Mitgliedschaft in einer Gewerkschaft. Das Beamtengewerkschaftsgesetz sah allerdings nur Tarifberatungen, jedoch keine Tarifverträge vor. Ferner waren die Tarifberatungen begrenzt auf finanzielle Themen wie Gehälter und andere Vergütungen, Aufwandsentschädigungen und Sonderzulagen. Selbst ein von den Sozialpartnern unterzeichnetes Protokoll war rechtlich nicht bindend. Zwischen 2002 und 2010 fanden fünfmal Tarifberatungen statt, unterzeichnet wurde ein Protokoll nur einmal im Jahr 2005. Erst mit einem Gesetz (Nr. 4688) im Jahr 2001 wurde der Rechtsstatus der Gewerkschaften für öffentlich Bedienstete gesondert geregelt. Nun gab es zwar die Rechtsgrundlage für Gewerkschaftsaktivitäten, aber weder ein Streikrecht noch ein Recht auf Tarifverhandlungen.

Am 18. Oktober 2012 wurde im Parlament das „Neue Gesetz für Gewerkschaften und Tarifverhandlungen" (Nr. 6289) verabschiedet, das eine Reihe von Änderungen mit sich brachte, aber weiterhin die Normen internationaler Übereinkommen oder die Forderungen der Gewerkschaften nicht erfüllen bzw. die Bedingungen für Organisierung und Vereinigungsfreiheit nicht verbessern konnte. Für die rechtliche Anerkennung auf betrieblicher Ebene ist weiterhin eine Mehrheit von 50 Prozent plus eins, auf Unternehmensebene von 40 Prozent plus eins erforderlich. Zudem sieht auch das neue Gesetz Streikmaßnahmen nur für den Fall vor, dass Tarifverhandlungen festgefahren sind; Solidaritätsstreiks, politische Streiks oder Generalstreiks sind nicht erlaubt (Dinler 2013: 7).

Im April 2012 trat ein Gesetz (Nr. 6289) zur Novellierung des Beamtengewerkschaftsgesetzes in Kraft, das jedoch in keiner Weise die Forderungen der Gewerkschaftsdachverbände für öffentlich Bedienstete erfüllt. Nicht aufgehoben wurde das Verbot einer gewerkschaftlichen Mitgliedschaft für Richter, Staatsanwälte, Wirtschaftsprüfer, Polizei, Militär- und Zivilpersonal der Streitkräfte sowie das Verbot von Streikmaßnahmen (Dinler 2013: 10).

Gesellschaftliche Stellung und Macht von Gewerkschaften

Der politische Einfluss der türkischen Gewerkschaften ist begrenzt, weil ihre gesellschaftliche Akzeptanz gering ist. Eine
stichprobenartige Befragung organisierter und nichtorganisier-
ter Arbeitnehmer und Arbeitnehmerinnen in Istanbul und Kocaeli hat ergeben, dass 61,2 Prozent der Nichtorganisierten und
40 Prozent der Beschäftigten die Gewerkschaften nicht als zu-
verlässige Institutionen betrachten. 67,5 Prozent der nichtorganisierten und 55,7 Prozent der organisierten Beschäftigten finden, dass Gewerkschaften sich nicht energisch genug für den
Schutz und die Stärkung von Arbeitnehmerrechten einsetzen
(Urhan 2005).

Für das mangelnde Vertrauen in die Gewerkschaften lassen
sich viele Gründe anführen, drei davon sind zentral: Erstens
geht es auf ein negatives Image der Gewerkschaften zurück.
Diese werden als illegale und kriminelle Organisationen darge-
stellt. Türkische Gewerkschaften haben mit restriktiven rechtlichen Rahmenbedingungen sowie Einschüchterungs- und Be-
hinderungsversuchen der Arbeitgeber zu kämpfen. Auch die
jüngsten rechtlichen Änderungen erfüllen nicht die Erwartungen nach größerer demokratischer Freiheit und Schutz des Ver-
einigungsrechts. Zweitens geht es auf die repressive und antidemokratische Gewerkschaftskultur zurück, die Gewerkschafts-
funktionäre sich von ihren Vorgängern abgeschaut haben. Und
drittens auf die Unfähigkeit der Gewerkschaftsführung, angesichts historischer und ideologischer Spaltungen eine einheitliche Haltung gegenüber Beschneidungen der Rechte der Beschäftigten zu zeigen und Einfluss auf die gesellschaftlichen
Entwicklungen zu nehmen (Dinler 2013: 14).

Die zurückliegenden 20 Jahre lassen sich in zwei Perioden
einteilen. In den 1990er Jahren fallen Gewerkschaften mit ihrer Stärke, in den 2000er Jahren eher mit ihrer Schwäche auf.
Zwischen 1989 und 1995 kam es zu zahlreichen Massendemonstrationen, Protestmärschen und Streiks der Gewerkschaf-

ten gegen gewerkschaftsfeindliche Politik und Konjunkturprogramme von Regierungen. „Vielfältige kreative Aktionen der Basis führten zu hohen Lohnsteigerungen im öffentlichen Dienst und radikalisierten die Haltung der Führungen der Dachverbände" (Koç 2003). Verantwortlich für die Schwäche der Gewerkschaften in den 2000er Jahren ist neben den Folgen der Wirtschafts- und Finanzkrise von 2001 v. a. die ideologische Spaltung der Gewerkschaften. Der zweitgrößte Gewerkschaftsbund HAK-İŞ und MEMUR-SEN stehen in der Kritik, in dieser Zeit als aktive Unterstützer der amtierenden AKP zu fungieren, diese wiederum sollen die genannten Gewerkschaften bevorteilen. Neben der Haltung der Regierung, die Gewerkschaftsbewegung zu spalten, spielt auch die Konzeptlosigkeit innerhalb der Gewerkschaften selbst eine wichtige Rolle. So konnten ihre Proteste die Gesundheitsreform von 2006 zwar aufhalten, nicht jedoch umkehren. Gegen die Bildungsreform 2012 konnten sie ebenfalls nichts ausrichten.

Experten bemängeln die Organisationsstruktur der Gewerkschaften als ungeeignet, neuen Herausforderungen zu begegnen. Verwiesen wird auch auf Defizite im Hinblick auf die Organisationsstruktur und das Abschließen eines Tarifvertrages. Dennoch gewinnen sie nach wie vor neue Mitglieder, darunter auch Beschäftigte multinationaler Unternehmen. Einige Gewerkschaften haben sich auf die Organisation von Leiharbeitern und Leiharbeiterinnen in einem zunehmend prekären, flexiblen und informellen Arbeitsmarktumfeld konzentriert.

Im Gegensatz zu den Arbeitgeberverbänden sind zumindest Teile der türkischen Gewerkschaften einem möglichen EU-Beitritt der Türkei gegenüber kritisch bis ablehnend eingestellt. Dahinter steht die Befürchtung, dass die türkische Wirtschaft dem globalen Markt nicht gewachsen ist. Ängste vor einem „Ausliefern" der türkischen Wirtschaft an globale Konzerne spielen dabei ebenfalls eine Rolle.

7.2 Unternehmerverbände

Zur türkischen Verbandslandschaft gehören neben Berufsgenossenschaften die freiwilligen Unternehmerverbände *Verein
türkischer Industrieller und Geschäftsleute (TÜSİAD), Verein Un-
abhängiger Unternehmer und Industrieller (MÜSİAD)* sowie
Union der Kammern und Börsen der Türkei (TOBB) und *Türkische Vereinigung der Landwirtschaftlichen Kammern (TZOB)*.
Letztere unterscheiden sich von den Ersteren durch ihre obliga-
torische Mitgliedschaft und korporatistischen Eigenschaften.
Die türkischen Arbeitgeber gründeten bereits am 15. Oktober
1961 ihren ersten Dachverband, *İstanbul İşveren Sendikaları
Birliği (Bund Istanbuler Arbeitgebergewerkschaften)*, den sie am
20. Dezember 1962 in *TİSK – Türkiye İşveren Sendikaları Konfederasyonu (Konföderation der Arbeitgebergewerkschaften der
Türkei)* umbenannten. 1971 wurde TÜSİAD gegründet, der das
türkische Großunternehmertum repräsentiert und dessen Mitglieder geografisch in und um Istanbul sowie an der Westtürkei
angesiedelt sind. TÜSİAD zeigt auch die Verbindung zwischen
der türkischen Großindustrie und dem Staat in seiner kemalistischen Ära auf. Obwohl ihre Mitglieder von Subventionen des
kemalistischen Staates profitiert haben, treten sie heute zunehmend in Distanz zu der kemalistischen Staatstradition und als
Advokaten der Demokratisierung des Landes und seiner Integration in die EU hervor. Allerdings werden die TÜSİAD-
Mitglieder auch dafür kritisiert, in den 1990er Jahren trotz ihrer liberalen Positionen die staatlichen Institutionen und das
Militär in ihrem Kampf gegen die religiösen und ethnischen
Akteure und Minderheiten unterstützt zu haben.

In 1990ern führte die Spaltung zwischen militanten „Laizis-
ten" und „Islamisten" zur Gründung des Unternehmerverbandes MÜSİAD, der eher kleine und mittelständische Unternehmer repräsentiert und dem religiösen Lager angehört. Die
MÜSİAD-Mitglieder repräsentieren zudem eine neue Schicht
türkischer Unternehmern, deren ökonomischer Aufstieg mit

der unter Premierminister (1983-1987) und später Staatspräsident (1987-1993) Turgut Özal durchgeführten Liberalisierung der türkischen Wirtschaft in den 1980er Jahren einherging.

Neben diesen beiden großen Verbänden existieren noch *CUSİAD – Cumhuriyetçi Sanayici ve İşadamları Derneği (Republikanische Industrieller und Unternehmer Verein)*, dessen Mitglieder vorwiegend aus der alevitischen Bevölkerung stammen, der der nationalistischen MHP nahestehende *MİSİAD – Milliyetçi Sanayici ve İşadamları Derneği (Nationalistische Industrieller und Unternehmer Verein)* und der der Gülen-Bewegung nahestehende *TUSKON – Türkiye İşadamları ve Sanayiciler Konfederasyonu (Konföderation der Unternehmer und Industrieller der Türkei)*, der nach dem gescheiterten Militärputsch vom 15. Juli 2016 verboten wurde (Tabak 2016). Entscheidend für die Gründung von *CUSİAD* im Jahre 1996 waren der Aufstieg des politischen Islam sowie die Bildung der nationalkonservativ-islamistischen Koalitionsregierung unter der Führung von Necmettin Erbakan. Motiviert waren alevitische Unternehmer von dem Streben nach Förderung der Solidarität untereinander. Ihre stark republikanische Rhetorik und ihre Selbstverpflichtung zu Demokratie, Säkularismus und universalen Werten ist mit Essentialismus gepaart: Im politischen Diskurs des Verbandes wird die universale Ideologie des Republikanismus mit der partikularen Kultur des Alevitentums gleichgesetzt.

Die Zivilgesellschaft und die Verbandsstruktur der Türkei spiegeln die politischen Trennlinien wider. Die Berufsgenossenschaften unterscheiden sich ebenfalls im Hinblick auf ihre Verbindung zur kemalistischen Staatstradition und gehören unterschiedlichen politischen Strömungen an. TOBB und TZOB betonen ihre Loyalität gegenüber dem Staat. Eine weitere Besonderheit der türkischen Geschäftswelt und der Verbandslandschaft ist die starke Abhängigkeit privater Unternehmer von der Ressourcenvergabe des Staates. Die strukturelle Schwäche freiwilliger Unternehmerorganisationen und der politische Zentralismus sind ebenfalls wichtige Merkmale. Dies begünstigt klientelistische Beziehungen zwischen Staat und Geschäftswelt. Hinzu kommt, dass in der Geschäftswelt und deren Vertretungen weiterhin essentielle Loyalitäten und Bindungen nicht überwunden sind. Unfähigkeit zur funktionalen Loyalität und Solidarität schwächt ihre Position zusätzlich gegenüber Staat und Regierung (Vorhoff 2000: 188 f.)

TÜSİAD

TÜSİAD wurde im Jahre 1971 von einer kleinen Gruppe von Großunternehmern und Industriellen gegründet. Drei Entwicklungen waren dabei entscheidend: Erstens die ersten Krisentendenzen der türkischen Wirtschaft und Dysfunktionalitäten des importsubstituierenden Wirtschaftsmodells. Ein weiterer Grund war die steigende Unzufriedenheit mit der TOBB, die sich als unfähig erwies, Interessen des privaten Sektors zu vertreten. Drittens schließlich waren die Herausforderungen durch eine erstarkende radikale Linke, eine ideologisch militante Gewerkschaftsbewegung und eine zunehmende Abgrenzung gegenüber dem privaten Sektor entscheidend für die Gründung. Zugleich steht die TÜSİAD-Gründung im Zusammenhang mit dem Aufschwung der türkischen Wirtschaft und dabei speziell des privaten Sektors in den 1950ern und 1960ern (Bianchi 1984: 264, Gülfidan 1993: 3).

Zu den zentralen Zielsetzungen des einflussreichen Unternehmerverbandes gehören die Etablierung einer pluralen und partizipatorischen Demokratie, die Durchsetzung einer liberalen Wirtschaftspolitik und die Aufrechterhaltung einer wettbewerbsorientierten Marktwirtschaft (Art. 2 TÜSİAD-Satzung, http://tusiad.org/tr/tusiad/tuzuk). Eigener Darstellung nach verfolgt der TÜSİAD nicht nur geschäftliche, sondern auch öffentliche Interessen, verpflichtet sich universaler Prinzipien der Menschenrechte, Demokratie, Rechtsstaatlichkeit und Grundfreiheiten und unterstützt eine soziale Struktur, die mit Atatürks Prinzipien und Reformen im Einklang steht. TÜSİAD werde sich für die „legitimen Interessen" führender Industrieller einsetzen und auf eine Verbesserung des Images des privaten Sektors hinarbeiten (TÜSİAD 1997: 1, Gülfidan 1993: 26).

Öffentliche Aufmerksamkeit erreichte TÜSİAD erstmals 1979 mit Zeitungsanzeigen, in denen der Verband die links-sä-kulare CHP-Regierung unter der Führung von Bülent Ecevit zu Wirtschaftsreformen und Kurskorrekturen in der Wirt-schaftspolitik ermahnte. Darin wurde die Regierung aufgefor-dert, die bisherige importsubstituierende Wirtschaftspolitik aufzugeben und die türkische Wirtschaft für den internationa-len Wettbewerb zu öffnen. Aufgrund dieser Kampagne wurde TÜSİAD für den Sturz der Ecevit-Regierung mitverantwort-lich erklärt. Seinen Einfluss auf die darauf folgende Minder-heitsregierung von Demirel nutzte der Industriellenverband, um bei den Beschlüssen vom 24. Februar 1980, die die Libera-lisierung und Öffnung der türkischen Wirtschaft und eine ex-portorientierte Wirtschaftspolitik einleiteten, eine federführen-de Rolle zu spielen (Koyuncu 2006: 129 f.).

In den 1990ern tat sich der TÜSİAD mit seinem Engage-ment für die Demokratie hervor. In zahlreichen Publikationen und Berichten prangerte man Defizite der türkischen Demo-kratie an und plädierte für mehr Demokratie und „Good Governance". Darüber hinaus initiierte der Industriellenver-band Kampagnen zur Beendung der diskriminierenden und klientelistischen Interaktion zwischen Unternehmern und Staat bzw. Regierung und forderte eine schlanke, verlässliche und ge-genüber Unternehmern neutrale Regierung. Bereits in den 1970ern hatte der TÜSİAD für die Liberalisierung des Han-dels, EU-Mitgliedschaft, die Unabhängigkeit der Zentralbank und die Reduzierung der Rolle des Staates in der Wirtschaft plädiert (Koyuncu 2006: 131-133).

Seit 2005 hat TÜSİAD eine kritische Haltung gegenüber der AKP-Regierung eingenommen, der er zunächst mangelnde Entschlossenheit für Demokratisierung und EU-Integration unterstellte, und später auch deren antidemokratischen Kurs öffentlichkeitswirksam kritisiert. Nach einer anfangs wohlwollenden Haltung gegenüber der AKP und deren Demokratie-, Reform- und EU-Kurs kam es zum Zerwürfnis, als am 8. März 2005 die Polizei gegen eine Demonstration anlässlich des Weltfrauentages hart durchgriff. TÜSİAD kritisierte das Zögern der AKP-Regierung, die Verantwortlichen zur Rechenschaft zu ziehen. Seit 2000 fokussiert TÜSİAD verstärkt auf die Themenbereiche nachhaltige Entwicklung, demokratische Standards und Integration in die EU (Koyuncu 2006: 141 f.).

TÜSİAD verdankt seine Schlagfertigkeit und Effektivität seiner Homogenität und dem sozialen und kulturellen Kapital seiner Unternehmer und Manager. Solide finanzielle Basis, starke Führung und eine geringe Anzahl an Mitgliedern verleihen dem Verband eine starke Kohäsion und Handlungsfähigkeit (Vorhoff 2000: 149 f.). TÜSİAD ist eine Vertretung von „nur" knapp 400 Unternehmen, die jedoch 50 Prozent des privaten nationalen Einkommens erzielen, 80 Prozent des Außenhandels – ohne Energieimporte – organisieren, 50 Prozent der Jobs – außer im öffentlichen Dienst und der Landwirtschaft – bereitstellen und für 80 Prozent der Körperschaftssteuer aufkommen (vgl. http://tusiad.org/tr/tusiad/hakkinda). TÜSİAD gliedert sich auf in Hauptversammlung, Hohen Beirat, Vorstand und Generalsekretariat. Darüber hinaus enthält die Organisation neun Kommissionen und 33 Arbeitsgruppen, denen Akademiker unterschiedlichster Fachgebiete in politisch beratender Funktion vorstehen.

Aufgrund ihres politischen Engagements steht der Unternehmerverband jedoch auch in der Kritik, zu stark politisch involviert zu sein (Uras 2005). TÜSİAD begegnet dieser Kritik mit dem Argument, dass Politik und Wirtschaft untrennbar miteinander verwoben sind und wirtschaftliche Fragen stets eine politische Dimension haben (zit. n. Koyuncu 2006: 27). Gegenüber dem *NTV Magazin* (MAG 2000) bezeichnete Dinçkök TÜSİAD als eine Interessenvertretung, eine Lobbygruppe *(pressure group)*, deren Mitglieder jedoch in der Lage seien, ihre Interessen zugunsten globaler Konzepte und höherer Ziele zurückzustellen (zit. n. Koyuncu 2006: 131).

In der Tat hat sich TÜSİAD in den letzten Jahrzehnten immer stärker für die Demokratie eingesetzt und dabei sein Demokratieverständnis zunehmend ausgeweitet. Sein Hauptziel ist die Integration der Türkei in den Globalisierungsprozess, um am globalen Wohlstand teilzuhaben. Globalisierung wird dabei als irreversibler Prozess betrachtet, dem man sich nicht entziehen kann. Voraussetzung dafür sei politische und wirtschaftliche Stabilität des Landes, die wiederum durch eine umfassende Demokratisierung zu erreichen ist. Die EU-Mitgliedschaft ist daher notwendig, um die Türkei in den Globalisierungsprozess zu integrieren, das Land zu demokratisieren und zu stabilisieren. Zur Demokratisierung gehört aus Sicht des TÜSİAD auch eine umfassende Liberalisierung des politischen Systems, die Vertiefung und Weiterentwicklung demokratischer Prinzipien und die Achtung der Menschenrechte (Koyuncu 2006: 133 ff.).

In den letzten 45 Jahren hat sich der TÜSİAD von einer Interessenvertretung von Unternehmern hin zu einer Nichtregierungsorganisation entwickelt, die sich auch mit Themen jenseits der Wirtschaft befasst. Kritisiert wird TÜSİAD für seine „unkritische", gar „affirmative Haltung" gegenüber der Globalisierung, der EU und der „US-amerikanischen Kriegspolitik" gegen Irak. Es wird zudem argumentiert, dass die pro-EU- und pro-USA-Haltung des TÜSİAD interessegeleitet sind. In der Tat fehlt in den Publikationen von TÜSİAD eine Diskussion über die möglichen Nachteile der Zollunion und der Globalisierung. Eine weitere Kritik unterstellt TÜSİAD Doppelstandards: einerseits eine liberale Haltung gegenüber ethnoreligiöser Rechte, andererseits Reserviertheit gegenüber Forderungen und Rechten der Muslime und Fragen, die den Islam betreffen (Koyuncu 2006: 145, Vorhoff 2000).

MÜSİAD

Der MÜSİAD wurde am 5. Mai 1990 von zwölf islamisch orientierten Unternehmern gegründet. Entscheidend war bei die-

sem Schritt die Unfähigkeit des TÜSİAD, aufgrund seiner eli-
tären Organisationsstruktur und säkular-westlichen Orientierung, islamisch-konservative mittelständische Unternehmer zu
repräsentieren. Die konservative Unternehmerschicht kritisierte TOBB und TÜSİAD als einen „geschlossenen Elitenclub"
und unterstellte Handelskammern, „Schlachtfeld politischer
Parteien" zu sein (Yankaya 2014: 99).

Die Gründung des MÜSİAD ist darüber hinaus das Ergebnis des Aufstiegs einer islamischen Bourgeoisie, der es gesamt-
gesellschaftlich darum ging, Kapitalismus, Moderne und Islam
miteinander zu versöhnen. Wenn auch nicht unumstritten, so
entspricht die überwiegend anatolische Unterschicht aufgrund
ihrer rechtlichen Stellung als Besitzer von Produktionsmitteln
doch in gewissem Maße dem Begriff *Bourgeoisie*. „Islamisch" ist
sie vorwiegend aus drei Gründen: Erstens aufgrund ihrer islamischen Orientierung in ihren alltäglichen und geschäftlichen
Beziehungen – sie sind bekennende und praktizierende Muslime. Zweitens weil sie den Islam als Distinktionssymbol hervor-
heben, um sich von anderen gesellschaftlichen Segmenten ab-
zusetzen. Drittens schließlich, weil der Islam die Grundlage
und Hauptinspirationsquelle für ihre normativen Werte und
ihre privaten wie geschäftlichen Orientierungen bildet. Kurz-
um: Die „islamische Bourgeoisie" unterscheidet sich von dem
Rest der türkischen Bourgeoisie durch eine islamische Arbeits-
ethik, an der ihre Mitglieder sich orientieren, durch ihr islami-
sches Sozialkapital und eine Vorstellung gesellschaftlichen
Wandels, die sich von der säkular-westlich orientierten Moder-
nitätsvorstellung unterscheidet (vgl. Yankaya 2014: 19 ff.).

In den frühen 1970ern kam es zum Aufstieg mittelständi-
scher Unternehmer (KOBİ, *Küçük ve Orta Boy İşletmeler)*, die
von globalen wirtschaftlichen Entwicklungen wie etwa dem
Übergang von einem relativ starren fordistischen hin zu einem
flexiblen, post-fordistischen Akkumulationsmodell profitierten. Die mittelständischen Unternehmen waren aufgrund ihrer
informellen Verbindungen zu der Arbeiterschaft und unterein-

ander anpassungsfähiger an flexible Produktions- und Zirkulationsverhältnisse. Ihren Durchbruch erlebte diese Unternehmerschicht nach dem Militärputsch aufgrund eines liberalen Geschäftsklimas und unter dem liberal-konservativen Ministerpräsidenten Turgut Özal, der sie protegiert hat. Nach ihrer Gründung unterhielt MÜSİAD gute Beziehungen zu Özal und ging später eine Allianz mit der islamistischen *Wohlfahrtspartei* ein, nachdem diese 1996 eine Koalitionsregierung mit der konservativ-liberalen DYP bildete. Bei den Parlamentswahlen 1995 schafften 17 MÜSİAD-Mitglieder über die Liste der islamistischen *Wohlfahrtspartei*, drei über die Liste der konservativ-liberalen *AnaP* und zwei über die Liste der ultranationalistischen BBP den Einzug ins Parlament.

Nachdem die Koalitionsregierung RP-DYP auf Betreiben des *Nationalen Sicherheitsrats* zurücktreten musste und die Beschlüsse von 28. Februar 1997 wirksam wurden, geriet MÜSİAD politisch und wirtschaftlich unter Druck. Ihren Mitgliedern wurden Prozesse gemacht und in MÜSİAD organisierte Unternehmen von staatlichen Ausschreibungen ausgeschlossen. In säkularen Medien wurde MÜSİAD als Finanzier des „grünen", sprich, „islamistischen Kapitals", kritisiert, dessen Mitglieder in unregelmäßigen Geschäftsbeziehungen verwickelt seien. Islamische Medien dagegen beschrieben MÜSİAD als „Opfer militärischer Vorherrschaft" (Yankaya 2014: 157).

Die Symbiose mit der Mainstream-Politik setzte der Unternehmerverband MÜSİAD mit der AKP-Regierung fort. Nach der Parlamentswahl 2002 waren 23 der 363 AKP-Abgeordnete MÜSİAD-Mitglieder, in den folgenden Parlamentswahlen 2007 und 2011 zogen 30 bzw. 20 MÜSİAD-Mitglieder über die AKP-Liste ins Parlament ein (insgesamt 363 bzw. 341 AKP-Abgeordnete). Drei der 53 MHP-Abgeordneten waren MÜSİAD-Mitglieder (Yankaya 2014: 163). 2005 konnten MÜSİAD-Mitglieder im Verwaltungsrat der Istanbuler Handelskammer die Mehrheit erringen und in der Generalversammlung elf der 30 Delegierten stellen.

MÜSİAD ist heute Teil der politischen Führung. Ein beachtlicher Teil des nationalen Kapitals befindet sich in den
Händen von knapp 11.000 MÜSİAD-Mitgliedern, die in
46.000 Betrieben und Unternehmen etwa 1,6 Millionen Mit-
arbeiter beschäftigen. Der Unternehmerverband besitzt landesweit 86, im Ausland in 65 Staaten insgesamt 168 Büros (http://
www.musiad.org.tr/tr-tr/musiadla-tanisin, 29.6.2016). 2010 betrug der Exportvolumen aller MÜSİAD-Unternehmen 17 Milliarden USD, die Gesamtproduktion lag bei 80 Milliarden
USD.

8. Die Sozialstruktur

Die Republik Türkei (1923) erbte von ihrem Vorgängerstaat, dem Osmanischen Reich, eine um ein Fünftel geschrumpfte Bevölkerung, wofür eine Reihe verheerender Ereignisse verantwortlich waren: Verluste des Ersten Weltkrieges, gewaltsame ethnische Konflikte, Epidemien und die Vertreibung der Armenier, Bevölkerungsaustausch mit Griechenland und Bulgarien. Die forcierte Modernisierung der Gesellschaft, des Staates und des Rechts nach der Republikgründung sowie die Industrialisierung ab den 1930ern veränderten das Land grundlegend. Die Türkei wandelte sich von einem Agrarland zunächst in ein Transformations- und spätestens in den 1990ern in ein Schwellenland. Der Wandel von einer ländlich geprägten Gesellschaft mit Agrarwirtschaft in eine moderne Gesellschaft mit einer urbanen und spättransformativen Bevölkerungsstruktur und einer Industrie- und Dienstleistungswirtschaft umfasst neben einer Neuzusammensetzung der Bevölkerung auch die Anpassung der Bevölkerung an eine Nationalkultur, Migrationsprozesse und eine Repluralisierung in den letzten Jahrzehnten.

8.1 Demografische Entwicklung, Ein- und Auswanderung

In den ersten beiden Jahrzehnten des 20. Jahrhunderts wuchs die Bevölkerung relativ langsam an, das Bevölkerungsniveau von 1914 wurde erst im Jahr 1935 erreicht. Nach dem Zweiten Weltkrieg beschleunigte sich das Bevölkerungswachstum, die Bevölkerungszahl überschritt 1950 erstmals die 20-Millionen-Marke, verdoppelte sich 1975 auf 40 Millionen und lag im Jahr 2016 an der Schwelle zur 80-Millionen-Marke. Projektionen lassen erwarten, dass die Bevölkerungszahl der Türkei um das Jahr 2050 um 100 Millionen stagnieren wird. Die Bevölke-

rungsentwicklung bis in die 1960er Jahre – die Bevölkerungszahl verdoppelte sich von 13 Millionen im Jahr 1927 auf 27
Millionen – ging nicht allein auf Geburtenüberschuss zurück,
sondern gründete sich zum Teil auf Einwanderung.

Tabelle 9: Bevölkerungsentwicklung, 1914-2014

Zensusjahr	Bevölkerung	Bevölkerungsdichte (Einwohner pro km²)
1914	15.997	– –
1927	13.648	18
1935	16.158	21
1940	17.820	23
1945	18.790	24
1950	20.947	27
1955	24.064	31
1960	27.754	36
1965	31.391	41
1970	35.605	46
1975	40.347	52
1980	44.736	58
1985	50.664	65
1990	56.473	73
2000	67.803	88
2014	77.695	101

Quelle: TÜİK 2015: 8

Zwischen 1923 und 1960 immigrierten ca. 1,2 Millionen
Menschen aus den Balkanstaaten in die Türkei. Etwa 480.000
kamen aus Griechenland, 374.000 aus Bulgarien, 269.000 aus
Jugoslawien und 121.000 aus Rumänien. Durch die musli-
misch-türkische Einwanderung aus den Balkanstaaten und die
Auswanderung der Juden veränderte sich die religiöse Zusammensetzung der Bevölkerung zugunsten der türkisch-muslimi-
schen Bevölkerung. Die Vertreibung von Armeniern zwischen
1915 und 1917 und der Bevölkerungsaustausch mit Griechenland und Bulgarien bis 1923 sowie die Auswanderung der Juden in den 1940ern und der Griechisch-Orthodoxen ab 1950

führten dazu, dass der Anteil von Nichtmuslimen von 19,1 Prozent im Jahr 1914 im Jahr 1927 auf 2,5 Prozent, 1955 auf 1,1 Prozent und 1991 weiter auf 0,2 Prozent zurückging (vgl. Dündar 2010: 198-321).

Die 1950er Jahre markieren in vieler Hinsicht einen Wendepunkt. Nach dem Übergang in ein Mehrparteiensystem im Jahr 1946 kam 1950 die *Demokratische Partei (DP)* an die Macht und leitete eine privatwirtschaftliche Öffnung ein. Mit US-Finanzhilfen im Rahmen des Marshallplans und Krediten der Weltbank wurde eine Mechanisierung der Landwirtschaft betrieben. Die Freisetzung von Arbeitskräften auf dem Land löste wiederum eine Landflucht aus, die sich auch heute, allerdings in deutlich abgeschwächter Form, fortsetzt (Karpat 2010: 91-98).

Im Jahr 1927 lebten lediglich 24,2 Prozent der Bevölkerung in den Städten – in Provinz- und Kreiszentren. Im Jahr 1935 ging der Anteil der Städtebewohner leicht auf 23,5 Prozent zurück, stieg sodann im Jahr 1945 auf 24,9 Prozent, im Jahr 1950 auf 26 Prozent, im Jahr 1960 auf 31,9 Prozent und betrug im Jahr 1990 59 Prozent. Auf die beschleunigte Urbanisierung ab dem Jahr 1950 folgte in den späten 1960ern der massive Ausbau der Wasserversorgung und später in den 1980ern die Elektrifizierung der ländlichen Gebiete. 2012 erreichte die Türkei einen Urbanisierungsgrad von 77,2 Prozent, nachdem sich im Jahr 1985 das Verhältnis von Stadt- und Landbevölkerung zugunsten der Städte verschoben hatte (TÜİK 2011). Es wird geschätzt, dass in der Zeit von 1945 bis 1990 etwa 14 Millionen Menschen in die Städte zugewandert sind. Dies ist enorm, wenn auch in dieser Binnenmigration ein Vielfaches an Zu- und Abwanderungsprozessen enthalten ist (vgl. Başel 2007, Karpat 2010: 445 ff.).

Städte mit einer Einwohnerzahl zwischen 50.000 und 100.000 verzeichneten in der Periode zwischen 1985 und 2000 eine Steigerung um 67 Prozent auf insgesamt knapp 5 Millionen Einwohner. Der größte Bevölkerungsmagnet unter den Großstädten war Istanbul (TÜİK 2011). Die städtische Bevölkerung im Großraum Istanbul verdoppelte sich von 1,3 Millionen im Jahr 1955 auf 2,5 Millionen im Jahr 1975. Das zahlenmäßig größte Wachstum fand zwischen 1980 und 1985 statt, die Einwohnerzahl von Istanbul wuchs von 2,7 Millionen auf 5,4 Millionen. Allerding waren etwa 1,6 Millionen des Zuwachses einer administrativen Neugliederung geschuldet. Im Zuge einer Reorganisation der Verwaltung wurden Großkommunen geschaffen, die sich in Teilkommunen untergliederten. Die Einwohnerzahl Istanbuls erhöhte sich 1990 auf 6,6 Millionen. Im Jahr 2000 lebten in der Großkommune Istanbul (untergliedert in 39 Kommunen) ca. 8,8 Millionen Einwohner, 2014 waren es nach amtlichen Zahlen bereits 14,3 Millionen, was etwa 18 Prozent der türkischen Gesamtbevölkerung entspricht. Neben Istanbul sind die weiteren Großkommunen Kocaeli mit 1,46 Millionen, Ankara mit 4,4 Millionen, Izmir mit 3,3 Millionen, Bursa mit 1,9 Millionen, Adana mit 1,6 Millionen und Konya mit einer Million Einwohnern (Unbehaun 2012: 266 ff.).

Die Binnenmigration in die Städte verlief seit den 1960ern parallel zur Abwanderung in Richtung westeuropäischer Staaten. Ende Oktober 1961 wurden mit Deutschland und später auch mit anderen westeuropäischen Staaten Anwerbeabkommen unterzeichnet, wodurch ein Migrationsprozess in Gang gesetzt wurde, der sich heute in differenzierter Form fortsetzt. Etwa vier Millionen Menschen wanderten nach Deutschland zu, von denen etwa die Hälfte blieb und der Rest wieder in die Türkei zurückkehrte. Heute leben in Europa etwa fünf Millionen Menschen mit türkischen Wurzeln, mehrere Millionen Türken in der Türkei haben Bekannte, Verwandte und Freunde, die in Europa leben bzw. gelebt haben (İçduygu/Erder/Gençkaya 2014: 173-214, Abadan-Unat 2011: 7-37).

Die Arbeitsmigration hat Spuren in der türkischen Gesellschaft hinterlassen. Ankaras Rechnung, dass die „Gastarbeiter" nach einigen Jahren Aufenthalt in Westeuropa mit neuen Fertigkeiten und Qualifikationen in die Türkei zurückkehren und

Tabelle 10: Türkische Arbeitsmigranten und ihre Zielländer, 1961-2005

Ziellän-der	1961-1974	%	1975-1980	%	1981-1990	%	1991-1995	%	1996-2000	%	2001-2005	%	Total	%
Europa	790.0	97,5	13.426	12,8	2.612	0,6	9.647	2,8	10.465	9,3	16.561	9,1	842.728	42,4
Arabi-sche Staaten	2.441	0,3	74.184	70,6	423.208	97,7	208.274	60,4	32.195	28,5	57.974	31,9	798.273	40,2
Austra-lien	5.806	0,7	2.647	2,5	2.478	0,6	1.324	0,4	515	0,5	176	0,1	12.946	0,7
GUS-Staaten	–	–	–	–	–	–	115	0	65.521	58	89.623	49,3	155.259	7,8
Andere	12.23	1,5	14.792	14,1	4.875	1,1	125.238	36,7	4.256	3,8	17.533	9,6	178.929	9
Total	810.4	100	105.046	100	433.173	100	344.598	100	112.952	100	181.867	100	1.988.000	100

Quelle: Içduygu/Erder/Gençkaya 2014: 196

so zur Überwindung des Fachkräftemangels beitragen würden, ist nicht aufgegangen. Dennoch hat das Land von der staatlich gelenkten Arbeitsmigration enorm profitiert, etwa in Form von Geldüberweisungen der „Gastarbeiter", die bis in die 1980er Jahre einen beachtlichen Anteil an den gesamten Deviseneinnahmen ausmachten, oder von Geldausgaben im Urlaub für konsumtive und investive Zwecke (Immobilienkäufe) sowie durch diverse Hilfsleistungen. Die Arbeitsmigranten und ihre Familien haben nicht nur zur Wirtschaftsentwicklung, sondern auch zur Veränderung des Konsumverhaltens in den Herkunftsregionen beigetragen (vgl. Abadan-Unat 2011, Aydın 2016).

Heute leben weltweit mehr als fünf Millionen türkische Staatsbürger außerhalb der Türkei: etwa vier Millionen in Westeuropa, 300.000 in Nordamerika, 200.000 im Mittleren Osten und 150.000 in Australien.[11] Im letzten halben Jahrhundert hat sich der Charakter der Mobilität zwischen Europa und der Türkei stark gewandelt. Heute besteht die europäisch-türkische Migration nicht nur aus Familienmigration, die in den letzten Jahren an Bedeutung verloren hat, und in Pendelmigration deutscher wie türkeistämmiger Pensionierter. Neben Geschäfts- und Urlaubsreisen finden auch temporäre Wanderungen von Studenten, Wissenschaftlern und Hochqualifizierten in beide Richtungen statt. Diese immense Intensivierung und Diversifizierung des Austauschs ist ein Kennzeichen der Transnationalisierung, die die Beziehungen zwischen West- und Mitteleuropa und der Türkei in den letzten Jahrzehnten erfahren haben. Die Transnationalität kommt neben den bikulturellen Orientierungen, Doppelidentitäten und Doppelloyalitäten von Türkeistämmigen in Europa auch in deren Aktivitäten zum Ausdruck, die sich auf ihr Gast- und Herkunftsland beziehen (vgl. Aydın 2013, 2016a).

In west- und mitteleuropäischen Staaten wie Frankreich, Belgien, Niederlande, Deutschland und Österreich haben sich transnationale türkischstämmige Diasporagemeinschaften herausgebildet, in denen sich soziale, kulturelle und politische Elemente aus der Türkei mit Elementen der Ankunftsgesellschaften vermischen und beide Gesellschaften und politischen Systeme beeinflussen. Eine wichtige Transmissionsrolle spielen dabei die türkischen Medien mit ihren Europa-Redaktionen, die quasi eine „Zwischenwelt" deutsch-türkischer Beziehungen bilden. Die Türkeistämmigen prägen mit ihren wirtschaftlichen, soziopolitischen und kulturellen Aktivitäten nicht nur die Gesellschaft und Politik in westeuropäischen Staaten wie Frankreich, Belgien, Niederlande, Deutschland und Österreich nachhaltig, sondern auch einen Teil der staatlichen Beziehungen zwischen der Türkei und diesen Staaten und der Europäischen Union (Aydın 2014).

Die weltweit verstreute türkischstämmige Diaspora, die internationale Mobilität aus der und in die Türkei, Massentourismus in das Land und Internetnutzung brachten es mit sich, dass die türkische Bevölkerung heute wie noch nie zuvor in der Geschichte in die Weltgesellschaft eingebettet ist. Die Bevölkerung der Türkei ist im Internet relativ gut vernetzt: Der Anteil der Internetnutzer zum Beispiel stieg von 15 Prozent im Jahr 2004 auf 54 Prozent im Jahr 2015 (s. http://de.statista.com/).

8.2 Pluralisierung der Bevölkerungsstruktur

Demografie

Die Türkei hat eine in demografischer und sozialer Hinsicht differenzierte Bevölkerung. Im Jahr 2014 betrug die Gesamtbevölkerung der Türkei 77,7 Millionen mit einer Bevölkerungsdichte von 101 Personen pro Quadratkilometer. Die Bevölkerung wuchs gegenüber dem Vorjahr um 1,33 Prozent (2013: 76,67 Millionen), der Bevölkerungswachstum im Jahr 2013 betrug gegenüber 2012 (75,63 Millionen) 1,37 Prozent. Etwa 50,18 Prozent der Bevölkerung sind männlich (38,98 Millionen), 49,82 Prozent weiblich (38,71 Millionen). Die Lebenserwartung liegt insgesamt bei 73,03 Jahren, bei Männern bei 71,09 und bei Frauen bei 75,07 Jahren (TÜİK 2015: 8 ff.).

Die Türkei hat im Vergleich zu Deutschland oder anderen westeuropäischen Staaten eine relativ junge Bevölkerung: 32,67 Prozent der Bevölkerung sind unter 20 Jahre alt (Deutschland: 18,2 Prozent) und nur 11,67 Prozent der Bevölkerung sind älter als 60 Jahren (Deutschland: 27,2 Prozent). Etwa ein Viertel der Bevölkerung befindet sich im schulpflichtigen Alter, woraus sich eine hohe Belastung für den Staatshaushalt und eine Herausforderung für die Bildungspolitik ergeben.

Erwerbsstruktur und Armut

Trotz der jungen Bevölkerung ist das Erwerbspersonenpotenzial relativ gering: mit 28,79 Millionen (20 Millionen männlich, 8,7 Millionen weiblich) betrug sie im Jahr 2014 insgesamt nur 50,5 Prozent (Deutschland: 69 Prozent). Auffallend ist auch eine große Geschlechterdifferenz: 71,3 Prozent sind männlich, 30,3 Prozent weiblich. Die Beschäftigungsquote liegt insgesamt bei 45,5 Prozent (25,93 Millionen), bei Männern bei 64,8 (18,24 Millionen) und bei Frauen bei 26,2 Prozent (7,69 Millionen). Entsprechend hoch ist die Arbeitslosigkeit, die außerhalb der Landwirtschaft insgesamt bei 9,9 Prozent (2,85 Millionen) liegt, bei Männern bei neun (1,81 Millionen), bei Frauen bei 11,9 Prozent (1,04 Millionen). Allerdings muss davon ausgegangen werden, dass die tatsächliche Arbeitslosenquote höher ist (TÜİK 2015: 38). Laut einer Schätzung der Statista (https://de.statista.com/) liegt sie 2016 offiziell bei 10,8 Prozent.

Tabelle 11: Gini-Koeffizient

Jahr	Wert		
	Türkei	Deutschland	V. Königreich
2011	40,04	30,13	33,71
2010	38,79	31,14	34,81
2007	38,44	32,40	35,95
2006	39,65	32,78	34,84

Quelle: http://knoema.de/

Trotz der hohen Arbeitslosigkeit hat die ungleiche Einkommensverteilung in den 2000er Jahren abgenommen. Der Gini-Koeffizient [12] der Türkei fiel von 0,43 im Jahr 2002 auf 0,40 im Jahr 2008. Wenngleich er also höher ist als beispielsweise in Deutschland oder im Vereinigten Königreich, gehört die Türkei dennoch nicht zu Ländern mit extremen Einkommensunterschieden. Allerdings hat sich dieser Trend aufgrund der Schwächung der Wirtschaftsdynamik und Krisentendenzen umgekehrt.

Trotz der starken Wirtschaftsentwicklung in den Jahren 2003 bis 2013 ist die Türkei auf Platz 69 des *Human Development Index 2013*. Jedoch muss berücksichtigt werden, dass das Land 2013 gegenüber 2008 seinen Rang um 16 Plätze verbessert hat. Gleichwohl leben 16,9 Prozent der Bevölkerung unterhalb der Armutsgrenze (Deutschland: 15,5, Großbritannien: 16,2, Ungarn: 14 und Frankreich: 7,9 Prozent der Bevölkerung). Ebenfalls groß ist die Disparität zwischen dem Haushaltseinkommen bei den oberen und unteren zehn Prozent. Die oberen zehn Prozent der Haushalte verfügt über 30,3 Prozent, die unteren über 2,1 Prozent des Gesamteinkommens. In Deutschland, Großbritannien, Ungarn und Frankreich betragen dieselbe Anteile 24 und 3,6 Prozent bzw. 28,5 und 2,1 Prozent bzw. 22,6 und 3,1 Prozent bzw. 24,8 und 3 Prozent. [13]

Stellung der Frauen

Die gesellschaftliche Stellung der Frauen in der Türkei ist (obgleich besser als in arabischen Staaten) deutlich schlechter als in Europa. Die Frauen in der Türkei sind seit 1985 vor dem Gesetz vollständig gleichgestellt, was in der Realität jedoch anders aussieht, auch weil es an entsprechenden Gesetzen, Antidiskriminierungsmaßnahmen sowie am adäquaten Einsatz der Behörden mangelt. Die Haltung, dass Frauen nicht in die Arbeitswelt gehören und ihre Hauptaufgabe in der Gesellschaft darin besteht, sich um die Familie zu kümmern, wird von einem Großteil politischer Eliten geteilt.

Tabelle 12: Altersstruktur der türkischen Bevölkerung

| Altersgruppe | Türkei | | Deutschland |
		%	%
0-20	25.381	32,66	18,2
20-40	24.971	32,14	24
40-60	18.279	23,53	30,7
60 u. älter	9.063	11,66	27,2
Gesamt	77.695	100	

Quelle: Turkey in Statistics, 2014: 11, 13

Der Zugang türkischer Frauen zur Bildung ist deutlich erschwert. Von den etwa 3,6 Millionen Analphabeten in der Türkei im Jahre 2012 waren 82,2 Prozent Frauen. Während 36 Prozent der Männer eine weiterführende Schule besucht haben,
liegt dieser Anteil bei den Frauen bei 26 Prozent. Der Unter-
schied von zehn Prozent liegt in der Türkei deutlich hinter dem
OECD-Durchschnitt von zwei Prozent. Im Berufsleben sind
Frauen ebenfalls unterrepräsentiert. Hatten 1990 noch 34,1 Prozent der Frauen zwischen 15 und 64 Jahren einen Arbeitsplatz,
so waren es 2012 nach Eurostat nur noch 28,7 Prozent (Männer 69,2 Prozent). Der Durchschnittswert für die Frauen-Er-
werbsquote in der EU liegt mit 58,6 Prozent mehr als doppelt
so hoch wie in der Türkei. Auch das Einkommen ist ungleich
verteilt: *Gender Gap Report* zufolge verdienten Männer im Jahr
2012 insgesamt 26.005 Dollar, Frauen hingegen nur 7.813 Dollar. Nach den Zahlen des *Gender Gap Report 2014* der WTO
nimmt die Türkei unter 142 Staaten den Platz 125 ein – nur
noch unterboten von Staaten wie Ägypten, Syrien und Iran.[14]

In der Politik sind Frauen ebenfalls unterrepräsentiert. Unter den 550 Parlamentariern befinden sich derzeit nur 81 Frau-
en (14,7 Prozent). Mit 23 Frauen in der Fraktion (59 Mandate) ist die prokurdisch-linke HDP Spitzenreiterin (40 Prozent),
mit drei Frauen und 7,5 Prozent Frauenanteil ist die nationalistische MHP Schlusslicht (https://www.tbmm.gov.tr/develop/
owa/milletvekillerimiz_sd.dagilim).

Bildung

Das türkische Bildungs- und Schulsystem weist erhebliche Defizite auf. Türkische Schüler schneiden laut PISA-Studie 2009 in den Disziplinen Lesen, Mathematik und Naturwissenschaften deutlich schlechter ab als der OECD-Durchschnitt. Der OECD-Studie *Education at a Glance 2014* zufolge haben lediglich 31 Prozent der Bevölkerung im Alter zwischen 25 und 64 Jahren einen Sekundarschulabschluss (OECD-Durchschnitt: 68 Prozent, EU-Durchschnitt: 71 Prozent) (OECD 2014: 42).

Ähnliches gilt auch für das Hochschulsystem. Der Zugang zum Studium ist durch die Eingangsprüfung beschränkt. Aufgrund mangelhafter Kapazitäten ist die Nachfrage nach Studienplätzen jedoch viel größer als das Angebot. Nur rund 40 Prozent der Schüler erhalten einen Studienplatz. Die Zahl der Erstsemester hat sich von knapp 590.000 (2005) auf knapp 984.000 (2013) fast verdoppelt. 2009 konnten in der Türkei 488.803 Studierende einen Hochschulabschluss erwerben, davon 71.000 in Erziehungswissenschaften, 35.000 in Humanwissenschaften und den Künsten, 198.000 in Sozialwissenschaften, Wirtschaft und Recht, 38.000 in Naturwissenschaften, 63.000 in Ingenieurwissenschaften, Herstellung und Konstruktion, 27.000 in Agrarwissenschaften, 28.000 in Gesundheitswissenschaften und 25.000 in Dienstleistungssektor (Germany Trade & Invest 2015).

Im Jahr 2012 wurde eine Schulreform verabschiedet, welche die Schulpflicht von acht auf zwölf Jahre erhöhte. Das dreigliedrige Schulsystem setzt sich aus vier Jahren Grundschule, vier Jahren Mittelschule und vier Jahren Oberschule zusammen. Die Einführung einer Mittelschule ermöglicht den Besuch der *Imam-Hatip-Schulen* nun bereits ab der 5. Klasse (vorher erst ab der 9. Klasse). Zusätzlich möchte die Regierung diesen religiösen Schulen den Status regulärer Gymnasien verleihen. Durch die Schulreform wurden drei neue Fächer eingeführt: Arabisch, das Leben des Propheten Mohammeds und der Koran. Die Kritiker der Schulreform werfen der Regierung vor, weniger bildungspolitisch als religiös motiviert gehandelt zu haben. Über 80 Jahre nach der Vereinheitlichung und Säkularisierung des Bildungssystems im Zuge der Reformen nach der Republik-gründung ist die Frage nach der Vereinbarkeit von Modernisie-rung und Islamisierung des Bildungssystems weiterhin offen.

8.3 Kurden, Aleviten und andere Minderheiten

Die Modernisierung der Türkei geht mit einer zunächst religi-ösen, nach der Republikgründung auch mit einer ethnischen Homogenisierung einher. Im Jahr 1914 waren ein Fünftel der Bevölkerung der Türkei Christen und Juden.

Tabelle 13: Die Zusammensetzung der Bevölkerung nach Religion, 1914-1991

(in Tsd.)	1914	1927	1945	1955	1965	1991
Muslime	12.941	13.290	18.511	23.810	31.139	56.860
Griechen	1.594	110	104	87	76	8
Armenier	1.204	77	60	60	64	67
And. Christen	176	71	38	62	74	50
Juden	128	82	77	46	38	20
Nichtmuslime Gesamt	3.057	340	279	255	252	145
Gesamt	15.997	13.360	18.790	24.065	31.391	57.005
Anteil Nichtmuslime %	19,1	2,5	1,5	1,1	0,8	0,2

Quelle: İçduygu 2009: 2

Über die Zahl der ethnischen Identitäten und Muttersprachen in der Türkei sind keine Daten verfügbar, es liegen lediglich einige Stichproben und Schätzungen vor. Beide Kategorien wurde zuletzt im Jahr 1965 erhoben. Bei der Volkszählung im Jahr 1965 wurden 30 Sprachen ermittelt, die in der Türkei ge-sprochen wurden. Von den 31 Millionen in der Türkei Leben-den gaben 28,2 Millionen Türkisch, 2,2 Millionen Kurdisch, 365.000 Arabisch, 150.000 Zazaki, 58.000 Tscherkessisch, 48.000 Griechisch, 34.000 Georgisch, 23.000 Pomakisch, 27.000 Englisch, 26.000 Lasisch und 17.000 Bosniakisch als ihre Kommunikationssprache an.

Kurden

Die Kurden bilden innerhalb der Türkei die zweitgrößte ethnische Gruppe, mit der der Staat die größten Probleme hat. Anfang des 20. Jahrhunderts gab es die Kurden primär als „Ethnie", eine Fremdbezeichnung. Als eine soziale Einheit waren sie nur für Europäer, den türkischen Staat und einen kleinen Zirkel kurdischer Nationalisten existent (Seufert 2012b: 232). Heute existiert in der Türkei ein starkes kurdisch-ethnisches und kurdisch-nationales Bewusstsein. Die ethnische Identität, welche die Kurden hochhalten, überformt alle anderen Zugehörigkeiten und bestimmt auch ihr politisches Handeln – etwa bei Wahlen. Es existieren keine amtlichen Angaben über die Anzahl der Kurden in der Türkei.

Aleviten

Die Aleviten als eine religiös-soziale Gruppe existierten nur für orthodox-sunnitische Gruppen, welche diese als Ketzer oder Häretiker difamierten. Ihre Fremdbezeichnung varriierte lokal; so wurden sie in und um die Stadt Ordu am Schwarzen Meer als Nalcı, in Tokat als Sıraç, auf den Taurusbergen und in Südwestanatolien als Çepni bzw. Tahtacı, in Nordwesten als Yörük, in Zentralanatolien als Abdal, in Dersim als Kızılbaş und in Syrien als Nusayri bezeichnet. Erst im Zuge der Binnenmigration enstand in den Städten ein „gemeinsames alevitisches Bewusstsein", just in dem Moment, als ihre „Frömmigkeit der Säkularisierung wich" (Seufert 2012b: 249).

Die Anfänge des alevitischen Glaubens liegen in Anatolien und später im persischen Erdebil. Der oberflächliche Islam der Turkmenen war stark mit Volksbräuchen und vorislamischen Elementen durchsetzt. In Erdebil enstand der Orden der Safewiden, der sich zu einem geistigen Rückgrat der dort lebenden Turkmenen entwickelte. 1501 wurde der Scheich der Safewidenorden zum Schah Persiens und forderte die osmanische Herrschaft in Ostanatolien heraus, unterlag jedoch militärisch.

Dies führte dazu, dass die Turkmenen, die an der Seite Schah Ismails standen, sich gesellschaftlich marginalisierten (Seufert 2012b: 249 f.).

Die Anzahl der Aleviten in der Türkei lässt sich schwer einschätzen. Die Tradition des sich Versteckens macht es besonders schwierig, die Zahl der Aleviten zu ermitteln. In verschiedenen Umfragen bekennen sich höchstens acht Prozent der Befragten zum Alevitentum. In anderen Umfragen, bei denen nach religiösen Figuren gefragt werden, die für das eigene Leben große Bedeutung haben, nennen etwa 14 Prozent die Namen Hacı Bektaş und Ali İbn Abu Talib. Beide stehen unter Aleviten in hohem Ansehen. Es kann deshalb davon ausgegangen werden, dass etwa maximal 15 Prozent der Bevölkerung – etwa zehn Millionen – Aleviten sind (Seufert 2012b: 252).

Seit den späten 1980ern bekennen sich die Aleviten offen zu ihrem Glauben und ihrer Identiät. In den 1990ern hat sich ihre Sichtbarkeit im Stadtleben und in der Politik gestärkt. Heute betreiben Aleviten in Istanbul und anderen Großstädten Kult- und Kulturhäuser, die „Cemevis", und möchten, dass diese offiziell als Gebetsstätte anerkannt werden.

Weitere muslimische Ethnien

Neben Kurden und Aleviten leben in der Türkei weitere Ethnien wie etwa die Georgier, Lasen, Tscherkessen, Albaner, Bosniaken und andere Turkvölker. Sie haben weder ein ausgeprägtes ethnisches Bewusstsein wie etwa die Kurden noch bringen sie eine partikulare kulturell-religiöse Identität zum Ausdruck, wie es die Aleviten und manche Nichtmuslime tun.

Juden, Armenier, Griechen, Asyrer und Jesiden

Zu den nichtmuslimischen Gruppen zählen die überwiegend in Istanbul lebenden etwa 60.000 Armenier, maximal 2.000 Griechen (ebenfalls v. a. in Istanbul), 13.000 syrisch-orthodoxe Christen bzw. Assyrer, ca. 17.000 Juden und etwa 3.000 Jesiden.

9. Das Verhältnis zwischen Politik und Religion

Die *Republik Türkei* ist laut Art. 2 der türkischen Verfassung von 1982 ein „laizistischer Rechtsstaat", allerdings mit einer islamisch geprägten Gesellschaft und fast ausschließlich muslimischen Bevölkerung, die sich größtenteils zum sunnitischen, alevitischen oder dschafaritischen Islam bekennt. Eine Besonderheit des türkischen Laizismus ist, dass dieser keine strikte Trennung von Staat und Religion kennt, wie es etwa in Frankreich der Fall ist, sondern vielmehr eine staatliche Kontrolle der Religion impliziert. Dies gilt auch für die „Hauptreligion", den sunnitischen Islam, der größtenteils unter staatlicher Aufsicht steht und sich in drei Varianten ausdifferenziert: Staatsislam, Volksislam und politischer Islam (Islamismus) (Karakaş 2007: 41).

Herausgebildet hat sich der Laizismus im Zuge der Modernisierung, durchgesetzt wurde er mit weitreichenden rechtlichen, politischen und sozialen Reformen nach der Republikgründung. Das türkische Militär versteht sich als Garant des Laizismus, der auch in der Bevölkerung einen relativ starken Rückhalt hat. Nach Einschätzung vieler Beobachter sind Staat, Politik und Gesellschaft „mehrheitlich säkularisiert" und die „Subordination des Islam unter die Politik" weitgehend „akzeptiert" (Karakaş 2007: I). Gleichwohl prägt die Spannung zwischen Laizismus und Islamismus sowie zwischen Demokratie und Islam weiterhin die türkische Politik. Für viele ist der Laizismus nicht nur eine tragende Säule des Staates, sondern auch Garant für Demokratie und zivilisierte Lebensformen schlechthin. Kritiker dagegen monieren, dass die Zelebrierung des Laizismus und sein Spannungsverhältnis zum Islamismus von Fragen der Demokratie, Rechtsstaatlichkeit, Menschenrechte und des Pluralismus ablenken. In der Tat hat er in seiner bisherigen Lesart religiöse Züge angenommen – als eine quasi politische Religion mit eigenen Tabus, eigenem Kult und eigenen unhinterfragbaren Wahrheiten (Seufert 2012a: 207-228).

Dem türkischen Laizismus wird vorgehalten, autoritär und undemokratisch zu sein, weil er keine Religionsfreiheit gewährleistet. Eine Reihe staatlicher Praktiken und Maßnahmen stehen im Widerspruch zum Laizismusprinzip, etwa die exklusive finanzielle Förderung des sunnitischen Islam, seine Verwaltung durch eine *Behörde für religiöse Angelegenheiten* und deren Interpretations- und Kontrollmonopol-Anspruch gegenüber dem Islam sowie die Missachtung des Neutralitätsgebots gegenüber anderen Religionsgemeinschaften. Der Staat fördert den sunnitischen Islam auf verschiedene Art, schreibt aber zugleich vor, wie er zu leben und zu verstehen ist.

9.1 Staat und Religion bis zur Moderne

Der Islam ist seit etwa 1000 Jahren eine zentrale Grundlage der sozialen, kulturellen und staatlichen Ordnung. Wenngleich die türkische Staatstradition eine Aufteilung in das Reich Gottes und das Reich des Herrschers nicht kennt, wurde weder das *Seldschukische* noch das *Osmanische Reich* auf einer islamischen Grundlage gegründet. Erst nachträglich begann die Religion eine wichtige Rolle im Herrschaftsgefüge zu spielen. Im *Seldschukischen* und *Osmanischen Reich* herrschte zudem das Dogma, dass der Islam Religion und Staat zugleich ist. Er galt als unhinterfragte Legitimationsquelle von politischer Herrschaft, Moral- und Gerechtigkeitsvorstellungen. Gleichwohl stand die Religion unter der Kontrolle des Herrschers – im *Osmanischen Reich* gehörte Scheich ül-Islam, Oberhaupt in der Hierarchie der Religionsgelehrten, der Staatsbürokratie an (İnalcık 2008: 103).

Der vormoderne Islam kennt keine zentrale Institution wie etwa die der Kirche im Christentum, die für die Ausbildung des

Laien- und Geistlichennachwuchses sowie für die Anwendung des Rechts oder für die Kulthäuser, die Theologie und Seelsorge zuständig wäre. In der islamischen Tradition bildeten sich stattdessen getrennte Institutionen heraus. Für Theologie und Recht waren die Religionsgelehrten *(ulema)* und religionsrechtlichen Richter *(kadî)* zuständig. Verantwortlich für Kult und Seelsorge waren Moscheen und Moscheenkomplexe mit ihren Armenküchen, Waisenhäusern und Hospitälern, für die Gelehrtenausbildung die Medresen *(külliye)* und für die Finanzierung religiöser Dienste die frommen Stiftungen. Das Gemeindeleben wurde primär von mystischen Orden *(tarikat)* dominiert, deren Elemente im gegenwärtigen Volksislam fortleben (Seufert 2012a: 212 f.).

Eine Zäsur in der langen Geschichte des Islam ist der Modernisierungsprozess, der im späten 18. Jahrhundert beginnt und sich ab Anfang des 19. Jahrhunderts als Säkularisierungsprozess fortsetzt. Die Reformen, die von den osmanischen Sultanen Mahmud II. und Andülmecid I. in der ersten Hälfte des 19. Jahrhunderts mit den Zielen der Umstrukturierung des Sozialen, der Wirtschaft, des Staates und der Bürokratie sowie des Wissens- und Technologietransfers durchgesetzt wurden, haben den Säkularisierungsprozess eingeleitet, der sich nach der Gründung der Republik in radikalisierter Form fortgesetzt hat. Im Gegensatz zum französischen Laizismus, der das Ergebnis langwieriger religiös-politischer Konflikte ist, nahm die türkische Säkularisierung ihren Ausgangspunkt in der Europäisierung ihres Rechtssystems im 19. Jahrhundert. Der durch die Adaption europäischer Gesetze erzeugte Dualismus in der osmanischen Rechtsordnung (säkulares Recht versus Scharia) wurde erst 1930 mit der Ersetzung aller Schariagesetze durch Zivilgesetze überwunden.

Die Geschichte der Modernisierung der Türkei ist zugleich eine Geschichte der Verstaatlichung und Bürokratisierung des religiösen Lebens. Mit der Zentralisierung des Staates gerieten die religiösen Institutionen immer mehr unter die Kontrolle

des Staates, der in der Endphase des Osmanischen Reiches die
Orden und Stiftungen kontrollierte, die Medresen reformierte
und diese eng an sich band. Mit der Gründung der Republik
gewann diese Kontrolle eine neue Dimension. Religionsaus-
übung wurde zur Staatsaufgabe und der Blick des Staates auf
die Religion wandelte sich radikal. Galt der Islam im *Osmanischen Reich* als Legitimationsquelle politischer Herrschaft, so
wurde er fortan verstärkt als Mittel betrachtet, um ethnokulturelle Differenzen zwischen Türken, Kurden und anderen muslimischen Gruppen zu überwinden. Gleichzeitig betrachteten
die kemalistischen Staatseliten den Islam als verantwortlich für
die wissenschaftliche, technische, wirtschaftliche und politische
Rückständigkeit des Landes. Religion und Religiosität sollten
dementsprechend unter staatlicher Anleitung ausschließlich in
der Privatsphäre ausgeübt werden.

Atatürk und ein Großteil der neuen Staatseliten lehnten den
Islam dennoch nicht strikt ab, weil sie dessen einigende Kraft
zu schätzen wussten und zudem während des Unabhängigkeits-
krieges, bei der Nationsbildung und bei Reformen auf die Loyalität von Anatoliens Ethnien angewiesen waren. Indem Atatürk das Konzept der Nation relativ offen ließ und von Völkern
Anatoliens sprach, konnte er sich einen starken Rückhalt nicht
nur der Sunniten, sondern auch der Aleviten und Kurden sichern. Nach der Republikgründung, die einem siegreichen Befreiungskrieg folgte, war Atatürks größte Sorge eine weitere
Zersplitterung der Türkei entlang ethnischer und konfessionel-
ler Linien. Dementsprechend diente die Verwaltung und damit
auch die Kontrolle der Religion durch das im Jahre 1924 ge-
schaffene Präsidium für Religiöse Angelegenheiten auch der
Forcierung der Nationsbildung (Akyol 2008, 2014).

Der Republikgründung (1923) folgten die Abschaffung des
Kalifats und des dualen Unterrichtswesens *(tevhid-i tedrisat)* im
Jahr 1924 und ein Jahr später das Verbot aller islamischen Orden. 1928 wurde der Islam als Staatsreligion aus der Verfassung
gestrichen, 1931 die Ausbildung von Religionslehrern und

1938 der Religionsunterricht in allen Dorfschulen eingestellt, nachdem 1937 das Laizismusprinzip in der Verfassung verankert worden war. Ein Gesetz verbot das Tragen von Turban, Fez und religiösen Gewändern, 1929 wurde das lateinische Alphabet eingeführt und bald darauf der Gebrauch des arabischen untersagt. Ab 1932 durfte der Gebetsruf statt wie bis dahin in arabisch nur in türkischer Sprache ausgerufen werden.

Bei diesen radikalen Top-down-Reformen orientierte sich Staatspräsident Atatürk am französischen Laizismus der Dritten Republik und zielte darauf, die Religion einer strikten staatlichen Kontrolle zu unterwerfen und sie weitgehend aus der Öffentlichkeit zu verbannen (Karpat 2012: 21 ff.).

9.2 Ambivalenzen des türkischen Laizismus

Das Verhältnis der kemalistischen Staatseliten zum Islam war mit zwei Strukturproblemen behaftet. Erstens betrachteten sie den Islam als integralen Bestandteil der türkischen Identität und berücksichtigten ihn als – nach der Nation – zweite Legitimationsressource. Zweitens zielten sie auf die Unterordnung des Islam gegenüber der Politik, weil sie ihn als eine Religion nicht nur des Privaten, sondern auch des Politischen betrachteten. Das elitäre kemalistische Zivilisationsprojekt provozierte mit seinen zentralen Elementen des Laizismus, Nationalismus und Modernismus lokale Widerstände, woraus jedoch keine landesweite Massenbewegung entstand. Der kemalistische Laizismus hatte weniger die strikte Trennung von Religion und Staat bzw. Politik zum Ziel als vielmehr die Säkularisierung und Modernisierung von Staat und Gesellschaft (Karakaş 2007: 7).

Das kemalistische Laizismusmodell bewirkte paradoxerweise eine Politisierung des Islam ‚von oben nach unten‘ und provozierte damit eine Politisierung ‚von unten nach oben‘, die mit dem Übergang zum Mehrparteiensystem (1946) eine neue Dimension erreichte. Der Wettbewerb um Stimmen brachte die Instrumentalisierung der Religion mit sich, die zu einem Mit-

tel des Machterwerbs und der Machterhaltung wurde, dessen
sich alle Mitte-Rechts-Parteien bedienten. 1950 plädierten sieben der 24 Parteien im Wahlkampf für eine stärkere Berücksichtigung der Religion. Zuvor wurden ein fakultativer Religionsunterricht in den Lehrplan der Grundschulen aufgenommen, Berufsschulen für die Ausbildung von Predigern *(imam
hatip)* eingerichtet (1948) und an der Universität Ankara eine
theologische Fakultät eröffnet (1949).

Die DP-Regierung unter der Führung von Adnan Menderes
(1950-60), die die 27-jährige Alleinregierung der CHP ablöste,
markiert die Rückkehr des Islam in den öffentlichen Raum.
Dem Regierungswechsel folgte zudem ein Bauboom von Moscheen sowie die Eröffnung von staatlichen Korankursen und
theologischen Fakultäten. Die wohlwollende Haltung von
Menderes gegenüber islamischen Kreisen trug ihm die Kritik
ein, die religiösen Gefühle der Bevölkerung parteipolitisch ins-
trumentalisiert und der Politisierung ‚von unten' Vorschub ge-
leistet zu haben. Tatsächlich betrieb er gegenüber dem politischen Islam und dem Volksislam eine Strategie der Einbindung
in das politische System. Insofern ist es als Menderes' Verdienst
zu betrachten, dass der türkische Islamismus nicht als revoluti-
onäre Untergrundbewegung entstanden ist, sondern sich aus
einem demokratisch-parlamentarischen Umfeld heraus konsti-
tuiert hat. Durch seine liberale Haltung gegenüber dem politischen Islam und dem Volksislam hat Menderes eine Absplitte-
rung und Radikalisierung religiöser Gruppen verhindert und
damit die Legitimationsbasis des Staates ausgeweitet (Karakaş
2007: II).

9.3   Wiederaufwertung des Islam und Aufstieg des Islamismus

In den 1960ern formierte sich der politische Islam um zwei
charismatische Figuren: dem Nakschibendi Scheich Mehmed
Zaid Kotku (1897-1980) und Necmettin Erbakan (1926-

2011). In Kotkus' Islam-Diskurs wurde der Verwestlichungs-prozess für den wirtschaftlichen und moralischen Niedergang der Türken verantwortlich gemacht. Dem Kemalismus wurde der Islamismus als neues Modell entgegengestellt. Necmettin Erbakan, ein Anhänger Kotkus, gründete 1970 die erste isla-mistische Partei der Türkei, die *Nationale Ordnungspartei* (MNP), die nach einer Intervention der Militärs in die Politik verboten wurde. Mit der an die Stelle der MNP gegründeten *Nationalen Heilspartei* (MSP) errang Erbakan bei der Parla-mentswahl 1973 einen Achtungserfolg und bildete als Junior-partner mit der säkular-linken *Republikanischen Volkspartei* (CHP) eine Koalitionsregierung. Nach dem Scheitern dieser is-lamisch-linken Koalition beteiligte sich die MSP an den Rechts-von-der-Mitte-Koalitionsregierungen der *Nationalen Front* un-ter der Führung des Premiers Süleyman Demirel. Erbakans is-lamistische Partei stand für den Schutz konservativer Moralvor-stellungen, eine zentralstaatlich gelenkte Industrialisierung, den Ausbau der Schwerindustrie sowie die Protegierung der Klein-unternehmer. Ein zentraler Bestandteil des Parteidiskurses des MSP war eine starke Polemik gegen die seit 1964 bestehende Assoziierung mit der *Europäischen Gemeinschaft* (EG), den Zi-onismus und die ‚israelfreundliche' Politik der USA. Für Teil-bereiche der türkischen Gesetzgebung forderte man eine ‚An-gleichung' an das islamische Recht (Karakaş 2007: 15).

Eine weitere Zäsur im Verhältnis von Religion und Staat (Politik) ist der Militärputsch vom 1980. Mit der Verfassung von 1982, die unter der Aufsicht der Generäle ausgearbeitet wurde, und mit weiteren staatlichen Maßnahmen wurde das Verhältnis von Staat, Politik und Religion neu justiert. Den Ge-nerälen ging es dabei primär um die Stärkung der nationalen und kulturellen Einheit auch in religiösen Fragen. In den 1970ern durchlief die Türkei eine Phase der Instabilität, insge-samt gab es 13 verschiedene Regierungen. Verantwortlich war hierfür u. a. die massive Radikalisierung von Teilen der politi-schen Linken sowie des rechts-nationalen und islamistischen

Lagers, die in den späten 1970ern das Land an den Rand eines Bürgerkrieges führte. Neben dem Terror und den Auseinandersetzungen zwischen Gruppen aus gegenüberstehenden ideologischen Lagern kam es auch zu bewaffneten Kämpfen innerhalb der Linken (Kreiser 2012: 98 f.)

Nach dem Militärputsch wurde die *Türkisch-Islamische Synthese* zur offiziellen Ideologie des Staates aufgewertet, die den Islam und den türkischen Nationalismus miteinander verschweißt. In der Folge wurden die staatlichen religiösen Dienstleistungen ausgeweitet, der fakultative Religionsunterricht wurde zum obligatorischen Fach an allen Schulen und die staatliche Religionsbehörde Diyanet wurde in den Dienst einer Religionspolitik genommen, die auf die Stärkung nationaler Solidarität und sozialer Integration zielte. Gleichwohl ging es den Staatseliten weniger um die Bekehrung nichtmuslimischer Bevölkerungsgruppen zum Islam als vielmehr um eine weitestgehende Einebnung von religiösen und kulturellen Unterschieden aller Art (Kreiser 2012: 101 f., vgl. a. Dursun 2002).

Mit der *Türkisch-Islamischen Synthese* kam es zu einer Neuinterpretation der Staatsdoktrin des Kemalismus, der einen islamischen Anstrich erhielt bzw. um eine quasi metaphysische Komponente ergänzt wurde. Eine weitere Folge war die Aufwertung und Symbiose des Islam mit dem Türkentum. In der Populärwissenschaft wurde die These vertreten, der Islam habe die Steppen- und Nomadenkultur der Türken veredelt. Die *Türkisch-Islamische Synthese* bewirkte eine Repolitisierung des Islam sowie eine staatlich gesteuerte Entsäkularisierung ‚von oben'. Damit wollten die Staatseliten der 1970er Jahre durch die Kraft des Islam dem Desintegrationsprozess, politischem Extremismus und einer zunehmenden Individualisierung entgegenwirken.

Die Nationalisierung und Aufwertung des Islam als Teil der türkischen Identität sowie die Akzentuierung des Türkentums folgten einem Liberalisierungsprozess, der bereits vor dem Militärputsch eingeleitet wurde. In der Amtszeit Turgut Özals zu-

nächst als Chef des Planungsbüros und später als Wirtschaftsminister kam es zu einer Öffnung der Märkte und signifikan-
ten Kürzung von Sozialleistungen. Materielle Verluste der Bevölkerung mussten durch eine ideologische Aufwertung des Islam kompensiert werden. Der liberal-konservative Premier
Özal verband Fortschritt und Pragmatismus mit religiösem Be-
kenntnis und Tradition. Als erster Premier in der Geschichte
der Republik Türkei trat er eine Pilgerfahrt nach Mekka an und
legalisierte Wohltätigkeitsspenden an religöse Einrichtungen
(mehr zu Özal vgl. Heper 2013).

Derartige Entwicklungen erzeugten eine soziopolitische Atmosphäre, welche die Entfaltung einer islamischen Geschäftswelt sowie eine partielle Islamisierung der Öffentlichkeit begünstigte. Durch die Aufwertung des Islam als Teil der türkischen Identität und die marktwirtschaftliche Öffnung und Privatisierung sozialer Leistungen haben islamische Interessengruppen eine neue Dynamik erhalten und ein stärkeres Selbstvertrauen entwickelt. Özal gelang es, die Islamisten weiter in
das politische System einzubinden und den islamischen Diskurs in den demokratisch-konservativen Diskurs zu integrieren. In den 1990ern, nachdem Özal sich zum Staatspräsidenten wählen ließ und sein Zugriff auf die Partei immer schwä-
cher wurde, gewann die islamistische Wohlfahrtspartei erneut
rasanten Zulauf. Erbakans Wohlfahrtspartei profitierte von den
sozialen Verwerfungen einer liberalen Marktwirtschaft und der
zunehmenden Konsumorientierung in der Bevölkerung. 1995
gewann die RP die Parlamentswahlen, wurde jedoch nach einer
einjährigen Regierung von der Armeeführung massiv unter
Druck gesetzt, sodass Ministerpräsident Erbakan dem nachgab
und seinen Rücktritt erklärte. Dem folgte ein Verbot der RP
durch das Verfassungsgericht. Aus der Spaltung der nachfolgenden Tugendpartei *(Fazilet Partisi)* im Jahr 2001 gingen die AKP
und die SP, die Glückseligkeitspartei *(Saadet Partisi)*, hervor.
Die AKP setzte sich von Erbakan ab und stellte sich in der Öffentlichkeit als eine reformistische Kraft dar. 2002 konnte die

AKP das Zerwürfnis unter den Regierungsparteien und die Missstimmung in der Bevölkerung aufgrund der Finanz- und Wirtschaftskrise (2001) und der Korruptionsvorwürfe dazu nutzen, mit 34 Prozent der Stimmen die stärkste politische Kraft des Landes zu werden (Günay 2012: 324 ff.).

Dass der türkische politische Islam nicht in Gewalt und Terror versunken ist, wie dies etwa in arabischen Ländern der Fall ist, hängt mit vier Gründen zusammen. Erstens weil er nicht als Reaktion auf exogene Kräfte wie etwa Fremdherrschaft bzw. Kolonialismus, sondern aus endogenen Dynamiken entstanden ist. Zweitens weil die Vertreter des Islamismus von Mitte-Rechts-Parteien in das politische System eingebunden wurden und drittens aufgrund der sufistischen Dimension des türkischen Islams. Hinzu kommt viertens, dass der sunnitische Islam etwa im Vergleich zum Schiitentum weniger schriftgläubig und damit auch weniger anfällig für politische Indoktrination ist (Yavuz 2003: 75).

9.4   Aktuelle Tendenzen der Entsäkularisierung

Die Türkei ist seit der AKP-Regierungsbildung (2002) einem Wandlungsprozess ausgesetzt, der schon jetzt mit deutlichen politischen, wirtschaftlichen und institutionellen Machtverschiebungen einhergegangen ist. Gestützt auf eine neue, islamisch geprägte Machtelite und eine religiös-konservative Unternehmerschicht konsolidierte die islamisch-konservative AKP Schritt für Schritt ihre Hegemonie gegenüber dem alten kemalistisch-laizistischen Machtblock. Während das Militär und die Justiz, die in der Türkei als Bastionen des Kemalismus und Laizismus galten, immer mehr unter die Kontrolle der Politik gerieten, erweiterte der instutionalisierte Islam seinen Einfluss. Sunnitisch-islamisch geprägte Wertvorstellungen und Leitbilder gewannen auch in der Öffentlichkeit zunehmend an Bedeutung, während säkulare Prägungen mehr und mehr zurückgedrängt wurden. Der von Staatspräsident Erdoğan eingeführte Begriff „Neue Türkei" soll diesem Wandel Nachdruck verleihen.

Die AKP hatte anfangs die Grundsätze des Kemalismus und Laizismus respektiert und sich als hybride politische Formation beschrieben, die sich um eine klassenübergreifende Synthese aus Reformismus und Konservatismus bemüht. In den ersten Jahren ihrer Regierungszeit hat sie zudem wichtige Reformen und Demokratisierungsschritte eingeleitet und die Türkei weiter an die EU herangeführt. Doch spätestens seit der Wiederwahl im Jahr 2007 setzt sich die AKP-Regierung verstärkt für die Interessen ihrer religiösen Klientel ein und AKP-Funktionäre werben für religiöse Moralvorstellungen. Kritiker konstatieren eine „schleichende Islamisierung", die auf die Überwindung des Laizismus hinauslaufen würde, während andere Beobachter festhalten, dass Laizismus in der Gesellschaft stark verankert ist (vgl. Kramer 2007).

Problematisch ist der Begriff Islamisierung, da der überwiegende Teil der Bevölkerung auch vor der AKP-Regierung aus Muslimen bestand. Handlicher ist dagegen der Begriff Entsäkularisierung. Vier Beispiele sollen die Entsäkularisierungsthese illustrieren:

1) **Imam-Hatip-Schulen:** Sie nehmen im türkischen Schulsystem eine Sonderstellung ein, da sie nicht nur für die Laufbahn des Predigers und Imams qualifizieren. Ihre Absolventen sind mit Ausnahme von Militärakademien zugangsberechtigt zu allen Studiengängen an türkischen Hochschulen. Mit der Schulreform von 1997, die die Pflichtschulbildung auf acht Jahre heraufsetzte, ging eine Marginalisierung der Imam-Hatip-Schulen einher; ihre Schülerzahl sackte von über 500.000 vor der Schulreform auf 64.000 im Schuljahr 2002/03 ab. Die AKP-Regierung unternahm Anstrengungen, um die Imam-Hatip-Schulen aufzuwerten *(Gesetz Nr. 5171)*, was zunächst am Veto des Staatspräsidenten Ahmet Nejdet Sezer und des Staatsrats scheiterten. 2011 konnte eine Neuregelung des Hochschulzugangs durchgesetzt werden, wodurch erneut den Absolventen dieser religiös ausgerichteten Schulen alle Fakultäten offenstehen. Ihre Besucherzahl stieg im Schuljahr 2013/14 auf knapp

über 450.000 an – eine Entwicklung, die säkulare Kreise als „Islamisierung" des Bildungswesens vehement kritisieren.

2) **Aufhebung des Kopftuch-Verbots:** Bis 2007 unternah-
men konservativ-liberale Regierungen erfolglos mehrere Gesetzesinitiativen, um das Kopftuchverbot für Studentinnen aufzuheben. 2007 wurde mit einer Anordnung des Hochschulrates
das Kopftuchverbot an Universitäten außer Kraft gesetzt.
Durch die Änderung der Kleiderverordnung im Rahmen eines
„Demokratisierungspakets" (1.10.2013) wurde das Kopftuchverbot auch für Beamtinnen und Rechtsanwälte aufgehoben,
davon ausgenommen sind Streitkräfte und Staatsanwälte.

3) **Begünstigung religiös-konservativer Lebensstile:** Die
AKP-Regierung wird kritisiert, traditionelle beziehungsweise
religiöse Lebensstile zu begünstigen. Studien belegen, dass in
Provinzstädten der konservative Konformitätsdruck auf säkular
orientierte Menschen, Christen, Juden und Aleviten besonders
einschüchternd wirkt (Toprak 2008: 52 ff.). Eine freie Religi-
onsausübung für Nichtmuslime und Aleviten ist bisher nicht
gewährleistet. Regelungen wie etwa die Einschränkung des Al-
koholausschanks, Vorstöße der Regierung, die Abtreibung zu
verbieten, sowie die Ankündigung, eine religiöse Jugend heran-
ziehen zu wollen, nähren den Verdacht einer bewussten Entsäkularisierung. Zuletzt ist die türkische Religionsbehörde Diyanet, die auch in Deutschland vertreten ist, mit ihren Rechtsgut-
achten in Kritik geraten; darin ermahnte die Behörde etwa ver-
lobte Paare und Frauen, öffentlich nicht Händchen zu halten
oder kein Augenbrauen-Shaping zu betreiben.

4) **Benachteiligung von Aleviten:** Im Jahr 2005 kam es zu
einer Änderung des Lehrplans für den Religionsunterricht, der
nun eine Berücksichtigung zeitgenössischer Wertorientierun-
gen, Menschenrechte und des alevitischen Islamverständnisses
vorsieht (Seufert 2012: 209). Dennoch befand EGMR am
9.10.2007, dass der Religionsunterricht in der Türkei zur sunnitisch-islamischen Glaubenspraxis anleite, damit Bekenntnis-
unterricht sei und so zu seinem offiziellen Titel „Religionskun-

de" im Widerspruch stehe. Der Religionsunterricht informiere erst im 9. Jahrgang über das Alevitentum und lasse zudem Pluralismus und Objektivität vermissen. Trotz der Mahnung der EGMR, Religionsunterricht dürfe den Überzeugungen der Eltern nicht widersprechen, hält die AKP-Regierung bisher an dem Pflichtkonzept fest. Alevitische Verbände üben Kritik an dieser Praxis und fordern, dass ihre Versammlungshäuser *(cemevi)* offiziell als Gebets- und Kulthäuser anerkannt werden wie Moscheen, Kirchen und Synagogen. Dieser Forderung ist die Regierung bisher nicht entgegengekommen.

Neben diesen Entwicklungen, die hier als Entsäkularisierung beschrieben wurden, hat es auch moderate Verbesserungen für christliche Gemeindestiftungen gegeben, die einen Teil ihrer seit 1930ern konfiszierten Immobilien zurückerhalten haben oder nach heutigem Wert entschädigt wurden.

Festzuhalten ist: Die Verfestigung islamisch-konservativer Wertvorstellungen in Gesellschaft, Staat und unter türkischen Wirtschafts- und Machteliten ist unverkennbar. Die Entsäkularisierung, die bereits in den 1950er-Jahren einsetzte, intensivierte sich ab 2002 in einer Vielzahl von Gesetzen, Maßnahmen und Diskursen. Einige von ihnen wurden oben thematisiert.

9.5 Präsidium für religiöse Angelegenheiten

Das 1924 gegründete *Präsidium für religiöse Angelegenheiten (Diyanet İşleri Başkanlığı)* ist dem Ministerpräsidenten unterstellt, der auch den *Amtsinhaber des Präsidiumspräsidenten* vorschlägt. Das Präsidium hat den Charakter einer Staatskirche, deren Aufgabe es ist, die Bevölkerung über religiöse Fragen aufzuklären, die Moscheen und seit 1971 auch die Korankurse zu verwalten. Sie folgt in all ihren Tätigkeiten dem hanefitisch-sunnitischen Verständnis des Islam. In Deutschland koordiniert die *Türkisch-Islamische Union der Anstalt für Religion e. V. (Diyanet İşleri Türk İslam Birliği, DİTİB)* als bundesweiter

Dachverband die religiösen, sozialen und kulturellen Tätigkeiten der angeschlossenen Moscheegemeinden. Sie untersteht der Leitung, Kontrolle und Aufsicht der *Diyanet* in der Türkei.

Die Verfassung von 1982 verpflichtet das Präsidium auf die Achtung des Laizismus und schreibt vor, mit seinen Aktivitäten und Diensten der nationalen Einheit zu dienen. Das aktuelle Parteiengesetz verbietet politischen Parteien, die Abschaffung von *Diyanet* oder die Änderung ihres Status zu fordern. Gleichwohl ist der Status und die Existenz von Diyanet nicht unumstritten. Der radikale Flügel der türkischen und kurdischen Linken, Gewerkschaften, Vertreter eines militanten Laizismus und alevitische Verbände fordern die Abschaffung des Präsidiums. Andere wenden ein, dass bei einer Abschaffung von *Diyanet* Muslime für religiöse Dienste wie Gebet, Bestattung etc. sich an Religionsgemeinschaften wenden müssten, was deren Einfluss wahrscheinlich massiv ausweiten würde.

Diyanet übernimmt Moscheen, die von Moscheebauvereinen hochgezogen werden, ernennt Vorbeter, Prediger und Gebetsrufer, arbeitet die Freitagspredigt aus und leitet sie allen Predigern weiter, betreibt die offiziellen Korankurse und gibt in Erklärungen und Gutachten Handlungsanleitungen für den Alltag. Das Präsidum wird von einem auf „akademischem Niveau kundigen Präsidenten geleitet", ist gegenüber dem Ministerpräsident weisungsgebunden und wird von einem Staatsminister kontrolliert (Seufert 2012a: 212).

Die Kontroverse um *Diyanet* zeigt, dass auch nach 200 Jahren Modernisierung die Spannung zwischen Laizismus und Islam, Demokratie und Religiösität noch nicht überwunden ist. Aus der gegenwärtigen Krisensituation ergibt sich jedoch auch die Chance, das „republikanische Laizismusmodell" zu revidieren, ohne dessen normativen Kern – Freiheit, Gleichheit und Brüderlichkeit – aufzugeben. Zur Überwindung der Spannung zwischen Religion und Politik könnte ein liberal-pluralistisches Laizismusmodell beitragen, das die moralische Gleichheit aller Bürger achtet, Gewissensfreiheit ernst nimmt und auf möglichst friedliche Beziehungen zwischen Anhängern von Religionen, Konfessionen und Weltanschauungen zielt.

Tabelle 14: Präsidium für religiöse Angelegenheiten in Zahlen

	2004	2014
Personal	71.693	119.743
Personal (nach Bildung):		
Diplom		8.979 (7,5%)
Diplom (Religion)		17.813 (14,9%)
Vordiplom (Religion)		54.118 (45,2%)
İmam-Hatip-Gymnasien		26.601 (22,2%)
Moscheen (gesamt)	77.151	86.101
Istanbul		3.269
Konya		3.115
Ankara		2.955
Samsun		2.674
Kastamonu		2.601
Korankurse		15.457
i. Besitz v. Diyanet Vakfı		2.241
Pilgerfahrt		
Hac		55.977
Umre		399.621
Haushalt		5,7 Mrd. Türkische Lira (2013: 4,6 Mrd.)

Quelle: „http://www.diyanet.gov.tr/tr/kategori/istatistikler/136" (Zugriff: 28.3.2016)

10. Die Wirtschaft

10.1 Von der Agrar- zur Industriegesellschaft

Wirtschaftliches Wachstum in der Türkei im modernen Sinne lässt sich ab dem 19. Jahrhundert beobachten. In den zurückliegenden 200 Jahren lag die Wirtschaftsentwicklung der Türkei nah am, jedoch nie über dem Weltdurchschnitt. Auch wenn sie bereits vorher angestiegen war, beschleunigte sich die Wirtschaftsentwicklung erst nach dem Zweiten Weltkrieg. Die Kaufkraft der Durchschnittseinkommen wuchs im Vergleich zu den zurückliegenden 200 Jahren um das Vierzehnfache. Während 1820 das Pro-Kopf-Einkommen in den Gebieten der heutigen Türkei bei 55 Prozent des Westeuropa- und USA-Durchschnitts lag, ging es im Jahr 1913 auf 29 Prozent zurück, erreichte 1980 nur 31 Prozent und betrug im Jahr 2010 immerhin 42 Prozent des Westeuropa- und USA-Durchschnitts (Pamuk 2014: 340 f.). Die Wirtschaftsgeschichte der modernen Türkei lässt sich grob in vier Phasen einteilen.

1820-1913: In dieser Phase basierte die Wirtschaftsentwicklung auf Landwirtschaft und die Wirtschaftspolitik orientierte sich weitestgehend am freien Handel. Der Außenhandel bestand primär aus dem Export von Agrarprodukten (Tabak, Nüsse, Obst, Baumwolle u. a.) und dem Import von Fertigwaren und Industriegütern. Der osmanische Staat war aufgrund seiner politischen und militärischen Schwäche nicht imstande, zum Schutz der inländischen Manufakturen hohe Zölle durchzusetzen.

1913-1950: Wenngleich das Land in diesem Zeitraum weiterhin primär landwirtschaftlich geprägt blieb, basierte die Wirtschaftsentwicklung zunehmend auf Industrialisierung unter der Führung des Staatssektors. Die jungtürkische Regierung distanzierte sich vom *freien Handel* und orientierte sich in ihrer Wirtschaftspolitik an einer Listschen Nationalökonomie. Die neuen Staatseliten der Republik Türkei setzten diese Wirtschaftspolitik nach einer kurzen Unterbrechung zwischen 1922 und 1929 in groben Zügen fort.

1950-1980: Nach der Eingliederung in das westliche Bündnissystem und dem Übergang zum Mehrparteiensystem wird nach einer kurzen liberalen Phase die importsubstituierende Wirtschaftspolitik – diesmal unter Führung des privaten Sektors – fortgeführt.

1980-2016: Bereits vor dem Militärputsch vom 12. September 1980 wurde mit den wirtschaftspolitischen Beschlüssen von 24. Januar 1980 die Öffnung der Wirtschaft gegenüber der Globalisierung, d. h. eine umfassendere Weltmarkintegration und Orientierung an neoliberalen Grundsätzen, eingeleitet.

Im Gegensatz zur Zeit der Republikgründung (1923) ist die Türkei heute eine Dienstleistungs- und Industriegesellschaft. 2006 lagen die Anteile des Industrie- und des Dienstleistungssektors bei 24,6 bzw. 66,6 Prozent.

10.2 Wirtschaftsentwicklung bis 1950

Im 19. Jahrhundert wurde die Wirtschaft des Osmanischen Reiches von den europäischen Großmächten dominiert. In der internationalen Arbeitsteilung wurde dem Land die Rolle des Exporteurs von Agrarerzeugnissen zugewiesen. Das Reich schloss Handelsverträge zuerst mit England und später mit anderen europäischen Staaten wie etwa Frankreich ab, die die Zölle für Einfuhr in das Osmanische Reich reduzierten und die europäischen Kaufleute begünstigten. Der überschuldete Staat musste 1879 *(Muhârrem-Dekret)* schließlich Teile seiner Einnahmequellen der Internationalen Schuldenverwaltung *(Düyun-u Umumiye)* überlassen. Durch die Internationale Schuldenverwaltung, die in erster Linie die Interessen der ausländischen Gläubiger vertrat, verfestigte sich die politische Abhängigkeit gegenüber den europäischen Mächten und dies engte den wirtschaftspolitischen Handlungsspielraum des Staates ein.

Vor dem Hintergrund solcher Erfahrungen verfolgten die Jungtürken *(Komitee für Einheit und Fortschritt)*, die 1913 die Staatsmacht an sich rissen, und später die Gründer der Republik Türkei zwei zentrale wirtschaftspolitische Ziele: wirtschaftliche Unabhängigkeit und eine nachhaltige Wirtschaftsentwicklung
(vgl. Keyder 2013: 57 ff., Pamuk 2014: 122 ff.).

Tabelle 15: Pro-Kopf-Einkommen in der Türkei und in der Welt

	Pro-Kopf Einkommen		
	1913	1950	Anstieg in %
Westeuropa	3460	4570	0,8
USA	5300	9550	1,6
Entwickelte Länder	3960	6250	1,2
Osteuropa (außer UdSSR)	1700	2100	0,6
UdSSR	1500	2850	1,7
Japan	1400	1920	0,9
Asien	700	720	0,1
Afrika	640	890	0,9
Südamerika	1500	2500	1,4
Entwicklungsländer	720	850	0,5
Welt	1500	2100	0,9
Türkei	1150	1600	0,8

Note: Berechnungsgrundlage für die Pro-Kopf-Einkommen ist der US-Dollar aus
dem Jahr 1990, an die Kaufkraftparität angepasst.

Quelle: Pamuk 2014: 210

Beim *Alltürkischen Wirtschaftskongress* 1923 – nach dem erfolg-
reichen Unabhängigkeitskrieg gegen Griechenland und Armenien, jedoch vor dem Abschluss des Lausanner Friedensver-
trags – einigten sich Bürokraten, Unternehmer und Händler
auf eine Wirtschaftspolitik, die die Herausbildung einer nationalen Bourgeoisie (Privatunternehmertum) forcierte. Der Staat
übernahm wirtschaftliche Aufgaben, zu denen das türkische
Unternehmertum nicht in der Lage war. Dementsprechend
wurden die Monopole für Tabak, Salz, Alkohol und Zucker, die
zuvor die Internationale Schuldenverwaltung innehatte, dem

Staat übertragen (vgl. Varlı/Koraltürk 2010, Pamuk 2014: 180 ff.).

Von 1923 bis 1929 erholte das Land sich von den Schäden des Ersten Weltkrieges und entfaltete eine beachtliche Wirtschaftsdynamik. In dieser Zeit wuchs das Pro-Kopf-Einkommen (mit Fixpreisen) jährlich um 8,4 Prozent. 1929 wurde erstmals das Pro-Kopf-Einkommensniveau von 1913 überschritten (Pamuk 2014: 193). Allerdings geriet die türkische Wirtschaft aufgrund der Weltwirtschaftskrise (1929) in eine Rezession und die Regierung sah sich zu einer Anpassung ihrer Wirtschaftspolitik gezwungen. Angesichts des Ansehensverlustes des Wirtschaftsliberalismus und beeindruckt von den sowjetischen ‚Erfolgen' auf dem Gebiet der Industrialisierung entschieden sich die türkischen Staatseliten für einen Etatismus, der 1937 in die Verfassung aufgenommen wurde. In diesem Wirtschaftsmodell übernahm der Staatssektor die Führung, während Privatunternehmer als Händler und Produzenten einfacher Konsumgüter (Textilien und Nahrungsmittel) ihren Platz im Wirtschaftskreislauf einnahmen (Pamuk 2014: 185 ff.).

In den 1930ern wurde die erste große Industrialisierungswelle eingeleitet mit dem Ziel, die Versorgung mit bestimmten Grundgüter (Zucker, Mehl und Leinen) durch die nationale Industrie zu gewährleisten. Die Weltwirtschaftskrise kam dem verarbeitenden Gewerbe zupass. Zwischen 1929 und 1939 betrug der Anstieg des Pro-Kopf-Einkommens jährlich 3,5 Prozent, von 1930 bis 1938 erzielte der türkische Außenhandel sogar Leistungsbilanzüberschüsse. Zwischen 1929 und 1934 wuchsen Staatseinnahmen um 40 Prozent, deren Anteil am Bruttoinlandsprodukt vom 10,8 auf 18 Prozent anstieg. Dies hatte allerdings zur Folge, dass die Bürokratie einen großen Teil der Wertschöpfung und Produktion kontrollierte und mit der Industriebourgeoisie verschmolz: Im Aufsichtsrat der staatlichen İŞ-Bank saßen hohe Bürokraten und Abgeordnete und an 74,2 Prozent der Unternehmen, die zwischen 1931 und 1940 gegründet wurden, waren hochrangige Bürokraten beteiligt.

Auch Grundstück-Spekulationen wurden nun von politischer Seite finanziell begünstigt (Keyder 1989: 136). Unternehmer unterhielten gute Beziehungen zu Politikern und Bürokraten und profitierten finanziell von ihnen, während Industriearbeiter durch das Streikverbot (1936) und die Nichtzulassung von Gewerkschaften (1938) benachteiligt wurden (Schuß 2012: 332).

Charakteristisch für die 1930er Jahre war der Etatismus, eine Wirtschaftsordnung, die sich in einen Staats- und einen Privatsektor aufspaltete. Der Staat gab die Ziele vor und wurde in strategisch wichtigen und kapitalintensiven Bereichen tätig wie beispielsweise beim Ausbau der Infrastruktur, dem Bau von Eisenbahnlinien, dem Aufbau einer staatlichen Schwerindustrie sowie der Gründung staatlicher Banken (Sümer-Bank im Jahr 1933 und Eti-Bank im Jahr 1935). Weitere Komponenten des türkischen Etatismus waren neben einer staatlichen Lenkung der Wirtschaft durch Fünf-Jahres-Pläne auch Preiskontrollen und ein protektionistisches Außenhandelsregime.

10.3 Wachstum durch Importsubstitution

Nach dem Zweiten Weltkrieg fand der Versuch einer vorsichtigen Öffnung statt. 1950 kam die *Demokratische Partei* (DP) an die Macht, die die Interessen der bisher vernachlässigten Landbevölkerung und der Privatunternehmer vertrat. Zu den Eckpunkten der Wirtschaftspolitik der DP-Regierung gehörten die verstärkte Förderung der Landwirtschaft und die Liberalisierung des Außenhandels, um durch Agrarprodukte die Wirtschaft anzukurbeln. Ein Großteil des Imports bestand aus Traktoren und Landwirtschaftsmaschinen. Neben der Modernisierung der Landwirtschaft wurde in dieser Zeit auch der Anschluss der Dörfer an das Straßennetzwerk sowie der Ausbau der Wasserversorgung vorangetrieben (Zürcher 2004: 221).

Wenngleich diese Wirtschaftspolitik in den ersten Jahren erfolgreich war, stieß sie später an ihre Grenzen. Hohe Importe

führten zu einem hohen Handelsbilanzdefizit und zu Devisen-
mangel, sodass der Liberalisierungsgrad des Außenhandels wieder zurückgefahren und erneut Importrestriktionen eingeführt
wurden. Die steigende Inflation ging mit realen Einkommens-
einbußen für Bürokraten und Militärs einher, die Verschlechte-
rung ihrer Lebenslage verstärkte deren Unzufriedenheit. Die
darauf folgenden politischen Spannungen mündeten in den
Militärputsch vom 27. Mai 1960 (ebd.: 239 ff.).

Tabelle 16: Zentrale soziale und wirtschaftliche Indikatoren, 1913-1950

	1913	1950
Gesamtbevölkerung (in Mio.)	16	20,8
Urbanisierung in Prozent (ab 10.000 Einwohner)	26	24
Lebenserwartung	32/33	44 (w 46, m 42)
Alphabetisierung (%)	10	33 (w 19, m 46)
Durchschnitt Schulzeit (in Jahren)	1,7	3,9
Anteil Landwirtschaft an der Gesamtarbeitskraft (%)	75-80	75-80
Anteil Landwirtschaft am BIP	50	42
Export/BIP (%)	11	7,6
Import/BIP (%)	14	8,3
Investitionen/BIP (%)	9	11

Quelle: Pamuk 2014: 217

Zwischen 1960 und 1980 wurde eine Importsubstitutionspolitik betrieben, in deren Rahmen die inländische Produktion
durch Zölle und Importquoten geschützt und subventioniert
wurde. Dies bewirkte eine beachtliche Expansion sowohl der
staatlichen als auch der privaten Industrie. Während in den
1960ern die primäre Importsubstitutionspolitik sich auf die
Produktion von Konsumgütern konzentrierte, ging es bei der
sekundären Importsubstitutionspolitik der 1970er Jahre um
den Versuch, auch industrielle Vorprodukte und Kapitalgüter
wie Maschinen selbst zu produzieren. Neben Großunternehmer waren es auch die Arbeiter, die von dieser Wirtschaftspoli-

tik profitierten; Letztere setzten u. a. aufgrund ihres gewerkschaftlichen Organisationsgrades erhebliche Reallohnsteige-
rungen durch. Landwirten kamen hohe staatliche Stützpreise
für ihre Produkte und niedrige Preise z. B. von Treibstoff und
Dünger zugute. Durch Vergünstigungen für Bauern und Subventionen wurde die inländische Nachfrage zusätzlich gestärkt
(Schuß 2012: 334). „Im Zuge der Importsubstitutionspolitik
der 1960er und 1970er Jahre wuchs die türkische Industrie
zwar, sie konzentrierte sich aber auf den türkischen Markt und
nicht auf den Export. Die Struktur der Importe änderte sich jedoch, da weniger Konsumgüter und mehr Kapitalgüter, Vorprodukte und Rohstoffe importiert wurden." (Schuß 2012:
357)

Die Importsubstitutionspolitik war jedoch aufgrund der damit verbundenen Ineffizienzen und Engpässe langfristig nicht
durchzuhalten. 1979/1980 wurden das Leistungsbilanzdefizit
und die Devisenknappheit immer größer, sodass die für die
Produktion notwendigen Güter (Erdöl und Zwischenproduk-
te) kaum mehr importiert werden konnten. Parallel zur Wirtschaftskrise stiegen die gewalttätigen Auseinandersetzungen
zwischen linken und rechten Gruppierungen. Landesweit
herrschten bürgerkriegsähnliche Zustände, denen mit dem Militärputsch vom 12. September 1980 ein Ende bereitet wurde.

10.4 Exportorientierte Wirtschaftspolitik

Der Militärputsch bewirkte eine Änderung in der Konstellati-
on der Interessengruppen: Arbeiter (Gewerkschaften wurden
verboten), Landwirte und Bürokraten verloren an Durchset-
zungsfähigkeit, die Wirtschaftspolitik der Regierung wurde
stärker durch die Interessen der türkischen Großunternehmer
bestimmt, die eingesehen hatten, dass ein nachhaltiges Wachstum gestützt auf den Binnenmarkt (Importsubstitutionspolitik) nicht mehr möglich war. Immer mehr (Groß-)Unterneh-
mer sahen ihre Chance im Export, der von der Regierung mas-

siv gefördert wurde. Forciert wurde die neue Wirtschaftspolitik zudem durch die Abwertung der türkischen Lira, Steuervergünstigungen für die exportorientierten Firmen sowie Subventionen und Erleichterungen beim Import von Inputgüter (Rohstoffe, Vorprodukte etc.), was zu einem massiven Anstieg des Exports und des Handelsvolumens führte. Währenddessen mussten Arbeiter Reallohnverluste und höhere Steuern hinnehmen (Pamuk 2014: 263 ff., Zürcher 2004: 306 ff.).

Trotz beachtlicher Wachstumsraten blieb das Inflationsproblem bestehen und stieg nach Rückgang in der ersten Hälfte der 1980er Jahre in den späten 1980ern erneut an. Verantwortlich hierfür war primär der Wirtschaftspopulismus der AnaP-Regierung unter Turgut Özal, der stärker auf eine expansive Geldpolitik setzte. Die Regierung „versuchte, über eine Steigerung der Geldmenge die Zinsen zu senken und die Wirtschaft anzukurbeln. In diesem noch nicht restlos stabilisierten Umfeld wurde 1989 der Kapitalmarkt vollständig liberalisiert" (Schuß 2012: 336). Es folgte eine Ära zyklischer Wirtschaftskrisen: 1993 kam es zu einem steigenden Kreditbedarf der öffentlichen Hand (über zwölf Prozent der BSP) und zu einer steigenden Inflation. Die überteuerte Währung hemmte die Exporte und begünstigte Importe, was auf eine instabile makroökonomische Situation hindeutete. Privatisierungspläne konnten trotz eines entsprechenden Gesetzes im Jahr 1994 nicht realisiert werden. Die Zuspitzung der Situation löste eine Vertrauenskrise unter den ausländischen Anlegern aus, welche ihr kurzfristiges Kapital abzogen, wodurch es zu einer Zahlungsbilanzkrise kam. Die Abwertung der türkischen Lira führte wiederum zu einer realen Wirtschaftskrise, woraufhin mit der IWF ein Stabilisierungsprogramm vereinbart wurde. „Mit der Exportförderungspolitik nach 1980 begann sich die Struktur des türkischen Außenhandels grundsätzlich zu ändern. Nicht nur nahm das Handelsvolumen kontinuierlich zu, sondern es stieg auch der Anteil der Industriegüter am Export von 48,8 % in 1981 auf 79,9 % in 1989." (Schuß 2012: 358)

In den Jahren zwischen 1995 und 1997 erholte sich die Wirtschaft von der Krise, es wurden Wachstumsraten von sieben bis acht Prozent erreicht. Gleichwohl stieg die Neuverschuldung des Staates und damit auch die Inflation wieder an. 1999 startete die Koalitionsregierung von Bülent Ecevit ein ehrgeiziges Antiinflationsprogramm. Allerdings ging im Jahr 2000 die Inflationsrate langsamer als erwartet zurück und die Überbewertung der türkischen Währung fiel viel stärker aus als geplant, was erneut zur Verteuerung der Exporte und zur Verbilligung der Importe führte. Die Folge war eine weitere Vergrößerung des Handels- und Leistungsbilanzdefizits. Negativ auf diese Situation wirkten sich zudem die politischen Kontroversen über Privatisierungen und Unregelmäßigkeiten im Bankensystem aus. An Privatisierung waren türkische Privatunternehmer nicht immer interessiert, weil sie von Staatsunternehmen Vorprodukte zu günstigen, subventionierten Preisen bezogen. Im Jahr 2000 geriet das Vertrauen der ausländischen Anleger ins Wanken, im November 2000 kam es zum Abzug des kurzfristigen Kapitals in hohem Umfang, die Regierung konnte die Lage mit Kreditzusagen des IWF stabilisieren. Als 2001 ein Konflikt zwischen Ministerpräsident Ecevit und Staatspräsident Ahmet Necdet Sezer ausbrach, erschütterte dies das Vertrauen der Anleger in die Handlungsfähigkeit und Problemlösungskapazität der Regierung. Die politische Krise in der Staatsführung löste eine Finanz- und Wirtschaftskrise aus (Pamuk 2014: 283).

Eine wichtige Ursache für das Leistungsbilanzdefizit lag im Banksektor. Aufgrund der schwachen Bankenaufsicht in den 1990ern – der Staat garantierte ab 1994 die Sicherheit der Bankeneinlagen – sahen sich viele Anleger zu einem risikoreichen Verhalten ermutigt. Private Banken waren in „diversifizierten Holdingsgesellschaften eingebunden", die sich in verschiedenen Branchen betätigten, sodass sie um eine effektive Risikostreuung kaum bemüht waren. Ein weiteres Problem war die Unterkapitalisierung der Banken, die aufgrund mangelnder

Kontrolle ihre Risikopositionen leicht verbergen konnten (Schuß 2012: 343).

Tief greifende strukturelle Reformen, die vom Superwirtschaftsminister Kemal Derviş umgesetzt wurden, halfen der türkischen Wirtschaft aus der Krise. Hierzu gehörten ein Stabilisierungsprogramm, die Regulierung der Märkte, der Banken und des Finanzsystems sowie die Errichtung einer Banken- (BDDK) und Energiemarktaufsichtsbehörde (EPDK). Politische Stabilität, marktfreundliche und inklusive Wirtschaftspolitik unter der AKP-Regierung sowie Fortschritte in den Beitrittsverhandlungen mit der EU ließen das Vertrauen in die türkische Wirtschaft und Politik weiter ansteigen und trugen zur Zunahme ausländischer Direktinvestitionen bei. Die exportorientierte türkische Wirtschaft profitierte auch von der Erschließung neuer Absatzmärkte etwa in Afrika und dem Ausbau des Exports in die Absatzmärkte im Nahen und Mittleren Osten.

Aufgrund der starken Wirtschaftsdynamik seit 2003 und des niedrigeren Zinsniveaus ist der Anteil staatlicher Zinszahlungen am BIP von 25,4 Prozent im Jahr 1999 auf 9,6 Prozent im Jahr 2005 zurückgegangen. Die Steuereinnahmen stiegen – auch aufgrund hoher indirekter Steuern – und das Staatsdefizit ging deutlich zurück, wodurch sich der wirtschaftspolitische Spielraum der Regierung deutlich erweiterte (Schuß 2012: 341). Die Stärkung der Unabhängigkeit der Zentralbank trug zudem zur Senkung der Inflation bei: Die Inflationsrate ging vom 23,3 Prozent im Jahre 2003 auf 7,5 Prozent im Jahr 2010 zurück. Damit verschwand das Problem der Währungssubstitution, die in den 1990ern eine in der Bevölkerung weit verbreite Praxis war.

10.5 Die türkische Wirtschaft heute

Die Türkei rangiert in der G 20 – *Gruppe der 20 wichtigsten Industrie- und Schwellenländer* auf Platz 17, 2015 betrug ihr Anteil am kaufkraftbereinigten globalen Bruttoinlandsprodukt (BIP)

1,4 Prozent. Die türkische Wirtschaft ist hinsichtlich ihres Aufbaus, der Verdichtung und zunehmenden Bedeutung ihrer Vernetzung in die Weltwirtschaft stark eingebunden. Ein zentraler Indikator für die Weltmarktintegration ist das Handelsvolumen, das im Jahr 2014 knapp 400 Milliarden US-Dollar betrug. Somit lag die Außenhandelsquote bei 49 Prozent des BIP, die Exportquote bei 19,6 Prozent. Dem Export im Umfang von 157 Milliarden US-Dollar steht ein Import von 242 Milliarden US-Dollar entgegen, woraus sich ein Handelsbilanzdefizit in Höhe von 84,560 Milliarden US-Dollar und eine Deckungsrate des Imports durch den Export von 65,1 Prozent ergeben.

Tabelle 17: Gesamtgesellschaftliche und wirtschaftliche Eckdaten

	1980	2010
Gesamtbevölkerung (in Mio.)	44,7	73
Urbanisierung in Prozent (Städte ab 10.000 Einwohner)	44 %	75 %
Lebenserwartung (w/m)	57 (59/55)	74 (76/72)
Alphabetisierung (w/m)	68 (55/80)	94 (89/98)
Durchschnittliche Schulbildung (in Jahren)	2,9	6,5
Anteil der Landwirtschaft a. d. Gesamtbeschäftigung	50 %	25 %
Anteil der Landwirtschaft am BIP	25 %	9 %
Anteil der Industrie am BIP	17 %	16 %
Export / BIP	4 %	16 %
Import/BIP	11 %	26 %
Investitionen / BIP	22 %	22 %
Öffentliche Einnahmen / BIP	13 %	23 %

Quelle: Pamuk 2014, 305

Ein weiteres Indiz für die Weltmarktintegration der türkischen Wirtschaft waren die steigenden ausländischen Direktinvestitionen, die in den Jahren 2011 bis 2013 16,1, 13,2 und 12,8 Milliarden US-Dollar betrugen. Hinzu kommt eine steigende Anzahl an Touristen als ein weiteres wichtiges Element der Einbindung in die Weltwirtschaft. 2014 betrug die Gesamtzahl der in die Türkei Einreisenden 41,4 Millionen Menschen, womit die Türkei weltweit auf Platz 6, europaweit auf Platz 4 rangiert.

Die meisten kamen aus Deutschland (5,3 Millionen), der Russischen Föderation (4,4 Millionen) und England (2,6 Millionen). Die Türkei erwirtschaftete aus Tourismus 34,3 Milliarden US-Dollar. Allerdings gab es im Jahr 2016 aufgrund politischer Instabilität des Landes (Terroranschläge, Putschversuch, Ausnahmezustand) und russischer Wirtschaftssanktionen Umsatzeinbrüche in dieser Branche zu verzeichnen.

Bis vor wenigen Jahren galt die Türkei als eines der wirtschaftlich erfolgreichsten Transformationsländer. In der Amtszeit des Premiers Recep Tayyip Erdoğan erzielte die türkische Wirtschaft zwischen 2002 und 2011 eine durchschnittliche Wachstumsrate von 5,5 Prozent, das Bruttoinlandsprodukt (BIP) kletterte von 232,5 Milliarden US-Dollar im Jahr 2002 auf 821,9 Milliarden im Jahr 2013. Das BIP pro Kopf verdreifachte sich von etwas über 3.000 US-Dollar auf über 10.000 US-Dollar. Durch diese Dynamik sank auch der Anteil der Staatsschulden von 90 Prozent des BIP im Jahr 2001 auf unter 40 Prozent im Jahr 2010.

Den Grundstein dafür hatte der Ökonom und einstige Weltbank-Vizepräsident Kemal Derviş gelegt. Er war 2001 als Superwirtschaftsminister der linksnationalen Regierung unter Bülent Ecevit mit weitreichenden Kompetenzen zur Bewältigung der bis dato heftigsten Wirtschaftskrise ausgestattet worden. Die nutzte er für Umschuldungen, Strukturreformen und das konsequente Aufräumen des kriselnden Bankensektors. Doch wegen der noch massiv spürbaren Folgen der Krise konnte Erdoğans AKP 2002 die Macht erringen. Sie hielt sich fortan diszipliniert an das von Derviş initiierte Reformprogramm. Zum einsetzenden Aufschwung trug auch der Zuwachs ausländischer Direktinvestitionen bei, die sich ab 2005 vervierfachten. Export und Import stiegen ebenso, die türkische Wirtschaft integrierte sich immer stärker in den Weltmarkt.

Dies ging mit einem schichtübergreifenden Wohlstandsgewinn einher: Arbeitslosigkeit, Armut und soziale Ungleichheit gingen zurück, Sozialleistungen und die Gesundheitsversorgung verbesserten sich deutlich, die urbanen Infrastrukturen und das Straßen- und Schienenverkehrsnetz wurden massiv ausgebaut. Mit ihrer Politik des günstigen Geldes befeuerte die türkische Zentralbank zusätzlich einen Immobilienboom, der den Wohlstand der Bevölkerung weiter wachsen ließ.

Gleichwohl konnten zentrale strukturelle Problemfelder der türkischen Wirtschaft trotz der enormen Wirtschaftsdynamik nicht überwunden werden. Nach wie vor gibt es ein hohes Leistungsbilanzdefizit, hohe Arbeitslosigkeit, eine geringe Erwerbsquote insbesondere von Frauen und ein kostspieliges Sozialsicherungssystem, dazu sind Armut in der Ost- und Südosttürkei und geringe Investitionen in Forschung und Entwicklung zu beklagen. Zusätzlich hat sich das Wirtschaftswachstum seit 2012 verlangsamt, das BIP wuchs zwischen 2012 und 2015 nur noch um durchschnittlich 3,3 Prozent, für 2016 werden 3,5 Prozent vorausgesagt. Zudem steckt die Türkei seit dem Wachstumseinbruch (2009) aufgrund der europäischen Finanz- und Wirtschaftskrise (2008/09) in einer *middle-income trap*: Der wirtschaftliche Aufholprozess kommt nicht mehr richtig voran, die Türkei verbleibt in der Gruppe der Länder mit mittlerem Einkommensniveau. Das BIP pro Kopf stagniert seit 2008 bei etwa 10.000 US-Dollar, nachdem es sich von 2001 bis 2008 verdreifacht hatte.

Zu wenige hochproduktive Jobs, niedrige Zinsen und starke Konsumneigung führen zu einer im internationalen Vergleich deutlich niedrigen Sparrate von 12,6 Prozent des BIP, in China zum Beispiel beträgt sie 40 Prozent. Dies wiederum erschwert eine eigenständige Finanzierung des hohen Leistungsbilanzdefizits, zu dessen Ausgleich die Türkei stark von ausländischen Kapitalzuflüssen abhängig ist. Verantwortlich hierfür ist auch die Abwertung der türkischen Währung seit Anfang 2015 um 30 Prozent, was die Inflation geschürt, den Export jedoch gefördert hat. Die Ausfuhren stiegen um vier Prozent auf 158

Milliarden Dollar, die Einfuhren gingen um 3,7 Prozent auf 242 Milliarden zurück.

Um die Wirtschaftsdynamik wieder zu beleben, hat die AKP-Regierung von Ahmet Davutoğlu April 2015 ein Ausgabenprogramm in Höhe von 7,5 Millionen Türkische Lira verabschiedet; davon vier Millionen für eine Erhöhung der Altersrente und 3,5 Millionen für zusätzliche Industrie- und Investitionsförderungen.[15] Darüber hinaus hatte die Regierung eine Reformagenda angekündigt, die u. a. flexiblere Arbeitsmärkte, ein effizienteres Steuersystem sowie weitere Anreize für Investitionen vorsieht. Erdoğan und seine engsten Berater waren und sind dagegen für eine monetäre Lockerung, um die Binnennachfrage zusätzlich zu stimulieren. Aufgrund der 30-prozentigen Erhöhung des Mindestlohns blieb die Binnennachfrage auch 2016 der Hauptwachstumsmotor.

Die Wirtschaftsdynamik hat aus mehreren Gründen nachgelassen, allen voran aufgrund der geopolitischen Turbulenzen. Das Land kompensierte Exporteinbußen im Zuge der europäischen Finanz- und Wirtschaftskrise durch die Erschließung neuer Absatzmärkte in Nahost und Afrika. Deren Potenziale aber konnte die Türkei wegen des Krieges in Syrien, des Erstarkens des „Islamischen Staates" in Nordirak und Nordsyrien und der diplomatischen Abkühlung mit Ägypten und Irak nicht ausschöpfen. Zusätzlich belasteten Wirtschaftssanktionen Russlands den Export, zusammen mit der Furcht vor neuen Anschlägen haben sie auch den türkischen Tourismus arg in die Bredouille gebracht. Sieben Prozent der Erwerbsbevölkerung arbeiten im Tourismus, der vier Prozent des BIP erwirtschaftet. Experten prognostizierten Einnahmeverluste in Höhe von zwölf Milliarden US-Dollar, der Buchungsstand für die Hochsaison im Sommer 2016 lag bereits 40 Prozent unter dem Vorjahreswert.

Zudem ist die Türkei mit den Gezi-Park-Protesten und dem Korruptionsskandal Dezember 2013 in eine Phase politischer Instabilität geraten. Zusammen mit der fortwährenden Wahl-

kampfatmosphäre und der Eskalation des Kurdenkonflikts
sorgt das für alles andere als ein günstiges Geschäftsklima. In-
und ausländische Investoren schrecken wegen der abgekühlten
Konjunktur, des Mangels an Vertrauen in Schlüsselinstitutio-
nen und der als politisch gelenkt wahrgenommenen Justiz zurück. Weit verbreitet ist der Eindruck, dass politisch linientreue
Unternehmen etwa bei Vergabe von Staatsaufträgen eine Vor-
zugsbehandlung erhalten. Genährt wird das durch Klagen der
Staatsanwaltschaft gegen manche Manager von regierungskritischen Konzernen und Medien wie der Doğan-Gruppe. Der ge-
scheiterte Putschversuch vom 15. Juli 2016 und der folgende
repressive Kurs haben das Vertrauen in die türkische Wirtschaft
zusätzlich geschwächt. Die Kreditwürdigkeit der Türkei wurde
heruntergestuft und es gibt Anzeichen für einen Brain Drain.
Vor diesem Hintergrund erscheint Erdoğans Zielvorgabe, bis
2023 mit einem BIP von 2.000 Milliarden weltweit zu den
zehn größten Wirtschaftsländern zu gehören, immer unrealisti-
scher. Zum Ende des Jahres 2016 verdichteten sich Anzeichen
für eine Wirtschaftskrise: Im dritten Quartal gingen das Wirtschaftswachstum gegenüber dem Vorjahr um 1,8 Prozent, der
Export um sieben Prozent und die Konsumausgaben um
3,2 Prozent zurück, während der Import um 4,2 Prozent und
die Arbeitslosigkeit um ein Prozent anstiegen. Die Abwertung
der türkischen Währung gegenüber dem US-Dollar und Euro
setzte sich fort und betrug zum Jahresabschluss 3,5 bzw. 3,6
(Stand 17.12.2016).

Aufgrund des von Erdoğan verfolgten Ziels der Einführung
eines Präsidialsystems und der durch den Putschversuch ausge-
lösten Turbulenzen konnte die Regierung die nötigen Kapazitäten für neue Wachstumsansätze und strukturelle Reformen
nicht aufbringen. Vonnöten wären Maßnahmen, die das Vertrauen in die Institutionen stärken. Die Türkei braucht ein neues Modell, das neben dem Tourismus- und Bausektor verstärkt
auf die Förderung privater Investitionen in der Industrie, die
Stimulierung organisatorisch-technologischer Innovationen,

die Steigerung der Arbeitsproduktivität sowie der Frauenerwerbsquote und die Schaffung hochproduktiver Erwerbsmöglichkeiten setzt. Erforderlich dafür wäre aber ein neuer Reformgeist statt Wirtschaftspopulismus.

Nach der SWOT-Analyse von *Germany Trade & Invest* verfügt die türkische Wirtschaft über eine Reihe von Stärken: Sie hat einen großen, dynamischen Markt, eine gegenüber neuen Produkten und Technologien aufgeschlossene junge Bevölkerung, nimmt geografisch und kulturell eine Mittlerposition zwischen Europa, Nahost und Zentralasien ein und kann auf eine gut entwickelte Industriebasis und eine motivierte Arbeiterschaft zurückgreifen. Hinzu kommen enorme Chancen: die Rolle der Türkei als Energiedrehscheibe, Kapazitäten in Fertigung hochwertiger Waren, massiver Ausbau der Verkehrsinfrastruktur, wachsender Binnenmarkt und hohes Interesse an erneuerbaren Energien und Energieeffizienz. Diesen stehen jedoch Schwächen gegenüber: eine zu geringe Sparrate, Schwächen in der Berufsausbildung, große innenpolitische Spannungen, eine schwerfällige Bürokratie und hohe Abhängigkeit von Energieträgern. Die Risiken, mit denen die türkische Wirtschaft konfrontiert ist, sind in erster Linie ihre Abhängigkeit von spekulativen Kapitaleinfuhren, drohende Energieengpässe, hohe Wechselkursvolatilität, Beeinträchtigungen durch lokale Konflikte und die Gefahr eines Einbruchs von Exportmärkten (Bağoğlu 2015).

11. Die Stellung der Türkei in der Welt

In der Amtszeit des Ministerpräsidenten Recep Tayyip Erdoğan (2003-2014) erfolgte eine Neuausrichtung der türkischen Außenpolitik. Die bisherige strikte West-, Status quo- und Sicherheitsorientierung ist einer multidimensionalen, proaktiven, die Zivilgesellschaft und Wirtschaftsinteressen stärker berücksichtigenden Außenpolitik gewichen. Damit endete eine Ära, die 1936 mit der Konvention von Montreux begann, welche die volle Souveränität der Türkei über ihre Meerengen Dardanellen und Bosporus sicherte. Sie markierte damit nicht nur einen wichtigen außenpolitischen Erfolg kurz vor dem Zweiten Weltkrieg, sondern auch den Beginn einer militärischen Annäherung an den Westen. Zuvor vermied Ankara militärische Bündnisse und betrieb eine Freundschaftspolitik gegenüber der Sowjetunion.

11.1 Türkische Außenpolitik – ein Rückblick

Anfang des 19. Jahrhunderts begann die Einbeziehung des *Osmanischen Reiches* in die europäische Politik und Diplomatie. Wenngleich sein Verhältnis zu den Großmächten – Großbritannien, Frankreich und später Deutschland – keineswegs dem Muster einer Beziehung zwischen Imperium und „Kolonie" entsprach, so war sie doch stark asymmetrisch ausgeprägt. Im späten 19. Jahrhundert waren Großbritannien und Frankreich, die bis zum Berliner Kongress (1878) das Osmanische Reich politisch wie militärisch protegiert hatten, am Weiterbestehen des Reiches in seinen aktuellen Grenzen nicht mehr interessiert. Aufgrund von Ohnmachtserfahrungen in diplomatischen Verhandlungen verstärkte sich im späten 19. Jahrhundert unter den osmanischen Staatseliten das Gefühl, „europäischen Machenschaften" ausgeliefert zu sein (Günay 2012: 93). Vor dem

Hintergrund „schmachvoller Erfahrungen spätosmanischer Staatsmänner im Rahmen der ‚Orientalischen Frage'" (ebd.) hatte eine unabhängige Außenpolitik für die Staatseliten der jungen *Republik Türkei* einen besonders hohen Stellenwert. Zentrales Prinzip der türkischen Außenpolitik ab 1923 unter dem Staatsgründer und Staatsoberhaupt Mustafa Kemal Atatürk war die *Unabhängigkeit*. Außenpolitische Neutralität und der Ausbau guter Beziehungen zu den Nachbarstaaten sowie eine Freundschaftspolitik gegenüber der Sowjetunion waren die zentralen Eckpunkte dieser „unabhängigen Außenpolitik". Bis zur Meerengen-Konvention von Montreux 1936 stand die türkische Außenpolitik unter relativem Einfluss der Sowjetunion (Adanır 1995: 51).

Die Außenpolitik der neuen Republik Türkei sieht eine bewusste „Abkehr vom osmanischen Imperialismus und seinen panislamischen und panturanischen Tendenzen vor". Zwar implizierte der Hauptgrundsatz von Mustafa Kemal Atatürk – „Frieden in der Heimat, Frieden in der Welt" nicht den totalen Verzicht auf territoriale Ansprüche, jedoch war die Staatsführung fest entschlossen, keinen Krieg dafür zu riskieren (vgl. Oran 2012a: 241 ff.). Entsprechend diesen Grundsätzen schloss die Türkei 1925 einen Neutralitätspakt mit der Sowjetunion ab. Dieser enthielt eine strikte Neutralitätsvereinbarung für beide Länder im Fall einer Verwicklung in einen Krieg und ein Übereinkommen, keinem Bündnis beizutreten, das gegen den anderen Partner gerichtet ist. Die Türkei schloss entsprechende Freundschafts- und Neutralitätsabkommen mit ihren Nachbarn auf dem Balkan ab: Albanien (1923), Bulgarien (1925), Griechenland (1930 [1934]), Jugoslawien und Rumänien (1933). 1934 vereinbarte sie einen Balkanpakt mit Rumänien, Griechenland und Jugoslawien, um die relativ schwachen Balkanländer stärker gegen etwaige Übergriffe der Großmächte zu sichern. Albanien und Bulgarien schlossen sich (Letzteres wegen seiner territorialen Aspirationen gegenüber Rumänien und Griechenland) dem Pakt nicht an (Önder 1977: 246).

1937 kam es zum Abschluss des Saadabad-Paktes der Türkei mit Irak, Iran und Afghanistan, welcher eine gegenseitige Grenzgarantie und Konsultationspflicht in Konfliktfällen vorsah. Darüber hinaus orientierte sich die Republik Türkei an der „friedenserhaltenden Status-quo-Politik der Westmächte und trat verschiedenen einschlägigen Abkommen bei: dem Briand-Kellog-Pakt (1928), dem Völkerbund (1932) und dem Londoner Abkommen (1933) (Önder 1977: 247). Richtungsweisend für die türkische Außen- und Sicherheitspolitik war Misstrauen gegenüber Italien – aufgrund dessen Überfalls auf das türkische Tripolis 1911/12 – und das Bedrohungsempfinden gegenüber den Mare-Nostrum-Plänen Mussolinis im Mittelmeer. Vor diesem Hintergrund bemühte sich Ankara, Großbritannien als Schutzmacht zu gewinnen. Die Notwendigkeit, sowjetische Belange mitzuberücksichtigen, erschwerte eine Annäherung an Großbritannien und an den Westen. Gleichwohl hinderten das Misstrauen gegenüber Italien und Deutschland sowie der Annäherungsversuch an Großbritannien die Türkei keineswegs daran, ihre Handelspolitik stark auf Deutschland auszurichten. Denn Deutschland war nicht nur bereit, für seine Industrieprodukte türkische Agrarerzeugnisse als Zahlungsmittel entgegenzunehmen, sondern bezahlte der Türkei auch Preise, die über dem Weltmarktniveau lagen. Dies entsprach der etatistisch ausgerichteten türkischen Wirtschaftspolitik, die wirtschaftliche Zusammenarbeit mit Deutschland wurde immer enger. 1939 wurden ca. 50 Prozent des türkischen Außenhandels mit Deutschland abgewickelt. In dieser Zeit waren die meisten ausländischen Techniker, Berater und Wissenschaftler aus Deutschland und übten einen großen Einfluss in der Türkei aus (Önder 1977: 247).

Eine Zäsur in der türkischen Außenpolitik ist die Meerengen-Konvention von Montreux 1936, mit der sich der Handlungsspielraum der türkischen Außenpolitik erweitert hat. Angesichts des herannahenden *Zweiten Weltkrieges* erteilte Mustafa Kemal Atatürk im Oktober 1938 der türkischen Diplomatie die Weisung, zum Zweck eines Bündnisvertrages mit den Westmächten zu verhandeln. Am 12. Mai 1939 erfolgte die anglo-türkische Deklaration und am 19. Oktober 1939 wurde ein britisch-französisch-türkischer Beistandspakt unterzeichnet (Uzgel/Kürkçüoğlu 2012: 275 f.). Um einer Verwicklung in den Zweiten Weltkrieg zu entgehen, folgten zwei Nichtangriffspakte mit Bulgarien (17. Februar 1941) und Deutschland (18. Juni 1941). Erst gegen Ende des Zweiten Weltkrieges erklärte die Türkei Deutschland den Krieg (23. Februar 1945) (Aydın 2012: 472).

Die türkische Nachkriegs-Außenpolitik lässt sich in vier Konstanten zusammenfassen:

1. *Westbindung:* Außen- und sicherheitspolitische Anbindung an das westliche Bündnis- und politische System.

2. *Regionale Abstinenz:* Abstand zu den Nachbarstaaten aufgrund der belasteten Beziehungen wegen der osmanischen Vergangenheit.

3. *Sicherheits- und Status-quo-Orientierung:* Sicherung der territorialen und gesellschaftlichen Grundlagen als Hauptziel der defensiven Außenpolitik.

4. *Militärische Bevormundung:* Bestimmung außenpolitischer Leitlinien durch die Militärs unter Einschluss hoher Bürokraten.

Dem Zweiten Weltkrieg folgten die wirtschaftliche und politische Öffnung der Türkei gegenüber dem Westen und ihre sicherheitspolitische Anbindung an die USA. Nach der Garantieerklärung der USA für die territoriale Unversehrtheit Griechenlands und der Türkei (Truman-Doktrin, 12. März 1947) näherte sich die Türkei immer mehr der USA an und erhielt US-Militär- und Wirtschaftshilfe im Rahmen des Marshall-Plans. 1950 entsandte Ankara eine Infanteriebrigade in den Korea-Krieg, gestattete 1951 die Errichtung eines US-Luftstützpunktes in Adana (İncirlik) und trat 1952 der NATO bei (Oran 2012: 480-498, Erhan 2012a: 528 ff.).

Die Westanbindung der Türkei, die auch vom Ministerpräsidenten Adnan Menderes (1950-1960) fortgesetzt wurde, be-

friedigte Sicherheitsbedürfnisse und entsprach den wirtschaftspolitischen Interessen des Landes. Die ausländischen Finanzhilfen und Kredite dienten nicht nur der Modernisierung der türkischen Streitkräfte, sie deckten auch einen wichtigen Teil des
Außenhandelsdefizits ab und wurden darüber hinaus für den
Import von Landwirtschaftsmaschinen, Rohstoffen und industriellen Zwischenprodukten verwendet. Die importsubstituierende Wirtschaftspolitik hatte zudem eine Expansion des Binnenmarktes und der Binnennachfrage zur Folge, die allerdings
aufgrund der Devisenengpässe nach der Öl- (1973) und der Zypernkrise (1974) an ihre Grenzen stieß (Keyder 1989: 215, 219,
227). Bereits zuvor kam es aufgrund der ersten Zypernkrise zu
einer Abkühlung der türkisch-amerikanischen Beziehungen:
Am 5. Juni 1964 teilte US-Präsident Lyndon B. Johnson Ministerpräsident İsmet İnönü in einem Brief mit, dass die NATO im
Falle eines militärischen Eingreifens der Sowjetunion keinen
militärischen Beistand leisten könne (Erhan 2012b: 685 ff.).
Nach der Besetzung von ca. 38 Prozent des Territoriums Zy-
perns durch türkische Streitkräfte im Jahr 1974 verhängte die
USA zwischen 1975 und 1978 ein Waffenembargo. Wenngleich der Zypernkonflikt von Anfang an belastend für das
westliche Bündnissystem war, spitzte sich der Konflikt in den
1960ern zu. Im Dezember 1963 kam es zu einem Massaker an
zyperntürkischen Zivilisten durch zyperngriechische Polizeikräfte und in deren Folge zu einer Ausweitung der gewaltsamen
Kämpfe, die die NATO-Partner Griechenland und die Türkei
an den Rand einer militärischen Konfrontation brachte.

Diese erste Zypernkrise von 1963/64 bewirkte, dass das Vertrauen der türkischen Entscheidungsträger in die NATO-Vor-
macht USA beschädigt wurde. Hinzu kamen bilaterale Konflikte mit Athen über Hoheitsrechte in der Ägäis, den ägäischen
Luftraum und den Status verschiedener Ägäisinseln, welche die
Beziehungen und das Vertrauen ins westliche Bündnissystem
zusätzlich belastete. Ende der 1970er Jahre kam es zu einer positiven Wende in den amerikanisch-türkischen Beziehungen.

Drei Entwicklungen waren dafür ausschlaggebend und bewirkten eine „Aufwertung der geostrategischen Bedeutung der Türkei als Bündnispartner" in einer Krisenregion: die Islamische Revolution in Iran (1979), der Einmarsch der Sowjetunion in Afghanistan (1979) und der Krieg zwischen Iran und Irak (Gürbey 2012: 374 f.).

Der Militärputsch von 1980 bewirkte einen außenpolitischen Einschnitt. Die Türkei sollte gemäß dem Assoziationsabkommen von 1963 nach einer Übergangsphase in die Zollunion und später auch in die Europäische Gemeinschaft (EG) aufgenommen werden. Der Militärputsch von 1980 legte solche Pläne vorübergehend aufs Eis. Nach der „Rückkehr zur Demokratie" im Herbst 1983 setzte Ministerpräsident Özal in der Außenpolitik auf Kontinuität und intensivierte die Beziehungen zu den USA, welche durch die Kuwait-Invasion des irakischen Diktators Saddam Hussein am 2. August 1990 neue Anstöße erhielt. Trotz der damit verbundenen wirtschaftlichen Nachteile und politischer wie militärischer Risiken schloss sich die Türkei der Allianz zur Befreiung Kuwaits vorbehaltlos an. Als der Irak-Krieg am 17. Januar 1991 ausbrach, ließ Ankara amerikanische Kampfjets von südosttürkischen Militärflugplätzen aus Einsätze fliegen. Damit machte Özal seinen Anspruch auf eine neue Rolle der Türkei geltend und versuchte, im Übergang zu einer neuen Weltordnung die notwendigen außenpolitischen Weichenstellungen vorzunehmen. Özal bemühte sich um Eintritt in die EG und die Erschließung des Kaukasus und Zentralasiens als außenpolitisches Betätigungsfeld.

In den 1990ern geriet die türkische Außenpolitik in einen graduellen Wandel, bei dem vier Entwicklungen entscheidend waren:

1) *Vom Flanken- zum Frontstaat:* Nach dem Ende des Ost-West-Konflikts, das Davutoğlu als „geopolitisches Erdbeben" (Davutoğlu 2013: 2) bezeichnet hat, schwand das Gewicht der Türkei als „Südostpfeiler der NATO" und ihre geostrategische Bedeutung erreichte einen Tiefpunkt. Ankara reagierte auf die-

se Situation mit einer verstärkten Hinwendung zu den neu gegründeten Turkstaaten Zentralasiens.

2) *Außenpolitischer Aktivismus:* In der Ära Turgut Özal
(1983-1993) änderte die türkische Regierung ihre traditionell
passive und eindimensionale Außenpolitik zugunsten einer ak-
tiven und multidimensionalen Außenpolitik. Durch eine mul-
tilaterale Wirtschaftskooperation im regionalen Umfeld wollte
die Regierung die ökonomischen Beziehungen zu den Nachbarn vertiefen, sich als führende Regionalmacht etablieren und
durch die Errichtung eines Sicherheitsgürtels Sicherheit, Stabilität und den Wohlstand des Landes stärken, ohne dabei „die
Priorität der strategischen Partnerschaft mit dem Westen" aufzugeben (Gürbey 2010: 19).

3) *Erweiterung des außenpolitischen Radius:* Auf den Zusam-
menbruch des Ostblocks und die Auflösung von Sowjetunion
und Jugoslawien reagierte man mit einer Erweiterung des außenpolitischen Aktionsradius. Das Ziel war eine Neuordnung
der Beziehungen zu den neu entstandenen Staaten im Kaukasus, Nahen Osten, in Osteuropa, in Zentralasien und auf dem
Balkan. In der Amtszeit von Ahmet Davutoğlu wurde auch
Nordafrika in diesen primären Wirkungsbereich einbezogen
(Oran 2013: 203, 207).

4) *Entdeckung der Brücken- und Modellfunktion:* Mit dem
Erstarken des politischen Islam und nach den Terroranschlägen
vom 11. September 2001 wurde die Türkei immer stärker als
Brücke zwischen Orient und Okzident, zwischen dem Islam
und dem Westen wahrgenommen und als Modell für die Vereinbarkeit von Demokratie und Islam gefeiert (Oran 2013:
197). [16]

Tabelle 18: Neue Auslandsvertretungen, 2009-2012

Nr.	Name der Mission	Name des Landes	Jahr
Afrika			
1	Niamey **	Niger	2012
2	Ouagadougou**	Burkina Faso	2012
3	Libreville**	Gabun	2012
4	Windhoek**	Namibia	2012
5	Lusaka**	Sambia	2011
6	Maputo**	Mosambik	2011
7	Nouakchott**	Mauretanien	2011
8	Harare**	Simbabwe	2011
9	Mogadischu**	Somalia	2011
10	Juba**	Südsudan	2011
11	Banjul**	Gambia	2011
12	Yaoundé**	Kamerun	2010
13	Accra**	Ghana	2010
14	Bamako**	Mali	2010
15	Kampala**	Uganda	2010
16	Luanda**	Angola	2010
17	Antananarivo**	Madagaskar	2010
18	Daressalam**	Tansania	2009
19	Abidjan**	Elfenbeinküste	2009
Asien			
1	Naypyidaw **	Myanmar	2012
2	Guangzhou *	China	2011
3	Erbil *	Irak	2010
4	Gence *	Aserbaidschan	2010
5	Basra*	Irak	2009
6	Mumbai *	Indien	2009
Lateinamerika			
1	Quito**	Ecuador	2012
2	Lima**	Peru	2010
3	Bogotá, D.C. **	Kolumbien	2010
4	São Paulo *	Brasilien	2009

* Botschaft
** Generalkonsulat

Quelle: Oran 2013: 207

Tabelle 19: Zahlen zum Personal der Außenministerien einiger Staaten

Land	Fachpersonal	Personal gesamt
USA	6.700	11.600
Russland	5.400	9.500
Frankreich	1.632	5.809
Großbritannien	3.000	5.700
Deutschland	1.559	3.869
Brasilien	1.385	2.934
Spanien	798	2.541
Pakistan	403	1.498
Türkei	970	1.464

Quelle: Oran 2013: 235

11.2 Türkische Außenpolitik heute

Die AKP-Regierung aktivierte die türkische Außenpolitik und begann, jenseits des westlichen Bündnissystems und der EU neue wirtschaftliche und politische Beziehungen aufzubauen bzw. vorhandene zu stärken. Wenngleich die verstärkte außenpolitische Aktivität der Türkei nicht nur der „islamischen Welt" oder dem Nahen Osten gilt und die Diversifizierung der außenpolitischen Ziele und Prioritäten bereits in den späten 1960ern mit einer vorsichtigen Annäherung an die Sowjetunion und dem Ausbau der Beziehungen zu islamischen Staaten begonnen hat, wurde sie – in Form einer Abkehr von einer einseitigen „Fixierung auf den Westen" – erst unter der „Ägide der AKP-Regierungen nach 2002 zum Programm erklärt" (Kramer 2011: 55).

Seit dem Amtsantritt von Ahmet Davutoğlu im Mai 2009 haben sich die Parameter der türkischen Außenpolitik ein weiteres Mal deutlich verschoben. „Strategische Tiefe" und „null Probleme mit den Nachbarstaaten" (Davutoğlu 2001) waren die Schlüsselbegriffe dieser multidimensionalen Außenpolitik, die nicht nur mit einem neuen nationalen Selbstverständnis einherging, sondern auch von der Maxime ökonomischer Rationalität geleitet war und von einer exportorientierten Wirtschaftspolitik begleitet wurde (Kirişci 2009). Die aufstrebende neue islamische

Unternehmerschicht (die „anatolischen Tiger"), auf die sich die AKP-Regierung stützt und die diese begünstigt, war bestrebt, neue Absatzmärkte im Nahen Osten und Afrika zu erschließen. Dies wiederum deckte sich mit den außenpolitischen Interessen des ehemaligen Ministerpräsidenten Recep T. Erdoğan und seines damaligen Außenministers Ahmet Davutoğlu, die nach neuen Einflussmöglichkeiten Ausschau hielten.

Das Konzept der „strategischen Tiefe" stützt sich u. a. auf vier Prinzipien:

1. Betonung der *multiplen Identitäten* der Türkei, die sich aus unterschiedlichen Religionszugehörigkeiten, Geschichtserfahrungen und geografischen Besonderheiten ergeben (Kramer 2013: 60).

2. Bestimmung der *Proaktivität* und *Multidimensionalität* als wesentliche Leitlinien der Außenpolitik gegenüber den Staaten des Nahen und Mittleren Ostens, Afrikas und Asiens. Ankara ist bestrebt, die Beziehungen zu diesen Regionen auf vielfältigen Ebenen zu pflegen und zu vertiefen – von der Wirtschaft über Sicherheitsfragen bis hin zur Geostrategie.

3. Anspruch auf *Präsenz bei der Konfliktbewältigung*, die in der Vermittlerrolle zwischen Konfliktparteien zum Ausdruck kam. Flankiert wurde dies mit einer liberalen Visapolitik und Einreiseregelung für Bürger der Nachbarstaaten bzw. Staaten Nordafrikas sowie mit dem Ausbau der Wirtschafts- und Handelsbeziehungen.

4. Berücksichtigung von *Zivilgesellschaft* und Wirtschaftsinteressen bei der Gestaltung der Außenpolitik.

Ein Kerngedanke der „strategischen Tiefe" ist die Annahme, dass die Türkei aufgrund ihrer geografischen Lage ein enormes Macht- und Kraftpotenzial besitzt und aufgrund ihrer osmanischen Vergangenheit und ihrer multiplen Identitäten prädestiniert ist, in verschiedenen Regionen wirtschaftlich, politisch und kulturell Einfluss auszuüben. Davutoğlu zufolge ist die Türkei eine „globale Macht" und dazu berufen, in den ehemals osmanischen Territorien eine proaktive Außenpolitik zu betreiben. Sechs Ziele waren und sind z. T. weiterhin für die türkische Außenpolitik zentral: Erstens der Eintritt in die Europäische Union bis 2023; zweitens eine stärkere Regionalintegration im Nahen Osten durch sicherheitspolitische und wirtschaftliche Zusammenarbeit; drittens eine aktive Rolle bei der Lösung regionaler Konflikte; viertens eine aktive Präsenz in der globalen Arena sowie fünftens eine aktive Teilnahme in internationalen Organisationen und sechstens das Fernziel, bis 2023 zu den zehn größten Wirtschaftsnationen zu gehören.

Der türkischen Außenpolitik unter der AKP-Regierung ist es bereits vor dem Arabischen Frühling gelungen, die Türkei als eine regionale Soft Power zu positionieren. Dabei wurde nicht nur auf die positive Wirtschaftsdynamik oder auf die EU-Beitrittsperspektive gesetzt. Hervorgehoben wurde auch der Modellcharakter der Türkei für die islamischen Länder sowie für die Vereinbarkeit von Islam und Demokratie und die als konstruktiv wahrgenommene Vermittlerrolle zwischen regionalen Konfliktparteien. Soft Power und außenpolitisches Selbstvertrauen bedingten sich gegenseitig und bescherten der Außenpolitik beachtliche diplomatische Erfolge.

Von großer symbolischer Bedeutung war die Entscheidung der *Großen Nationalversammlung* am 1. März 2003, dem US-Militär nicht Luftraum und Territorium für Irak-Angriffe und -Einmarsch zur Verfügung zu stellen. Im palästinensischen Friedensprozess befürwortete die Türkei eine Regelung des israelisch-palästinensischen Konflikts durch Einbeziehung der Hamas, die in der palästinensischen Bevölkerung stark verankert war. 2009 legte die Türkei gegen die Ernennung von Anders Fogh Rasmussen zum NATO-Generalsekretär ein Veto ein, das sie erst nach Einlenken von US-Präsident Barack Obama aufhob. 2010 tat man sich mit Vermittlungsbemühungen im Hinblick auf das iranische Atomprogramm in der internationalen Politik hervor und plädierte in der Iran-Politik – im Gegensatz zu USA, EU und Israel – für ein diplomatisches Vorgehen und gegen strengere Sanktionen.

Neue Instrumentarien und Faktor Wirtschaft

Die außenpolitische Neuorientierung spiegelt sich auch in der Umstrukturierung der zuständigen Behörden und der Einführung neuer Institutionen wider. Am 13. Juli 2010 trat ein neues Organisationsgesetz für das Außenministerium in Kraft (Ünsal 2013: 232). 2012 wurden der Aktionsradius des Türkischen Präsidiums für internationale Kooperation und Koordination *(TİKA, Türk İşbirliği ve Koordinasyon Ajansı Başkanlığı)*, die staatliche Entwicklungshilfeagentur, erweitert und das Budget der Behörde kräftig erhöht.

Mit dem Amt für Auslandstürken und verwandte Gemeinschaften *(YTB, Yurtdışı Türkler ve Akraba Topluluklar Başkanlığı)* schuf die Regierung ein weiteres staatliches Organ. Es hat den Rang eines Staatssekretariats inne und steht unter Aufsicht des Premierministeriums, womit Ankara die Beziehungen zu den türkischen Staatsangehörigen im Ausland und zu den verwandten Gemeinschaften auf eine institutionelle Grundlage gestellt hat.[17] Zu den Zielgruppen des YTB zählen türkische Staatsangehörige im Ausland, „verwandte Gemeinschaften" (womit muslimische Ethnien und Nationen auf dem Balkan und im Kaukasus gemeint sind), internationale Studenten und Nichtregierungsorganisationen der Türkischstämmigen in der Diaspora. Der Selbstdarstellung nach unterstützt YTB Türkischstämmige, wenn sie in ihrem jeweiligen Gastland Diskriminierung erfahren, unter Assimilationsdruck stehen oder sich Fremdenfeindlichkeit ausgesetzt sehen (Artı 90, 2013: 5, 12, 15).

Die Türkei betreibt gegenüber seinen Staatsangehörigen in Europa eine Politik, die sich spätestens seit den 1980er Jahren als Diasporapolitik bezeichnen lässt, denn seit dieser Zeit ist innerhalb der Führung die Dauerhaftigkeit der türkischstämmigen Präsenz in verschiedenen Ländern Europas unbestritten. Neu daran ist zum einen die explizite Bezeichnung der Auslandstürken als Teil einer „Diaspora", zum anderen die Einbettung der sie betreffenden Politik in eine Strategie der öffentlichen Diplomatie. Der Begriff „öffentliche Diplomatie" steht für eine Förderung nationaler Interessen durch direkte Überzeugung des ausländischen Publikums und der ausländischen Meinungsbildner (vgl. Aydın 2014).

Die Ursachen für diese Strategie liegen weniger in der ideologischen Ausrichtung der AKP-Regierung als vielmehr in den neuen globalen Gegebenheiten. Die Türkei will sich in den internationalen Beziehungen neu positionieren und die wirtschaftlichen und politischen Potenziale der weltweit verstreuten Türkischstämmigen für das Land nutzbar machen. Die Diaspora in Deutschland hat in den letzten Jahren zunehmend an politischem Gewicht gewonnen und verfügt über enorme ökonomische Entwicklungsperspektiven, die sich auch mit den wirtschaftspolitischen Interessen der türkischen Außenpolitik decken. Durch Stärkung der Verbände der Türkischstämmigen im europäischen Ausland und Erweiterung von deren Handlungsfähigkeit ergeben sich für die deutsche Außenpolitik einige Herausforderungen. Mit dem Wahlrecht für die Auslandstürken hat sich die Diaspora zu einer Größe entwickelt, deren Belange Ankara nicht unberücksichtigt lassen kann (Aydın 2014b).

Drei außenpolitische Kontroversen

Wenngleich die türkische Außenpolitik in den 2000er Jahren im Mittelpunkt internationaler Aufmerksamkeit stand, war sie keineswegs unumstritten. Folgende Einschätzungen dominierten die kontroversen Debatten über die außenpolitische Neuorientierung.

1. *Die These der Achsenverschiebung:* Der Abschied von einer außen- und sicherheitspolitischen Fixierung auf den Westen wurde häufig als Achsenverschiebung von einer westlich orientierten hin zu einer islamisch bzw. an islamischen Ländern orientierte Außenpolitik interpretiert. Diese Debatten legten sich mit dem militärischen Einsatz aufseiten der westlichen Bündnispartner in der Libyen-Krise, flammten jedoch im Zuge der Syrienpolitik und der skeptischen Haltung Anka-

ras gegenüber der kurdischen PYD, die Teile Nordostsyriens verwaltet, wieder auf. Gegen diese These lässt sich einwenden, dass trotz außenpolitischer Differenzen zwischen der Türkei und den Bündnispartnern weder die NATO-Mitgliedschaft noch der Beitritt in die EU ernsthaft infrage gestellt wurden.

2. *Die Modellhaftigkeit der Türkei:* Nach dem 11. September 2001 gewann die Türkei neben ihrer geografischen Lage auch aufgrund ihres politischen Systems (Demokratie, Laizismus), ihrer Kultur, Identität (Islam, Teil des Westens und Ostens) und Geschichte (als Erbin des Osmanischen Reiches) immer mehr an Bedeutung und wurde als Beispiel für die Vereinbarkeit von Islam und Demokratie und im Anschluss an den Arabischen Frühling als „Modellland" für die arabisch-islamische Welt gesehen. Autoritäre Führungstendenzen ab 2012, die Aushöhlung der Rechtstaatlichkeit und die Unterdrückung der Opposition ab 2013 sowie außenpolitische Inkonsequenzen und Fehlleistungen ab 2012 unterminieren jedoch die Glaubwürdigkeit dieser Zuschreibung.

3. *Neo-Osmanismus:* Die neo-osmanische Rhetorik wurde in den Nachbarstaaten und im Westen als Expansionismus gedeutet. Als einen außenpolitischen Orientierungsrahmen lenkte der *Neo-Osmanismus* den Fokus der türkischen Außenpolitik auf Balkan, Kaukasus und Zentralasien – mit dem Ziel, das nach dem Zerfall der Sowjetunion entstandene Machtvakuum zu füllen. In der Tat enthalten viele Reden von Recep T. Erdoğan, Ahmet Davutoğlu und Ali Babacan zahlreiche Bezüge zur osmanischen Vergangenheit und Hinweise zu ihrer Romantisierung als goldene Ära türkischer Geschichte. Exemplarisch ist hier die Rede von Recep T. Erdoğan nach dem Wahlsieg im Juni 2011 (Oran 2013: 193-197). Die neo-osmanische Rhetorik lässt sich auf drei Motive zurückführen: Sie hat die Funktion eines zum Kemalismus alternativen politischen Referenzrahmens, soll den Zuspruch jenseits der AKP-Wählerbasis sichern und traditi-

onell-islamisch orientierte Unternehmer („die anatolischen Tiger") zur Erschließung neuer Absatzmärkten motivieren (Oran 2013: 198).

11.3 Beziehungen zu Einzelstaaten und EU

USA

Die Truman-Doktrin (1947), welche der Türkei ihre territoriale Unversehrtheit garantierte, markiert den Beginn intensiver türkisch-amerikanischer Beziehungen. Das Land wurde nach dem Zweiten Weltkrieg zu einem verlässlichen Bündnispartner von USA und NATO in einer von Krisen geprägten, instabilen Region. Im Gegenzug erhielt Ankara US-amerikanische Militär- und Wirtschaftshilfen. Nach kurzfristiger Abkühlung der türkisch-amerikanischen Beziehungen aufgrund der Zypernkrise (1964 und 1974) und des Irak-Krieges (2003) gelang es Diplomaten und Entscheidungsträgern auf beiden Seiten, die außenpolitischen Wogen zu glätten. Auf das US-amerikanische Waffenembargo (1975-1978) nach der Besetzung Nordzyperns (1974) durch die türkischen Streitkräfte folgte ein Abkommen über strategische und wirtschaftliche Zusammenarbeit (29.3. 1980). Während des Golfkrieges (1991) stand die Türkei der USA militärisch bei. Staatspräsident Turgut Özal versuchte durch aktive Unterstützung der USA regionale Stärke zu demonstrieren (Uzgel 2012: 254 ff.).

Die Beziehung zu den USA war in den 1990ern trotz Differenzen eher positiv. Clintons Besuch der Türkei und die Festnahme Öcalans, Führer der auf der Terrorliste stehenden kurdischen Untergrundorganisation PKK, mit US-amerikanischer Hilfe trugen zur Entstehung eines positiven USA-Bildes bei. Wie Bill Clinton (1999-2001) und George W. Bush (2001-2009) unterstützte auch Barack Obama (2009-2017) Ankaras Streben nach einer EU-Mitgliedschaft. Die USA versprechen sich davon ein positives Signal für die „islamische Welt", da die Beziehung aufgrund der Palästina-Frage und den Terroran-

schlägen vom 11. September 2001 angespannt sind, einen Sta-
bilitätsschub für den strategisch wichtigen Bündnispartner, eine
wirtschaftliche und politische Westintegration sowie eine weitere wirtschaftliche Stärkung des Landes (Gürbey 2012: 379).

Ab 2000 kam es nicht nur zu einer weiteren Differenzierung
und Vertiefung der Beziehungen, sondern auch zu Interessen-
konflikten. Einen ersten Höhepunkt erreichten die diplomatischen Spannungen zwischen beiden Ländern, als am 30. April
2003 amerikanische Soldaten türkische Spezialeinheiten in Irak
verhafteten und diese an die Türkei auslieferten. Am 4. Juli
2003 kam es erneut zur Eskalation, als türkische Armeeangehö-
rige, die in Zivilkleidung im Norden des Irak operierten, von
US-Streitkräften gefangen genommen, mit Säcken über den
Köpfen abgeführt und verhört wurden. Diese „Sackaffäre", in
der türkischen Öffentlichkeit als absichtliche Beleidigung interpretiert, markierte einen weiteren Tiefpunkt der bilateralen Beziehungen (vgl. Zabcı 2003, CNN 2003).

Das Verhältnis verschlechterte sich ein weiteres Mal, als Ministerpräsident Recep Tayyip Erdoğan Israel beschuldigte, in
Palästina Völkermord zu begehen und den US-Botschafter in
der Türkei mehrere Monate warten ließ, bevor er ihn empfing.
Für diplomatischen Verstimmungen sorgte auch die Verhinde-
rung der Ausweitung eines NATO-Seemanövers vom Mittelmeer in das Schwarze Meer durch die Türkei (Januar 2008), das
Davos-Zerwürfnis (Januar 2009), bei dem Erdoğan den israeli-
schen Präsidenten Schimon Peres wegen Israels „unverhältnis-
mäßigem Gewalteinsatz" im Gaza-Streifen kritisierte und für
ein Eklat sorgte, sowie die Entsendung der *Mavi Marmara
Hilfsflottille*, um die israelische Seeblockade des Gazastreifens
zu durchbrechen. Bei ihrem Angriff auf das türkische Füh-
rungsschiff töteten israelische Spezialeinheiten auf internationalen Gewässern acht türkische und einen US-amerikanischen
Staatsangehörigen türkischer Herkunft.

Im Januar 2006 unterzeichneten US-amerikanische und türkische Diplomaten ein *Abkommen über eine gemeinsame Vision*

und einen strukturierten Dialog, 2007 unterstützte die US-Regierung die AKP-Regierung bei ihrer Auseinandersetzung mit der Armeeführung und die als Terrororganisation eingestufte PKK wurde als gemeinsamer Feind deklariert. Trotz der Zusammenarbeit bei der Stationierung des Raketenabwehrsystems in der Osttürkei (Malatya/Kürecik) und während des Arabischen Frühlings in Libyen, Ägypten und Syrien blieb eine Reihe von „Stolpersteinen" in türkisch-amerikanischen Beziehungen bestehen. Hierzu gehört an erster Stelle der Iran – während die USA Sanktionen gegen den Iran befürworteten, sprach sich die Türkei für eine Politik der Kooperation und Diplomatie aus und stimmte im UN-Sicherheitsrat im Juni 2010 gegen eine Resolution gegen den Iran. Vor der Abstimmung hatte man eine Vereinbarung über den Austausch von Nuklearbrennstoff, die mit Brasilien und in Absprache mit dem Iran ausgearbeitet wurde, den ständigen Mitgliedern des UN-Sicherheitsrates vorgelegt (Gürbey 2012: 381).

Eine weitere Kontroverse entstand aufgrund der türkischen Syrienpolitik. Wenngleich die USA die Türkei anfangs um Hilfe bat, um in Syrien einen Regimewechsel herbeizuführen, nahm sie später dessen Engagement in Syrien als zu aggressiv wahr (Oran 2013: 149). Im Sommer 2014 spitzten die Differenzen sich weiter zu, als es um den Umgang mit der Terrororganisation IS ging, die in großen Teilen Iraks und Syriens die Kontrolle übernahm. Weitere Differenzen entstanden in Bezug auf den Friedensprozess in Palästina. Während die Türkei auf eine Einbeziehung der islamistischen Hamas bei der Lösung des Nahostkonflikts drängte, betrachteten USA, Israel und die EU die Hamas als eine terroristische Organisation, die es auszugrenzen galt. In der Armenier-Frage war die USA an einer Annäherung zwischen Armenien und Türkei interessiert, u. a. um den russischen Einfluss auf Armenien zu schwächen, und erkannte die Vertreibung der Armenier während des Ersten Weltkrieges (1915-1917) aus Anatolien als Völkermord an. Die USA kritisierte zudem die türkische Irak-Politik, welche die

Tabelle 20: Außenhandel der Türkei, 2000-2011
Anteile der Länder(-gruppen) am Gesamtexport und -import, in %

	EU		USA		Russland		Iran		Israel		Naher/Mitt-lerer Osten		Asien		Afrika		Gesamt (absolut)	
	Exp.	Imp.	Exp.	Imp.	Exp.	Imp.	Exp.	Imp.	Exp.	Imp.	Exp.	Imp.	Exp.	Imp.	Exp.	Imp.	Exp.	Imp.
2000	56,4	52,3	11,3	7,2	2,3	7,1	0,8	1,5	2,3	0,9	6,9	5,3	4,7	12,7	4,9	5,0	27.774,9	54.502,8
2001	56,0	47,9	10,0	7,9	2,9	8,3	1,2	2,0	2,6	1,3	7,8	6,0	4,2	11,8	4,9	6,8	31.334,2	41.399,1
2002	56,6	49,8	9,3	6,0	3,3	7,5	0,9	1,8	2,4	1,1	7,2	5,1	5,0	12,7	4,7	5,2	36.059,1	51.553,8
2003	58,0	50,7	7,9	5,0	2,9	7,9	1,1	2,7	2,3	0,7	9,3	5,8	5,0	13,9	4,5	4,8	47.252,8	69.339,7
2004	57,9	49,3	7,7	4,9	2,9	9,3	1,3	2,0	2,1	0,7	10,5	5,0	4,0	15,9	4,7	4,9	63.167,2	97.539,8
2005	56,3	45,1	6,7	4,6	3,2	11,1	1,2	3,0	2,0	0,7	11,9	6,1	4,1	17,6	4,9	5,2	73.476,4	116.774,2
2006	56,0	42,6	5,9	4,5	3,8	12,8	1,2	4,0	1,8	0,6	11,4	7,0	4,6	18,4	5,3	5,3	85.534,7	139.576,2
2007	56,3	40,3	3,9	4,8	4,4	13,8	1,3	3,9	1,5	0,6	12,5	6,8	4,9	19,8	5,6	4,0	107.271,7	170.062,7
2008	48,0	37,0	3,3	5,9	4,9	15,5	1,5	4,1	1,5	0,7	17,8	8,0	5,4	18,9	6,9	3,8	132.027,2	201.963,6
2009	46,0	40,2	3,2	6,1	3,1	13,8	2,0	2,4	1,5	0,8	17,3	6,0	6,6	20,7	9,9	4,0	102.142,6	140.928,4
2010	46,3	38,9	3,3	6,6	4,1	11,6	2,7	4,1	1,8	0,7	18,6	6,3	7,5	21,7	8,2	2,6	113.883,2	185.544,3
2011	46,2	37,8	3,4	6,7	4,4	9,9	2,7	5,2	1,8	0,9	18,9	7,6	7,6	22,1	7,7	2,8	134.971,5	240.834,4
2012	39,0	37,1	3,7	6,0	4,4	11,26	6,5	5,1	1,5	0,7-	27,8	6,9	9,1	21,0	8,8	2,5	152.461,7	236.545,1
2013	44,5	36,7	3,7	5,0	4,6	10,4	2,8	4,1	1,7	0,96	23,4	7,9	8,8	21,7	9,3	2,4	151.802,6	251.661,2
2014	43,5	36,7	4,0	5,3	3,8	9,8	2,5	4,1	1,9	1,19	22,5	7,4	8,5	23,2	8,7	2,4	157.610,0	242.177,1
2015	44,5	38,0	4,4	5,4	2,5	7,6	2,5	2,9	1,9	0,8	21,6	7,2	6,6	25,7	8,6	2,5	143.838,8	207.234,3

Quelle: Oran 2013: 66–67, TÜİK – Türkiye İstatistik Kurumu (http://www.tuik.gov.tr/VeriBilgi.do?alt_id=1046)

Autonomieregion Kurdistan wirtschaftlich stärker einzubinden suchte und Erdölgeschäfte mit Kurdistan abschloss, ohne die Zentralregierung im Irak einzubeziehen.

In den 2000er Jahren unterstützte die USA die Türkei in der Zypernfrage, bezüglich EU-Mitgliedschaft, der Demokratisierung im Nahen Osten und in ihrer Rolle als gesellschaftliches und politisches Modell für die arabisch-islamischen Länder des Nahen Ostens. In Syrien, Armenien und im Irak-Krieg versuchte sie, über die Türkei Einfluss auszuüben, im Nordirak und Iran verlangte sie von der Türkei, kein Hindernis darzustellen. Auch künftig wird das Verhältnis zur USA von Konflikten, Verstimmungen und Differenzen geprägt sein. Türkische Entscheidungsträger und Diplomaten werden aber auch weiterhin gezwungen sein, bei der Planung und Durchsetzung ihrer außenpolitischen Ziele und Entscheidungen die USA als einen zentralen Faktor zu berücksichtigen (Uzgel 2013: 334).

Die Europäische Union

Die Beziehungen zwischen der Europäischen Union (EU) und der Türkei lassen sich grob in vier Perioden einteilen:

1962-1987: vom Assoziationsabkommen bis zum Mitgliedschaftsantrag

1987-1999: vom Mitgliedschaftsantrag bis zum Helsinki-Gipfel im Dezember 1999

1999-2004: vom Helsinki-Gipfel bis zum Brüsseler Gipfel im Dezember 2004

Ab 2005: Eröffnung und Fortsetzung der Beitrittsverhandlungen

Im Juni 1959 stellte die Regierung einen Antrag auf Assoziation mit der Europäischen Wirtschaftsgemeinschaft (EWG). Das Assoziationsabkommen (Vertrag von Ankara) wurde jedoch erst am 12. September 1963 unterzeichnet. Seitdem verfolgt die Türkei das Ziel, Teil Europas zu werden. Dem folgte der Abschluss eines Zusatzprotokolls am 23. November 1970 in Brüssel.

In den 1970er und 1980er Jahren entwickelten sich die Handels-, Wirtschafts- und politischen Beziehungen zwischen der EWG und der Türkei nicht erwartungsgemäß und wurden durch den Militärputsch 1980 zusätzlich belastet. Am 14. April 1987 stellte die Regierung des Premiers Turgut Özal, die bis dahin wichtige wirtschaftliche und politische Reformen durchgeführt hatte, in Brüssel den Beitrittsantrag zur Europäischen Gemeinschaft (EG). Im Dezember 1989 wurde der türkische Antrag jedoch auf Empfehlung der EG-Kommission ohne Fristsetzung zurückgestellt. 1993 wurde mit den Reformen des Vertrags von Maastricht die Schwelle für einen EU-Beitritt deutlich angehoben, die EG-Mitgliedschaft der Türkei rückte weiter in die Ferne.

Am 6. März 1995 unterzeichneten die EU und die Türkei unter der Regierung Tansu Çiller (1993-1995) das Zollunionsabkommen, das 1996 in Kraft trat. Seitdem gilt das europäische Wirtschaftsrecht, dem Ankara seine Handelsbeziehungen mit Drittländern anzupassen hatte, ohne ein Mitspracherecht in Brüssel zu haben. Auf dem EU-Gipfel in Luxemburg am 12. und 13. Dezember 1997 erhielt man keinen offiziellen Beitrittsstatus, auf dem EU-Gipfel in London am 12. und 13. März 1998 nahm man unter der Regierung Mesut Yılmaz (1997/98) aus Enttäuschung über die Zurückstellung des Antrags nicht teil. Im Juni 1999 wurden jedoch auf dem EU-Gipfel in Köln die Weichen für einen Kandidatenstatus der Türkei gestellt, auf dem EU-Gipfel in Helsinki im Dezember 1999 wurde schließlich, nach Annahme der Bedingungen der EU durch Ankara, die Türkei offiziell auf gleiche Stufe mit anderen Beitrittskandidaten gestellt.

Anfang der 2000er Jahren wirkten sich zwei Entwicklungen positiv auf die Mitgliedschaftsaspirationen der Türkei aus. Die Wirtschaft erholte sich von der schwersten Wirtschaftskrise im Jahr 2001 und ab 2003 trugen hohe Wachstumsraten, ein Rückgang der Inflation und ein Anstieg der ausländischen Direktinvestitionen zu einem positiven Türkeibild bei. Zudem erzeugten die Terrorangriffe vom 11. September 2001 in Europa das Bedürfnis nach konstruktiven Beziehungen zur „islamischen Welt" (Baykal/Arat 2013: 342).

Auf dem Helsinki-Gipfel wurde der Türkei die Aufnahme von Beitrittsverhandlungen in Aussicht gestellt, falls Ankara die Kopenhagener Kriterien erfüllen würde. Dazu gehörten politische Kriterien wie etwa institutionelle Stabilität als Garantie der demokratischen Ordnung, Förderung der Menschen- und Frauenrechte, Schutz von Minderheiten und Sicherung der Religions-, Medien- und Meinungsfreiheit, zudem eine funktionsfähige Marktwirtschaft sowie das *Acquis communitarium*, d. h. die Fähigkeit, die aus der EU-Mitgliedschaft erwachsenden Verpflichtungen zu übernehmen. Die EU forderte von der Türkei zudem, ihre Beziehungen zur Republik Zypern zu verbessern.

Zwischen 2002 und 2004 wurden acht Reform-Pakete verabschiedet und insgesamt 218 Artikel in 53 türkischen Gesetzen geändert (Bacia 2012: 449). Der Reformeifer lässt sich auch dadurch erklären, dass der EU-Integrationsprozess für die AKP-Regierung eine innenpolitische Legitimationsfunktion erfüllte.

Im Verhandlungsbericht vom 2005 kritisierte man die unzureichende Korruptionsbekämpfung, Mängel im Hinblick auf Minderheitenrechte, militärische Bevormundung und das Fehlen von Meinungsfreiheit. 2006 wurde darauf hingewiesen, dass die Reformbestrebungen ihren anfänglichen Elan verloren hätten, und festgehalten, dass das Militär weiterhin jenseits der Landesverteidigung einflussreich sei und die Meinungsfreiheit europäischen Standards nicht entspreche. Zudem wies man auf Defizite bezüglich Frauen- und Minderheitenrechte, der Religionsfreiheit und des Kurdenproblems hin (Baykal/Arat 2013: 371-372).

Eine Anti-EU-Bewegung etablierte sich ab 2005 und eine nationalistische Welle, welche die EU als „imperialistisches Gebilde" begriff. Man fürchtete, dass dem Land im Falle einer EU-Mitgliedschaft die Auflösung ihrer nationalen Einheit drohen würde. In EU-Ländern wiederum wuchs der Türkei-Skeptizismus, auf den türkische Spitzenpolitiker mit harscher Rhetorik reagierten.

Im Mai 2007 wurde Nicolas Sarkozy, der sich im Wahlkampf gegen eine EU-Mitgliedschaft der Türkei aussprach, französischer Staatspräsident. Frankreich blockierte die Eröffnung des Kapitels „Wirtschafts- und Währungspolitik". Sarkozy und Merkel sprachen sich statt einer EU-Vollmitgliedschaft der Türkei für eine privilegierte Partnerschaft aus. Dies sorgte in der Türkei für Enttäuschungen und trug somit zu einer europaskeptischen Stimmung in der Bevölkerung bei. Zusätzlich geriet die AKP-Regierung ab 2005 unter den Druck einer landesweiten Nationalismuswelle und wurde 2007 mit einer Anti-AKP-Kampagne konfrontiert. Mit Massendemonstrationen wollte eine Allianz aus Neo-Kemalisten, Offizieren, Bürokraten und säkularen urbanen Bevölkerungsschichten in der Westtürkei die Regierung zum Kompromiss bei der Präsidentschaftswahl bewegen. Auf der Internetseite des türkischen Generalstabs wurde ein Memorandum veröffentlich, in dem erklärt wurde, die laizistische Ordnung sei durch Abdullah Gül als Präsident extrem gefährdet. Daraufhin kündigte die AKP-Regierung vorgezogene Neuwahlen an, aus der sie als klare Siegerin hervorging. Im August 2007 wurde Abdullah Gül vom Parlament zum Staatspräsidenten gewählt. Ein Jahr danach eröffnete das türkische Verfassungsgericht ein Verbotsverfahren gegen die AKP. Die Regierungspartei konnte sich zwar durchsetzen und das Parteiverbot abwenden, jedoch wurden durch diese Ereignisse die Beitrittsverhandlungen negativ beeinflusst. Fokussiert auf die Innenpolitik, konnte die AKP-Regierung die notwendigen Reformen nicht weiterführen. Weil sie sich gegen den national-säkularen Block durchsetzen und ihre Hegemonie festigen konnte, war sie zudem auf die legitimierende Funktion der EU-Beitrittsperspektive nicht mehr angewiesen.

In Europa setzte sich nach der letzten großen EU-Erweiterung (2005) und der Aufnahme Bulgariens und Rumäniens (2008) eine Erweiterungs- und Vertiefungsmüdigkeit ein. Die Wirtschafts- und Finanzkrise in Europa und autoritäre Tendenzen in der Türkei beeinflussten Bevölkerung und Regierungen in EU-Staaten ebenfalls negativ und stärkten die Türkei-Skepsis. In der Türkei wiederum setzte sich die Einsicht durch, dass die türkische Außenpolitik ohne EU-Mitgliedschaft einen größeren Handlungsspielraum haben würde (Baykal/Arat 2013: 399).

Dies hatte zur Folge, dass die EU-Beitrittsverhandlungen mit der Türkei kaum vorankamen. Acht Verhandlungskapitel wurden blockiert, davon sechs wegen Zypern, abgeschlossen ist nur das Kapitel „Wissenschaft und Forschung". Erst Ende 2015 kam wieder Bewegung in die Beziehungen: Die EU und die Türkei einigten sich bei einem Gipfeltreffen am 29. November 2015 darauf, die Flüchtlingszahl nach Europa zu begrenzen. Ankara verpflichtete sich zu verstärktem Schutz der Grenze zu Syrien, dafür versprach die EU finanzielle Hilfe zur Verbesserung der Lebenssituation syrischer Flüchtlinge in der Türkei und stellte die Aufhebung der Visumspflicht für türkische Staatsbürger im Schengen-Raum in Aussicht.

Auf der Tagung vom 17./18. März 2016 haben die Staats- und Regierungschefs der EU eine Vereinbarung getroffen, um den Zustrom irregulärer Migranten über die Türkei nach Europa zu beenden und das Geschäftsmodell der Schleuser zu zerschlagen. Migranten soll eine Alternative angeboten werden, damit sie sich nicht den Schleusern anvertrauen. Dazu sollen alle irregulären Migranten, die ab 20. März 2016 von der Türkei aus auf die griechischen Inseln gelangen, in Einklang mit europäischem Recht und dem Völkerrecht in die Türkei zurückgeführt werden. Für jeden von der Türkei rückübernommenen Syrer soll auf Grundlage der bestehenden Verpflichtungen ein Syrer aus der Türkei in der EU neu angesiedelt werden. Ankara hat sich darüber hinaus verpflichtet, alle erforderlichen Maßnahmen zu ergreifen, um zu verhindern, dass neue See- oder Landrouten für die irreguläre Migration entstehen. Die EU sicherte der Türkei finanzielle Unterstützung in Höhe von drei Milliarden Euro zu, und weitere drei Milliarden Euro sollen mobilisiert werden, sobald die ursprünglichen Mittel ausgeschöpft sind. Spitzenvertreter der EU und der Türkei verständigten sich zudem auf eine beschleunigte Durchführung der Visafreiheit, um die Visumpflicht für türkische Staatsangehörige spätestens Ende Juni 2016 aufzuheben, sofern alle Benchmarks erfüllt sind. Weiterhin wurde die Entschlossenheit zur Neubelebung des Beitrittsprozesses gemäß der gemeinsamen Erklärung vom 29. November 2015 bekräftigt und man verständigte sich darauf, als nächsten Schritt noch unter niederländischem Vorsitz das Kapitel 33 („Finanz- und Haushaltsbestimmungen") zu eröffnen (http://www.consilium.europa.eu/de/meetings/european-council/2016/03/17-18/).

Deutschland

Die Türkei und Deutschland haben eine lange gemeinsame Geschichte, die bis ins Mittelalter zurückreicht. Im 19. Jahrhundert kam es zu wirtschaftlichen, militärischen und diplomatischen Beziehungen und Kooperationen zwischen beiden Ländern, die in einem militärischen Bündnis mündeten. 1914 trat das Osmanische Reich an der Seite des Deutschen Kaiserreiches in den Ersten Weltkrieg ein. Die intensiven militärischen und wirtschaftlichen Beziehungen setzten sich auch nach dem Ersten Weltkrieg und der Machtergreifung der Nationalsozialisten in Deutschland im Jahr 1933 fort (Uzgel 2012: 297-307, Avcı 2015: 235 ff.).

Ein Handelsabkommen im Jahr 1949 ließ den deutsch-türkischen Handel rapide ansteigen, Deutschland entwickelte sich bereits in den 1950ern zum größten Handelspartner der Türkei. Gleichzeitig intensivierten sich die politischen Beziehungen, was sich u. a. durch hochrangige Staatsbesuche zeigt. 1954 reiste Bundeskanzler Konrad Adenauer, 1957 Bundespräsident Theodor Heuss in die Türkei, 1958 besuchte Staatspräsident Celal Bayar Deutschland. Die Bundesregierung unterstützte, wenn auch vorrangig aus sicherheitspolitischen Interessen, die Türkei in ihrem Bestreben, sich mit der EWG zu assoziieren (vgl. Gürbey 1990).

1961 unterzeichneten Deutschland und die Türkei ein Anwerbeabkommen, das Migrationsbewegungen auslöste, die sich bis heute fortsetzen. Mit Deutschlands Beitritt in die NATO (1955) begannen auch Waffengeschäfte zwischen der Türkei und Deutschland, die sich im Anschluss an die Zypernkrise 1963/64 weiter intensivierten. Ankara konnte das US-Waffen-embargo, verhängt als Reaktion auf die Besetzung Nordzyperns durch die türkischen Streitkräfte, mit deutschen Rüstungsliefe-rungen ausgleichen. Letztere setzten sich auch nach dem Mili-tärputsch von 1980 fort, wenngleich Menschenrechtsverletzun-gen in der Türkei für dauerhafte Spannungen sorgten (vgl. Ernst 2002). Nichtsdestotrotz war Deutschland stets daran in-teressiert, die bilateralen Beziehungen zu vertiefen und das Land an die EU anzubinden, wofür die Weichen 1999 unter deutscher EU-Ratspräsidentschaft gestellt wurden (vgl. Çopur 2012: 112 ff.).

Die Protestwelle im Sommer 2013 (vgl. Aydın 2014a) und die darauf folgenden innenpolitischen Spannungen in der Tür-kei stellten die bilateralen Beziehungen auf eine Belastungspro-be. Die Bundesregierung kritisierte das harte Durchgreifen der türkischen Polizei gegen die Demonstranten und blockierte im Herbst 2013 die Eröffnung des Verhandlungskapitels „Regio-nalpolitik und Koordination der strukturpolitischen Instru-mente". Mit der Zuspitzung der Flüchtlingskrise im Herbst 2015 kam jedoch wieder Bewegung in die türkisch-deutschen Beziehungen. Bundeskanzlerin Merkel reiste zwei Wochen vor der Parlamentswahl am 1. November in die Türkei, um mit Staatspräsident Erdoğan und Regierungschef Davutoğlu über eine Zusammenarbeit bei der Flüchtlingsproblematik zu bera-ten. Am 22. Januar 2016 saßen die Bundesregierung und das türkische Kabinett erstmals zusammen und berieten über die Flüchtlingskrise und den gemeinsamen Kampf gegen den isla-mistischen Terror. Am 8. Februar 2016 stattete Merkel der Tür-kei erneut einen Besuch ab.

Beide Staaten verbinden langfristige Interessen in den Berei-chen Energie, Sicherheit, Wirtschaft, Migration, Integration und Flucht. Neue Herausforderungen schaffen weitere Anreize für die Verbündeten, sich wieder stärker aneinander zu orientieren. Die militärischen und diplomatischen Rückschläge im syrischen Bürgerkrieg und der Konflikt mit Russland nach dem Abschuss des russischen Kampfjets haben die Grenzen der Türkei als „Militärmacht" deutlich vor Augen geführt. Angesichts der russischen Expansions- und Einflusspolitik gegenüber Ukraine, Kaukasus, Syrien und Ägypten und russischer EU-Destabilisierungspolitik ist es im Interesse Deutschlands, auf eine Politik der Stabilisierung Ost- und Südosteuropas und der Nahostregion, immerhin Nachbarregion Europas, hinzuwirken.

Einer Vertiefung der türkisch-deutschen Zusammenarbeit im Wege stehen etwa der Demokratieabbau sowie die Verstöße gegen das Prinzip der Gewaltenteilung und der Rechtsstaatlichkeit in der Türkei. Ein zweites Hindernis resultiert aus der innenpolitischen Instabilität und Verwundbarkeit aufgrund der ungelösten Kurdenfrage, der Unzufriedenheit der Aleviten und der mangelhaften Aufarbeitung der Schattenseiten der türkischen Moderne. Berlin wird zu einer engeren strategischen Partnerschaft mit der Türkei kaum bereit sein, solange die Grundlagen für eine leistungsfähige liberale Wirtschaftsordnung, eine demokratische Staats- und Gesellschaftsordnung, sichere Rahmenbedingungen für ausländische Investitionen und eine säkulare, konflikteinhegende Außenpolitik nicht gegeben sind. Denn nicht zu vernachlässigen sind die Skepsis einer türkeikritischen Öffentlichkeit in Deutschland, die Mahnungen der Menschenrechtsorganisationen und von linken deutschen Parteien und Gewerkschaften sowie von türkischstämmigen deutschen Parteimitgliedern, die vehement Einspruch gegen Berlins Annäherungspolitik gegenüber Ankara erheben. Sie kritisieren, die Bundesregierung würde der Türkei politisch und finanziell viel zu weit entgegenkommen und europäische Werte über Bord werfen (vgl. Aydın 2016b).

Die Nachbarstaaten

Die Türkei ging in den 1980ern zu einer Regionalpolitik über, die auf Überwindung der regionalen Isolation und eine stärkere Integration des Landes in die regionalen politischen und wirtschaftlichen Netzwerke zielte. Nach dem Ende des Kalten Krieges wurde in der Nahost- und Kaukasus-Region eine aktivistische Außenpolitik eingeleitet, die zwischen 1997 und 2002 vom damaligen Außenminister Ismail Cem weiter ausgebaut wurde. Mit der AKP-Regierung und insbesondere nach dem Irak-Krieg bekam diese Außenpolitik einen „neuen Antrieb" (Öztürk 2012: 391). Die Terrorangriffe vom 11. September 2001 und der Irak-Krieg (2003) förderten das Selbstverständnis der Türkei als eines politischen und geografischen Brückenstaates. Seitdem strebt man in der Nahostregion eine regionale Integration, sicherheitspolitische und ökonomische Stabilität sowie eine Lösung der Konfliktherde Irak, Palästina und Syrien an.

Die Türkei vermittelte im Palästinaproblem zwischen den Konfliktparteien und gewann zunächst großes Ansehen nicht nur in der Nahostregion. Allerdings löste ihre Politik, den israelisch-palästinensischen Konflikt durch eine „Einbeziehung der in der palästinensischen Bevölkerung stark verankerten Hamas" zu lösen, Spannungen mit Israel aus, die sich später weiter zuspitzten. Seit dem Mavi-Marmara-Ereignis befanden sich die türkisch-israelischen Beziehungen bis 2016 auf einem historischen Tiefpunkt. Allerdings wurde trotz der Interessengegensätze der „bilaterale Handel fortgesetzt und der politische Dialog aufrechterhalten" (Öztürk 2012: 401). Seit Sommer 2016 führen beide Seiten wieder Gespräche und bemühen sich um eine Wiederannäherung.

In den 1990ern war die Türkei bestrebt, im Kaukasus und in Zentralasien eine Einflusszone aufzubauen, wobei sie auf „ihre historischen, kulturellen, ethnischen und religiösen Verbindungen" zu den neuen Turkstaaten in Zentralasien setzte. Dabei ging es jedoch nicht nur darum, für die türkischen Produkte neue Absatzmärkte zu erschließen, man wollte das Land auch zum „Ost-

West-Energiekorridor" und einem „Kreuzungspunkt der Gas-
und Ölleitungen" ausbauen und erhofften sich eine ökonomische Untermauerung der strategischen Bedeutung und eine weitere Stärkung der regionalen Rolle. 2005 wurde die Baku-Tiflis-
Ceyhan-Pipeline (BTC-Pipeline) für den Öltransport eröffnet.
Hinter dieser Politik steht die Annahme, dass der „Verlauf der
Energierouten die politische Ausrichtung der Staaten entscheidend mitbestimmen würde" (Öztürk 2012: 404). Erfolge konnte die türkische Außenpolitik auch im Bereich der militärischen
Kooperation verbuchen: 2002 schloss man ein Militärabkom-
men mit Aserbaidschan und Georgien, das eine gemeinsame
Terrorismusbekämpfung und die Modernisierung und Ausbildung aserbaidschanischer und georgischer Streitkräfte durch
die Türkei vorsieht (Öztürk 2012: 406 f.). Trotz beachtlicher Erfolge ist der Weg zum „Ost-West-Energiekorridor" noch weit.
Dazu muss das Land stabil und sicherheitspolitisch verlässlich
bleiben, um die Sicherheit der Erdgas- und Öl-Pipelines zu gewährleisten, und ist auf die Kooperation Russlands angewiesen,
das sich durch „langfristige Lieferverträge mit Turkmenistan
(Gas) und Kasachstan (Öl) Erstzugriffsrechte auf die Energiere-
serven der kaspischen Region gesichert hat" (Öztürk 2012: 410).

Zu einer Intensivierung der Beziehungen und Zusammenarbeit kam es auch mit der Russischen Föderation – u. a. im militärischen Bereich. Gemeinsame Militärmanöver, Trainings-
und Ausbildungsprogramme wurden realisiert. Es kam auch zu
einer Kooperation der Nachrichtendienste sowie zu einer enormen Ausweitung der Handelsbeziehungen und des Antiterror-
kampfes (Öztürk 2012: 409). 2012 wurde die Türkei Dialog-
partner der Schanghaier Organisation für Zusammenarbeit, der
auch Russland angehört, 2013 bekräftigte Erdoğan Interesse an
einer Mitgliedschaft. Die Türkei unterstützte Russlands Mitgliedschaft in der Welthandelsorganisation und der Organisation für Islamische Zusammenarbeit. Befeuert vom zwischen-
staatlichen Handel, der von fünf Milliarden US-Dollar im Jahr
2002 auf über 31 Milliarden im Jahr 2014 anstieg, kamen sich

die beiden Länder auch gesellschaftlich näher. Über die Hälfte der Gasimporte bezieht man aus Russland. Im Jahr 2010 wurde auf beiden Seiten die Visapflicht abgeschafft, 2014 besuchten über vier Millionen russische Touristen die Türkei.

Vereinbart wurde mit Russland auch der Bau des ersten Atomkraftwerks der Türkei, der jedoch nach dem Abschuss eines russischen Kampfjets durch türkische Kampfjets aufgekündigt wurde. Russland hat weitere Sanktionen gegen die Türkei verhängt: Zum Jahreswechsel 2015/16 wurde die Visafreiheit für türkische Staatsbürger ausgesetzt und die Einfuhr bestimmter Produkte aus der Türkei eingeschränkt.

Die Ursache für den gegenwärtigen Konflikt liegt in den Interessengegensätzen – die Großmacht Russland und die selbstbewusste Türkei möchten ihre Einflusssphären im Kaukasus und im Nahen Osten weiter ausbauen. Während die Unterstützung Armeniens und die Anerkennung des armenischen Genozids durch Russland für Unmut in der Türkei sorgten, betrachtete Russland dessen Beziehungen zu Turkstaaten und den Krimtataren mit Misstrauen. In Syrien setzt die Türkei auf einen Regimewechsel, Russland hingegen unterstützt den syrischen Staatspräsidenten Bashar Al-Asad auch militärisch. Russlands Revisionismus ist eine weitere Herausforderung für die bestehenden staatlichen Grenzen in der Region. Die Türkei will die Staatsgrenzen erhalten und einen kurdischen Nationalstaat, der auf türkisches Territorium übergreift, verhindern. Im Sommer 2016 ist es zu einer Wiederannäherung gekommen. Russland hat die Wirtschaftssanktionen gegen die Türkei aufgehoben, Ankara und Moskau haben angekündigt, wirtschaftlich und militärisch umfassend zu kooperieren.

Die Türkei ist bestrebt, zu einer regionalen Ordnungsmacht aufzusteigen. Vonnöten sind hierzu politische Stabilität, die Fortsetzung der wirtschaftlichen Modernisierung und eine demokratische Wende, um die dazu erforderlichen „Ressourcen und Problemlösungskapazitäten aufbringen zu können" (Öztürk 2012: 410).

Anmerkungen

1 Art. 1 bestimmte die Nation als die Quelle der Staatsgewalt *(Hâkimiyet bilâ kayd ü şart milletindir)*, Art. 10 regelte die Verwaltung der Türkei, wobei das Land in Provinzen *(vilâyet)*, Landkreise *(kaza)* und Gemeinden *(nahiye)* aufgeteilt wurde. Provinzen und Gemeinden bekamen die Stellung einer juristischen Person (Art. 11, 16).

2 In der *Großen Nationalversammlung der Türkei* wurde die Frage der Gewaltenteilung kontrovers diskutiert. General Mustafa Kemal Pascha lehnte das Prinzip der Gewaltenteilung mit der Begründung ab, diese sei mit dem Prinzip der Souveränität unvereinbar und in der Natur würde es auch keine Gewaltenteilung geben (vgl. a. Akyol 2014: 262).

3 Indemnität bezeichnet die *Freistellung von strafrechtlicher (u. U. auch zivilrechtlicher) Verfolgung*. Sie stellt ein Verfahrenshindernis im Strafprozess dar, während Immunität für Abgeordnete lediglich die Strafverfolgung für die Zeit des Mandats hemmt und daher kein echtes Verfahrenshindernis darstellt. Indemnität ist auch eine Bezeichnung für die *nachträgliche Legitimierung* von rechtswidrigen, eigenmächtigen oder im Ausnahmezustand getroffenen Entscheidungen der Regierung durch ein Parlament.

4 Siehe „Geschichte der CHP", offizielle Internetseite: http://www.chp.org.tr/?page_id=67

5 Die BDP hat ihren Namen in *Demokratik Bölgeler Partisi* (Partei Demokratischer Regionen) umgeändert und wird sich in Zukunft als Kaderpartei dem Aufbau der „demokratischen Autonomie" widmen. An Parlamentswahlen wird sie nicht teilnehmen. Den Parteivorsitz teilen sich Kamuran Yüksek und Emine Ayna; Letztere ist die einzige Vertreterin der Partei in der Großen Nationalversammlung.

6 *Siyasi Partiler Kanunu*, Nr. 2820, vom 24.04.1983. Die erste Änderung fand am 13.6.1983 statt, die letzte am 28.6.2014.

7 *Mahalli İdareler ile Mahalle Muhtarlıkları ve İhtiyar Heyetleri Seçimi Hakkında Kanun*, Nr. 2972, vom 18.1.1984.

8 Alle Daten zum Wahlergebnis sind der amtlichen Mitteilung des „Hohen Wahlausschusses" entnommen.

9 Beim ersten Wahlgang erhielten die Kandidaten İsmet Yılmaz 256 Stimmen (AKP), Deniz Baykal 125 (CHP), Ekmeleddin İhsanoğlu 81 (MHP), Dengir Mir Fırat 81 (HDP). Nachdem im zweiten und dritten Wahlgang keine Entscheidung getroffen werden konnte (256, 128, 80, 80 bzw. 259, 129, 80, 78 Stimmen), wurde im vierten Wahlgang İsmet Yılmaz mit 258 Stimmen zum Präsidenten der Großen Nationalversammlung gewählt, während Deniz Baykal bei 182 Stimmen blieb. Die MHP-Fraktion gab ungültige Stimmen ab.

10 Die Zaza sind eine Bevölkerungsgruppe in Ost-Anatolien, deren Zahl auf etwa drei Millionen geschätzt wird. Viele Zaza betrachten sich als Kurden, ob-

wohl Zazaki linguistisch als eine eigenständige Sprache aufgefasst wird (vgl. van Bruinessen 2000).

11 Website des Außenministeriums der Republik Türkei, www.mfa.gov.tr/the-expatriate-turkish-citizens.en.mfa (Zugriff am 13.4.2016).

12 Der Gini-Koeffizient ist ein statistisches Maß, das zur Darstellung von Ungleichverteilungen dient. Der Gini-Koeffizient nimmt einen Wert zwischen 0 (bei einer gleichmäßigen Verteilung) und 1 (bei einer maximalen Ungleichverteilung) an. http://knoema.de/atlas/T%C3%BCrkei/Gini-Koeffizient?utm_expid=42012176-33.S2Sl-JDbSL2xRYLTb5x9bw.0&utm_referrer=https%3A%2F%2Fwww.google.de

13 „Lexas", http://www.laenderdaten.de/wirtschaft/gini-index.aspx

14 World Economic Forum, Rankings; vgl.: http://reports.weforum.org/global-gender-gap-report-2014/rankings/

15 http://www.hurriyet.com.tr/basbakan-davutoglu-istihdam-ve-tesvik-paketini-acikladi-28624702, zuletzt abgerufen 17.6.2016.

16 So auch der türkische Ex-Außenminister und Ex-Ministerpräsident Mesut Yılmaz in einem Interview mit dem *Eurasischen Magazin* vom 6.3.2003: „Wir, die Türken, bringen nun ein neues Element ein. Wir kennen Europa, denn wir sind Teil seiner Geschichte gewesen und werden es demnächst auch wieder sein, wenn auch auf eine wesentlich friedlichere Art. Wir kennen aber auch Asien und damit erfüllen wir eine Brückenfunktion, auf die die EU nicht verzichten sollte. Dies ist unsere eurasische Aufgabe"; *Eurasisches Magazin* (online), 25.6.2003, „www.eurasischesmagazin.de/artikel/Wir-Tuerken-erfuellen-eine-Brueckenfunktion-das-ist-unsere-eurasische-Aufgabe/60603" (Zugriff am 16.1.2014).

17 Siehe dazu die Website des *Amtes für Auslandstürken und verwandte Gemeinschaften*, www.ytb.gov.tr/index.php/kurumsal/hakkimizda.html (Zugriff am 20.1. 2014).

Literatur

Abadan-Unat, Nermin 2011: Turks in Europe: From Guest Worker to Transnational Citizen, New York & Oxford.

Adanır, Fikret 1995: Geschichte der Türkei, Berlin.

Ahmad, Feroz 1993: The Making of Modern Turkey, London & New York.

Ahmad, Feroz 2016: İttihatçılıktan Kemalizme, İstanbul.

Akçuraoğlu, Yusuf 1330: 1329 senesinde Türk dünyası, Türk Yurdu, Jahr 3, H. 6, Nr. 3: 2102-2103.

Akçuraoğlu, Yusuf 1340: Türk milliyetçiliğinin iktisadi menşe'lerine dair, in: ders. (Hrsg.), Siyaset ve İktisat Hakkında Birkaç Hitabe ve Makale, İstanbul: 164-165.

Al Jazeera 2013: Barış ve Demokrasi Partisi – BDP, Al Jazeera, 28.10.2013 (http://www.aljazeera.com.tr/haber-analiz/baris-ve-demokrasi-partisi-bdp).

AK Parti 2012: AK Parti 2023: Siyasi Viyzonu: Siyaset, Toplum, Dünya, (https://www.akparti.org.tr/site/akparti/2023-siyasi-vizyon).

Akşin, Sina 1997: Siyasal Tarih, 1789-1908, in: Metin Kunt/ders. (Hrsg.), Türkiye Tarihi 3: Osmanlı Devleti, 1600-1908, İstanbul: 77-188.

Akyol, Taha 2008: Ama Hangi Atatürk, İstanbul.

Akyol, Taha 2014: Türkiye'nin Hukuk Serüveni: Fıkıhtan hukuka ve demokrasiye geçiş sorunları, İstanbul.

Avcı, Meral 2014: Die türkisch-deutschen Wirtschaftsbeziehungen in den Jahren von 1923 bis 1945 unter Beachtung der politischen Entwicklungen, Aachen.

Aydın, Mustafa 2012: İkinci Dünya Savaşı ve Türkiye: 1939-1945, in: Baskın Oran (Hrsg.), Türk Dış Politikası, Cilt I: 1919-1980. İstanbul: İletişim Yayınları, 399-476.

Aydın, Yaşar 2013: „Transnational" statt „nicht integriert": Abwanderung türkeistämmiger Hochqualifizierter aus Deutschland, Konstanz/München.

Aydın, Yaşar 2014a: Türkei: Kommunalwahlen als Referendum für Erdoğan, SWP-Aktuell 24, Berlin.

Aydın, Yaşar 2014b: Die neue türkische Diasporapolitik, SWP-Studie, Berlin (https://www.swp-berlin.org/fileadmin/contents/products/studien/2014_S14_adn.pdf, letzter Abruf: 20.11.2016)

Aydın, Yaşar 2014c: Der türkische Putin?, in: Berliner Republik – Das Debattenmagazin, 2.10.2014 (http://www.b-republik.de/online-spezial/der-tuerkische-putin).

Aydın, Yaşar 2014d: Türkei: AKP in der Tradition der autoritären Staatsführung – eine antidemokratische Kehrtwende mit Folgen, in: Klaus Gallas (Hrsg.), Orient im Umbruch: Der Arabische Frühling und seine Folgen, Halle (Saale): 123-136.

Aydın, Yaşar 2014e: Reflections on the Gezi Park Protests in Turkey – Socio-Political Factors and Subjective Motives, in: Orient: Deutsche Zeitschrift für Politik, Wirtschaft und Kultur des Orients, Jg. 55, I/2014: 11-16.

Aydın, Yaşar 2015: Die Parlamentswahl in der Türkei im Juni 2015: Ist das Wahl-ergebnis ein Sieg für die Demokratie und für den nationalen Zusammenhalt?, in: Südosteuropa Mitteilungen, 03-04/2015: 11-26.

Aydın, Yaşar 2016a: The Germany-Turkey Migration Corridor: Refitting Policies for a Transnational Age, Washington DC: Migration Policy Institute (http://www.migrationpolicy.org/research/germany-turkey-migration-corridor-refit-ting-policies-transnational-age, letzter Abruf: 20.11.2016).

Aydin, Yasar 2016b: Die Türkei vor einer Richtungsentscheidung – Orientiert sich Ankara erneut nach Europa und dem Westen? Bundeszentrale für politische Bil-dung, 22.2.2016 (http://www.bpb.de/internationales/weltweit/innerstaatliche-konflikte/221595/die-tuerkei-vor-einer-richtungsentscheidung).

Bacia, Horst 2012: Ausgang ungewiss – die Verhandlungen über einen Beitritt zur EU, in: Udo Steinbach (Hrsg.), Länderbericht Türkei, Bonn: 431-463.

Bağoğlu, Necip C. 2015: Wirtschaftstrends Jahresmitte 2015 – Türkei, Germany Trade & Invest, 06.07.2015 (https://www.gtai.de/GTAI/Navigation/DE/Trade/Maerkte/Wirtschaftsklima/wirtschaftstrends,t=wirtschaftstrends-jahres-mitte-2015--tuerkei,did=1272538.html).

BAMF (2013): Migrationsbericht des Bundesamtes für Migration und Flüchtlinge im Auftrag der Bundesregierung (Migrationsbericht 2012), Berlin.

Başel, Halis 2007: Türkiye'de Nüfus Hareketlerinin ve İç Göçün Nedenleri, in: İstanbul Üniversitesi Sosyal Siyaset Konferansları Dergisi, Nr. 53/2007: 516-542.

Baykal, Sanem/Arat, Tuğrul 2013: AB'yle İlişkiler, in: Baskın Oran (Hrsg.), Türk Dış Politikası, Cilt III: 2001-2012. İstanbul: İletişim Yayınları: 337-400.

BBP 2016a: Tarihçe, Internetseite der Partei der großen Einheit (http://www.bbp.org.tr/menu_detail.php?icerikid=8).

BBP 2016b: Neden BBP, Internetseite der Partei der großen Einheit (http://www.bbp.org.tr/menu_detail.php?icerikid=2).

Berkes, Niyazi 2013: Türkiye İktisat Tarihi, İstanbul.

Beriş, Hamit E. 2012: 30 Mart'a Doğru Milliyetçi Hareket Partisi, in: SETA Ana-liz, 2/2012, Nr. 84.

Bianchi, Robert 1984: Interest Groups and Political Development in Turkey, Princeton.

Boratav, Korkut 1997a: İktisat Tarihi, 1908-1980, in: Mete Tunçay, Cemil Koçak u. a. (Hrsg.), Türkiye Tarihi: Çağdaş Türkiye, 1981-1994, İstanbul: 265-354.

Boratav, Korkut 1997b: İktisat Tarihi, 1908-1980, in: Mete Tunçay, Cemil Koçak u. a. (Hrsg.), Türkiye Tarihi: Çağdaş Türkiye, 1908-1980, İstanbul: 159-213.

CHP 2012a: Cumhuriyet Halk Partisi Programı: Çağdaş Türkiye İçin Değişim, Ankara.

CHP 2012b: Cumhuriyet Halk Partisi Tüzüğü, (26.2.2012) Ankara.

Cıngı, Aydın 2011: CHP: A Party on the Road to Social Democracy, International Policy Analysis, Friedrich Ebert Stiftung.

CNN 2003: U.S. releases Turkish troops, CNN-International, 7.7.2003 (http://edition.cnn.com/2003/WORLD/meast/07/06/turkey.us/index.html).

Çakır, Ruşen 2011: 12 Eylül'den 12 Haziran'a Siyasi Partiler: Barış ve Demokrasi Partisi – BDP, in: SETA–Analiz, Nr. 38/Mai.

Çelikpala, Mitat 2013: Rusya Federasyonuyla İlişkiler, in: Baskın Oran (Hrsg.), Türk Dış Politikası, Cilt III: 2001-2012. İstanbul: 532-559.

Çopur, Burak 2012: Neue deutsche Türkeipolitik der Regierung Schröder-Fischer, 1998-2005, Hamburg.

Davutoğlu, Ahmet 2001: Stratejik Derinlik: Türkiye'nin Uluslararası Konumu (dt. Strategische Tiefe: Internationale Position der Türkei, Istanbul.

Davutoğlu, Ahmet 2013: The Three Major Earthquakes in the International System and Turkey, in: The International Spectator: Italian Journal of International Affairs, 48/Juni, 02: 1-11.

Dietert, Amke 2012a: Menschenrechte in der Praxis von Justiz und Polizei, in: Udo Steinbach (Hrsg.), Länderbericht Türkei, Bonn: 151-168.

Dietert, Amke 2012b: Die Beitrittsdebatte in der Türkei, in: Udo Steinbach (Hrsg.), Länderbericht Türkei, Bonn: 464-275.

Dinler, Demet Şahende 2013: Gewerkschaften in der Türkei – Interessenvertretung unter schwersten Bedingungen, Studie – Friedrich Ebert Stiftung, Berlin.

Dursun, Çiler 2002: İdeoloji ve Özne: Türk-İslam Sentezi, Dissertation, Universität Ankara.

Dündar, Fuat 2010: Modern Türkiye nin Şifresi: İttihat ve Terakki'nin Etnisite Mühendisliği, 1913-1918, İstanbul.

Erdemir, Aykan 2012: Comprehensive Security in Turkey: The Rise of a Social Democratic Alternative, in: Turkish Policy Quarterly, H. 11, Nr. 3: 55-62.

Erhan, Çağrı 2012a: ABD ve NATO'yla İlişkiler, in: Baskın Oran (Hrsg.), Türk Dış Politikası, Cilt I: 1919-1980. İstanbul: 522-575.

Erhan, Çağrı 2012b: ABD ve NATO'yla İlişkiler [1960-1980], in: Baskın Oran (Hrsg.), Türk Dış Politikası, Cilt I: 1919-1980. İstanbul: 681-715.

Ernst, Oliver 2002: Menschenrechte und Demokratie in den deutsch-türkischen Beziehungen: Die Menschenrechtspolitik der Bundesrepublik Deutschland im Spannungsfeld der inneren und äußeren Sicherheit, 1980-2002; Dissertation an der Westfälischen Wilhelms-Universität zu Münster.

Faroghi, Suraiya 1994: Crisis and Change, 1590-1699, in: Halil İnalcık/Donald Quataert (Hrsg.), An Economic and Social History of Ottoman History, Cambridge: 411-636.

Germany Trade & Invest 2015: Wirtschaftsdaten kompakt: Türkei, Stand: Mai 2015, Bonn.

Georgeon, François 2012: Sultan Abdülhamid, İstanbul.

Gottschlich, Jürgen 2009: Türkei startet TV-Kanal auf Kurdisch, taz, 2.1.2009.

Gözler, Kemal 2000: Anayasa Yargısı, in: Ders., Türk Anayasa Hukuku, Bursa: 872-980.

Große Nationalversammlung 2016: Internetseite der Großen Nationalversammlung der Türkei, https://global.tbmm.gov.tr/index.php/DE/yd/, letzter Abruf: 25.6.2016.

Gülfidan, Şebnem 1993: Big Business and the State in Turkey: The Case of TUSIAD, İstanbul.

Günay, Cengiz 2012: Geschichte der Türkei: Von den Anfängen der Moderne bis heute, Wien/Köln/Weimar.

Gürbey, Gülüzar 1990: Die Türkei-Politik der Bundesrepublik Deutschland unter Konrad Adenauer, 1949-1963; Pfaffenweiler.

Gürbey, Gülistan 2010: Wandel in der türkischen Außenpolitik unter der AKP-Regierung?, in: Südosteuropa-Mitteilungen, 50/2010, 2: 16-27.

Gürbey, Gülistan 2012: Die Türkei und die USA – auch künftig eine strategische Partnerschaft?, in: Udo Steinbach (Hrsg.), Länderbericht Türkei. Bonn: 372-389.

Hakyemez, Yusuf Şevki 2010: 2010 Anayasa Değişiklikleri ve Demokratik Hukuk Devleti, in: Gazi Üniversitesi Hukuk Fakültesi Dergisi, H. XIV/2010, Nr. 2: 387-406 (http://webftp.gazi.edu.tr/hukuk/dergi/14_2_13.pdf).

HAK-İŞ 2016: Tarihçe, Internetseite (http://www.hakis.org.tr/icerik.php?sayfa=3, letzter Abruf: 20.11.2016)

Hall, Richard 2000: The Balkan Wars, 1912-1913: Prelude to the First World War, London/New York.

Hanioğlu, M. Şükrü 2008: A Brief History of the Late Ottoman Empire, Princeton.

Hazama, Yasushi 2007: Electoral Volatility in Turkey: Cleavages vs. the Economy. Chiba.

HDP 2014: Halkların Demokratik Partisi Tüzüğü, 22.6.2014, 2. außerordentlicher Parteitag, (http://www.hdp.org.tr/parti/parti-tuzugu/10).

HDP o. Jahr: Halkların Demokratik Partisi Programi: Emek, eşitlik, özgürlük, barış ve adalet için, (http://www.hdp.org.tr/parti/parti-programi/8).

Heper, Metin 2013: Islam, Conservatism, and Democracy in Turkey: Comparing Turgut Özal and Recep Tayyip Erdoğan, in: Insight Turkey, H. 15, Nr. 2: 141-156.

Hermann, Rainer 2007: Provokation für die türkischen Nationalisten, in: Frankfurter Allgemeine Zeitung, 22.01.2007.

İçduygu, Ahmet 2009: Turkey – Country Profile, in: focus Migration, Nr. 5/April.

İçduygu, Ahmet/Erder, Sema/Gençkaya, Ömer Faruk 2014: Türkiye'nin Uluslararası Göç Politikaları, 1923-2023: Ulus-devlet Oluşumundan Ulus-Ötesi Dönüşümlere. İstanbul.

IOM 2008: Migration in Turkey: A Country Profile.

İnalcık, Halil 1964: The Nature of Traditional Society, in: Robert E. Ward/Dankwart A. Rustow (Hrsg.), Political Modernization on Japan and Turkey, Princeton: 42-63.

İnalcık, Halil 1994: The Ottoman State: Economy and Society, 1300-1600, in: ders./Donald Quatart (Hrsg.), An Economic and Social History of Ottoman History, Cambridge: 9-409.

İnalcık, Halil 2008: Osmanlı İmparatorluğu Klasik Çağ, 1300-1600, İstanbul.

İnalcık, Halil/Quatart, Donald 1994: An Economic and Social History of Ottoman History, Cambridge.

Kalaycıoğlu, Ersin 2005: Turkish Dynamics: Bridge Across Troubled Lands, New York.

Karakaş, Cemal 2007: Türkei: Islamismus und Laizismus zwischen Staats-, Politik- und Gesellschaftsinteressen, in: HSFK-Report, 1/2007, Frankfurt/M.

Karpat, Kemal 2008: Osmanlı Modernleşmesi: Toplum, Kurumsal Değişim ve Nüfus, Ankara.

Karpat, Kemal 2010: Osmanlı'dan Günümüze Etnik Yapılanma ve Göçler, İstanbul.

Karpat, Kemal 2012: Elites and Religion: From Ottoman Empire and Turkish Republic, İstanbul.

Keyder, Çağlar 1989: Türkiye'de Devlet ve Sınıflar, İstanbul.

Keyder, Çağlar 2009: Toplumsal Tarih Çalışmaları, İstanbul.

Kirişci, Kemal 2009: The Transformation of Turkish Foreign Policy: The Rise of the Trading State, in: New Perspectives on Turkey, 2009/40: 29-57.

Koç, Yıldırım 1997: Milliyetçi İşçi Sendikaları Konfederasyonu – MİSK, in: Kebikeç, Nr. 5/1997: 207-219.

Koç, Yıldırım 2003: Türkiye İşçi Sınıfı ve Sendikacılık Hareketi Tarihi, Ankara.

Koç, Yıldırım 2011: Çalışanların Ortak Sesi Demokrasi Platformu Tarihi, (http://www.yildirimkoc.com.tr/usrfile/1323974806b.pdf, letzer Abruf: 20.11.2016)

Koç, Canan/Koç, Yıldırım 2008: Disk Tarihi: Efsane mi gerçek mi? (1967-1980), Ankara.

Koçak, Cemil 1997: Siyasal Tarih, 1923-1950, in: Mete Tunçay, Cemil Koçak u. a. (Hrsg.), Türkiye Tarihi: Çağdaş Türkiye, 1981-1994, İstanbul: 85-187.

KONDA 2015: 7 Haziran 2015 Sandık ve Seçmen Analizi, Istanbul.

Koyuncu, Berrin 2006: Küreselleşme ve Türk İşadamları Derneği: TÜSİAD Örneği, Uluslararası İlişkiler, H. 3/Nr. 9: 125-149.

Kramer, Heinz 2007: Die Türkei auf dem Weg in die nach-kemalistische Republik, in: SWP-Aktuell 48/September, Berlin.

Kramer, Heinz 2011: Zwischen Tradition und Neuorientierung: die Außenpolitik, Bundeszentrale für politische Bildung: Informationen zur politischen Bildung: Türkei, 4/2011.

Kramer, Heinz 2011: Türkei, Informationen zur politischen Bildung 313, Bundeszentrale für politische Bildung.

Kramer, Heinz 2011: Ideologische Grundlagen und Verfassungsrahmen, in: ders. (Hrsg.), Türkei, Bonn.

Kramer, Heinz 2013: The Future of Turkish-Western Relations, in: Südosteuropa-Mitteilungen, 53 (2013) 1: 57-72.

Kreiser, Klaus 2006a: Von der Chinesischen Mauer über Transoxanien nach Anatolien, in: Ders./Christoph K. Neumann (Hrsg.), Kleine Geschichte der Türkei, Bonn: 19-103.

Kreiser, Klaus 2006b: Das letzte osmanische Jahrhundert, in: ders./Christoph K. Neumann (Hrsg.), Kleine Geschichte der Türkei, Bonn: 315-381.

Kreiser, Klaus 2006c: Die neue Türkei, in: ders./Christoph K. Neumann (Hrsg.), Kleine Geschichte der Türkei, Bonn: 383-475.

Kreiser, Klaus 2012: Geschichte der Türkei: Von Atatürk bis zur Gegenwart, München.

Küçükyağcı, Nazmi 2012: Geçmişten Günümüze Türk Yargı Sistemi ve Yargı Bürokrasisi, Ankara.

Lipset, Seymour Martin/Rokkan, Stein 1967: Cleavage Structures, Party Systems and Voter Alignments. An Introduction, in: dies. (Hrsg.), Party Systems and Voter Alignments: Cross-National Perspectives. New York: 1-6.

MAG 2000: Biz De Değiştik, in: NTV Magazin, H: 1, Nr. 8/April: 32-41.

Mardin, Şerif 1973: Center-Periphery Relations: A Key to Turkish Politics?, in: Daedalus, H. 102, Nr. 1, Post-Traditional Societies (Winter 1973): 169-190.

Martens, Michael 2013: Kampf gegen Soldaten des Lichts, in: Frankfurter Allgemeine Zeitung, 18.12.2013: 3.

Massicard, Élise/Watts, Nicole F. 2013: Introduction: Reconsidering Parties, Power, and Social Forces, in: dies. (Hrsg.), Negotiating Political Power in Turkey, London & New York: 1-16.

McGowan, Bruce 1994: The Age of Ayans, 1699-1812, in: Halil İnalcık/Donald Quataert (Hrsg.), An Economic and Social History of Ottoman History, Cambridge: 637-758.

Meier, Michael/Berktaş, Aylin 2010: Die Verfassungsreform 2010, in: Fokus Türkei – Friedrich Ebert Stiftung, Nr. 17 Juli 2010 (http://library.fes.de/pdf-files/bueros/tuerkei/07351-20100721.pdf).

Meier, Michael 2010: Hoffnung bei den türkischen Sozialdemokraten, in: Focus Türkei/Friedrich Ebert Stiftung.

MHP 2009a: Milliyetçi Hareket Partisi Programı: „Geleceğe Doğru" (8. November 2009), Ankara (http://www.mhp.org.tr/htmldocs/mhp/program/mhp/mhp_tarihcesi.html)

MHP 2009b: Milliyetçi Hareket Partisi: Parti Tüzüğü (8. November 2009), Ankara (https://www.mhp.org.tr/htmldocs/mhp/tuzuk/mhp/siyasi_parti_tuzugu.html).

Mumcu, Ahmet 1981: Zur Geschichte des Verfassungsstaates in der Türkei, in: Hans R. Roemer/Albrecht Noth (Hrsg.), Studien zur Geschichte und Kultur des Vorderen Orients: Festschrift für Bertold Spuler zum siebzigsten Geburtstag, Leiden: 264-274.

Musil, Pelin Ayan 2011: Authoritarian Party Structures and Democratic Political Setting in Turkey, New York.

Neumann, Christoph K. 2006a: Ein besonderes Imperium, 1512-1596, in: Klaus Kreiser/ders. (Hrsg.), Kleine Geschichte der Türkei, Bonn: 105-185.

Neumann, Christoph K. 2006b: Der frühmoderne Staat und seine Gesellschaft, 1596-1703, in: Klaus Kreiser/ders. (Hrsg.), Kleine Geschichte der Türkei, Bonn: 187-241.

Neumann, Christoph K. 2006c: Das kurze 18. Jahrhundert, 1703-1768, in: Klaus Kreiser/ders. (Hrsg.), Kleine Geschichte der Türkei, Bonn: 243-282.

Neumann, Christoph K. 2006d: Das Osmanische Reich in seiner Existenzkrise, 1768-1826, in: Klaus Kreiser/ders. (Hrsg.), Kleine Geschichte der Türkei, Bonn: 283-313.

Neziroğlu, İrfan 2013: Große Nationalversammlung der Türkei, Ankara.

N.N. 2015: Başbakan Davutoğlu, 'istihdam ve teşvik paketi'ni açıkladı, in: Hürriyet, 2.4.2015 (http://www.hurriyet.com.tr/basbakan-davutoglu-istihdam-ve-tesvik-paketini-acikladi-28624702, letzter Abruf: 17.6.2016).

OECD 2014: Education at a Glance 2014: OECD Indicators, OECD Publishing. http://dx.doi.org/10.1787/eag-2014-en.

Oran, Baskın 2006: Türkiye'de Azınlıklar: Kavramlar, Teori, Lozan, İç Mevzuat, İçtihat, Uygulama, İstanbul.

Oran, Baskın 2012: Dönemin Bilançosu, 1923-1939, in: Baskın Oran (Hrsg.), Türk Dış Politikası, Cilt I: 1919-1980. İstanbul: İletişim Yayınları: 241-257.

Oran, Baskın 2012: Uluslararası Ortam ve Dinamikler, in: Baskın Oran (Hrsg.), Türk Dış Politikası, Cilt I: 1919-1980. İstanbul: İletişim Yayınları: 480-498.

Oran, Baskın 2013: Dönemin Dış Politikası, in: ders. (Hrsg.), Türk Dış Politikası, Cilt III: 2001-2012. İstanbul: 130-231.

Önder, Zehra 1977: Die türkische Außenpolitik im Zweiten Weltkrieg. München.

Özbudun, Ergun/Hale, William 2010: Türkiye'de İslamcılık, Demokrasi ve Liberalizm: AKP Olayı, İstanbul.

Özbudun, Ergun 1992: 1921 Anayasası, Ankara.

Özbudun, Ergun 2011: Türkiye'de Parti ve Seçim Sistemi, İstanbul.

Özdemir, Hikmet 1997: Siyasal Tarihi, 1960-1980, in: Mete Tunçay/Cemil Koçak u. a. (Hrsg.), Türkiye Tarihi 4: Çağdaş Türkiye Tarihi, 1908-1980, İstanbul: 191-261.

Öztürk, Asiye 2012: Die türkische Nachbarschaftspolitik im Wandel, in: Udo Steinbach (Hrsg.), Länderbericht Türkei. Bonn: Bundeszentrale für politische Bildung: 390-412.

Quataert, Donald 1994: The Age of Reforms, 1812-1914, in: Halil İnalcık/Donald Quataert (Hrsg.), An Economic and Social History of Ottoman History, Cambridge: 759-933.

Pamuk, Şevket 2007: Osmanlı–Türkiye İktisadî Tarihi, 1500-1914, İstanbul.

Pamuk, Şevket 2014: Türkiye'nin 200Yıllık İktisadi Tarihi, İstanbul

Parla, Taha 2016: Türkiye'de Anayasalar – Tarih, İdeoloji, Rejim, 1921-2016, İstanbul.

Ritter, Andrea 2008: Geliebt und verfolgt – Türkische Schriftsteller, in: Stern, 18.10.2008.

Rumpf, Christian 1985: Verfassung und Verwaltung, in: Klaus-Detlev Grothusen (Hrsg.), Südosteuropa-Handbuch, Band IV: Türkei, Göttingen.

Rumpf, Christian 2012: Verfassung und Recht, in: Udo Steinbach (Hrsg.), Länderbericht Türkei, BpB: 121-150.

Sancar, Mithat 2014: CHP ile Kürtlerin Sancılı İlişkisi (Die schmerzhafte Beziehung zwischen CHP und Kurden), in: Al Jazeera Turk, 12.05.2014 (http://www.aljazeera.com.tr/gorus/chp-ile-kurtlerin-sancili-iliskisi).

Sayarı, Sabri 2002: Introduction, in: Metin Heper/ders. (Hrsg.), Political Leaders and Democracy in Turkey, Lanham u. a.: 1-8.

Schuß, Heiko 2012: Wirtschaftliche Entwicklung von der Gründung der Republik bis heute, in: Udo Steinbach (Hrsg.), Länderbericht: Türkei, Bonn: 328-368.

Seufert, Günter 2012a: Im Spannungsfeld von Laizismus und Islamismus, in: Udo Steinbach (Hrsg.), Länderbericht Türkei, Bonn: 207-228.

Seufert, Günter 2012b: Ethnien und Ethnizität: Die Kurden und andere Minderheiten, in: Udo Steinbach (Hrsg.), Länderbericht: Türkei, Bonn: 232-263.

Seufert, Günter 2013: Erdoğan und Öcalan verhandeln: Paradigmenwechsel in der türkischen Kurdenpolitik und neue Strategie der PKK, SWP-Aktuell 25, April 2013.

Seufert, Günter 2015: Der Aufschwung kurdischer Politik: Zur Lage der Kurden in Irak, Syrien und der Türkei, SWP-Studie, S 10, Berlin.

Süren, Özlem Koceh 2009: TBB Dergisi, Nr. 85: 403-413.

Tabak, Seda 2016: TUSKON tarih oldu, Sabah, 24.7.2016 (http://www.sabah.com.tr/ekonomi/2016/07/24/tuskon-tarih-oldu).

Tanör, Bülent 1997: Siyasal Tarih, 1980-1995, in: ders./Korkut Boratav/Sina Akşin (Hrsg.), Türkiye Tarihi 5: Bugünkü Türkiye, 1980-1995, İstanbul: 23-157.

Tanör, Bülent 2014: Osmanlı-Türk Anayasal Gelişmeleri. İstanbul.

Teziç, Erdoğan 1976: Siyasi Partiler, İstanbul.

Toprak, Zafer 1997: İktisat Tarihi, in: Sina Akşin (Hrsg.), Türkiye Tarihi 3: Osmanlı Devleti: 1600-1908, İstanbul: 219-271.

Toprak, Zafer 2012: Antropolojik Dilbilim, Dil Devrimi ve Sadri Maksudi, in: Toplumsal Tarih, Nr. 219, März 2012: 38-49.

Toprak, Binnaz/Bozan, Irfan u. a. 2008: Türkiye'de Farklı Olmak – Din ve Muhafazarlık Ekseninde Ötekileştirilenler, İstanbul.

TÜİK 2011: Türkiye'de Sayım Yıllarına Göre Nüfus, Başbakanlık Türkiye İstatistik Kurumu, http://www.tuik.gov.tr/PreIstatistikTablo.do?istab_id=202 (Zugriff 9.4.2016).

TÜİK 2015: Turkey in Statistics 2014, Türkiye İstatistik Kurumu/Turkish Statistical Institute, Ankara.

Tunçay, Mete 1997: Siyasal Tarih: 1908-1923, in: Sina Akşin (Hrsg.), Türkiye Tarihi 4: Çağdaş Türkiye: 1908-1980, İstanbul: 27-81.

TÜSİAD 1997: Report Perspectives on Democratization, İstanbul.

Unbehauen, Horst 2012: Urbanisierung und Strukturwandel der türkischen Gesellschaft, in: Udo Steinbach (Hrsg.), Länderbericht Türkei. Bonn.

Uras, Güngör 2005: TÜSİAD politikayı sevdi ekonomiyi unuttu, Milliyet, 14.1.2005.

Uzgel, İlhan/Kürkçüoğlu, Ömer 2012: İngiltere'yle İlişkiler, in: Baskın Oran (Hrsg.), Türk Dış Politikası, Cilt III: 2001-2012. İstanbul: 139-146.

Uzgel, İlhan 2013a: ABD ve NATO'yla İlişkiler, in: Baskın Oran (Hrsg.), Türk Dış Politikası, Cilt II: 1980-2001. İstanbul: 244-325.

Uzgel, İlhan 2013b: ABD ve NATO'yla İlişkiler, in: Baskın Oran (Hrsg.), Türk Dış Politikası, Cilt III: 2001-2012. İstanbul: 249-336.

Uzgel, İlhan 2013c: Balkanlarla İlişkiler, in: Baskın Oran (Hrsg.), Türk Dış Politikası, Cilt III: 2001-2012. İstanbul: 690-708.

Ünlühisarcıklı, Özgür 2013: Erdogans Wirtschaftswunder, in: IP – Die Zeitschrift, November/Dezember 2013: 4-10, https://zeitschrift-ip.dgap.org/de/ip-die-zeitschrift/archiv/jahrgang-2013/november-dezember/erdogans-wirtschaftswunder (Zugriff 10.6.2017).

Ünsal, Ünal 2013: T.C. Dışişleri Bakanlığı ve Yeni Teşkilat Kanunu, in: Baskın Oran (Hrsg.), Türk Dış Politikası, Cilt III: 2001-2012. İstanbul: 232-248.

Van Bruinessen, Martin 2000: The Ethnic Identity of the Kurds in Turkey, in: Ders., Kurdish Ethno-Nationalism versus Nation-Building States, Istanbul.

Varli, Arzu/Koraltürk, Meral 2010: Ikinci Mesrutiyet'ten Erken Cumhuriyet'e Milli Iktisadin Surekliligi ve Izmir Iktisat Kongresi, CTTAD, IX/20-21 (2010/Bahar-Gi): 127-142.

Vorhoff, Karin 2000: Turkiye'de Isadami Dernekleri: Islevsel Dayanisma, Kulturel Farklilik ve Devlet Arasinda, in: Stefanos Yerasimos (Hrsg.), Turkiye'de Sivil Toplum ve Milliyetcilik, Istanbul: 143-195.

White, Jenny 2013: Muslim Nationalism and the New Turks, Princeton.

Yankaya, Dilek 2014: Yeni İslami Burjuvazi: Türk Modeli, İstanbul.

Yavuz, M. Hakan 2003: Islamic Political Identity in Turkey, London.

Zabcı, Faruk 2003: Çuval davası, in: Hürriyet, 24.10.2003 (http://www.hurriyet.com.tr/cuval-davasi-179142).

Zürcher, Erik Jan 2004: Turkey: A Modern History, London/New York.

Gesetzestexte

Türkische Verfassung 1982: Die Türkische Verfassung von 1982, https://global.tbmm.gov.tr/index.php/DE/yd/, letzter Abruf: 25.6.2016.

Gesetz zu den Aufgaben und Befugnissen des Generalstabschefs (Nr. 1324, verabschiedet am 31.7.1970, in Kraft getreten 7.8.1970).

SPK – Siyasi Partiler Kanunu (Gesetz über politische Parteien), 1982.

Geschichte der Türkei-Türken – Zeittafel

2000-12000 v.u.Z.	Reich der Hethiter (Hauptstadt: Hattusa, heute Boğazkale)
1200-1000 v.u.Z.	Besiedlung der kleinasiatischen Westküste durch griechische Stämme, später entstehen griechische Kolonie-Städte am Schwarzen Meer
9.-7. Jh. v.u.Z.	Reich von Urartu im Gebiet um den Van See (Südosttürkei), phrygisches Reich in Zentralanatolien mit Hauptstadt Gordion, ab 600 v.u.Z. Ansiedlung der indogermanischen Armenier im Gebiet von Urartu (Osttürkei)
7./6. Jh. v.u.Z.	Lyderreich als Großmacht im Westen, Lykier im Südwesten Kleinasiens; die erste Prägung der Münze durch die Lyder
6. Jh. v.u.Z.	Perser erobern Kleinasien, bis 4. Jh. v.u.Z. folgen „Perserkriege"
334-333 v.u.Z.	Alexander der Große erobert den größten Teil Kleinasiens, seinem Tod folgen „Diadochenkämpfe"
1. Jh. n.u.Z.	Kleinasien wird von den Römern erobert
330 n.u.Z.	Konstantinopel wird Hauptstadt des Römischen Reiches
395.	Teilung des Römischen Reiches, Entstehung des oströmischen Reiches Byzanz
um 550	Erster nomadische Herrschaftsverband eines Turkvolkes in Zentralasien
610	Mohammed (570-632) tritt in Mekka als Prophet auf
8./9. Jh.	Araber beherrschen weitere Teile Palästinas, Syriens und Kleinasiens, Rückeroberung Kleinasiens durch Byzanz ab Mitte des 9. Jh.
um 950	Turkstämme der Oghuzen nehmen den Islam an
1037	Die Oghuzen begründen in Iran die Dynastie der Seldschuken, Isfahan wird Residenz
1071	Sieg der Seldschuken über byzantinisches Heer bei Manzikert (Malazgirt), Anatolien wird seldschukisch
1080	Gründung des Sultanats der Rum-Seldschuken, mit Konya (Ikonion) als Hauptstadt
11./12. Jh.	Wechselvolle Besitzerverhältnisse in Kleinasien und östlichen Mittelmeerraum aufgrund von Kreuzzügen

um 1220	Das Reich der Rum-Seldschuken erreicht unter Sultan Alaeddin Keykobad I. (1219-1236) seine höchste Blüte
1209-1271	Hadschi Bektasch wirkt in Zentralanatolien, erste Bektaschi-Orden
1230-1273	Dschelaleddin Rumi wirkt in Konya
1281	Kriegsheer Osman I. erweitert sein Gebiet in Nordwest-Anatolien und gründet das Osmanische Fürstentum, womit er den Grundstein für das spätere Osmanische Reich legt
1326	Osmans Sohn Sultan Orhan (1326-1359) erobert die byzantinische Stadt Bursa und macht sie zur Residenz des aufstrebenden Osmanischen Reiches
1365	Sultan Murat I. (1359-1389) erobert Thrakien und die Stadt Edirne (Adrianopel) und macht sie zur Residenz
1389	Sultan Murat I. besiegt in der *Schlacht von Amselfeld* (Kosovo) das vereinigte Heer der Serben, Kroaten und Bosnier
1396	Sultan Yıldırım I. Bayezid besiegt in der *Schlacht von Nikopolis* ein Kreuzfahrer-Heer
14. Jh.	Osmanen erobern Serbien und Griechenland, kreisen Konstantinopel ein
1402	Niederlage des osmanischen Heeres unter Sultan Yıldırım I. Bayezids Kommando gegenüber dem türkisch-mongolischen Heer Timurs
1444	Das osmanische Herr unter dem Kommando von Sultan Murad II. schlägt bei der *Schlacht von Warna* ein Kreuzfahrer-Heer
1453	Eroberung Konstantinopels durch Sultan Mehmet II. den Eroberer (Fatih), die Stadt wird als Istanbul Hauptstadt des osmanischen Imperiums, Ende des *Byzantinischen Reiches*
1461	Eroberung des am Schwarzen Meer gelegenen Trapezunt (Trabzon), letztes Relikt des byzantinischen Reiches und Hauptstadt des gleichnamigen komnenischen Kaiserreiches
1473	Sultan Mehmet II. der Eroberer besiegt in der *Schlacht von Otlukbeli* das turkmenische Heer der Aq Qoyunlu unter Uzun Hasan
1512-1520	Regentschaft von Yavuz Sultan Selim I.: Sieg über die Safawiden (1514) und Mameluken (1516), Eroberung Syriens, Palästinas und Ägyptens, Ostanatolien schließt sich dem Osmanischen Reich an
1520-1566	Regentschaft von Sultan Süleyman dem Prächtigen, das Osmanische Reich erlebt seine Blütezeit, die Fläche des Imperiums verdreifacht sich
1526-1600	Dichter Baki, die osmanische Dichtung erreicht ihre Blütezeit

1526	Sieg über das ungarische Heer in der *Schlacht von Mohac*, Eroberung Ungarns
1529	Süleyman I. belagert vergeblich Wien
1536	Eroberung Iraks und Bagdads
1538	*Seeschlacht von Preveza*, osmanische Flotte besiegt die Flotte eines christlichen Bündnisses. Osmanische Vorherrschaft im Mittelmeer, Expeditionen im indischen Ozean und in Indien
1556	Eröffnung der Blauen Moschee (Süleymanije)
1570-1571	Eroberung Zyperns; Niederlage osmanischer Flotte in der *Seeschlacht von Lepanto* (7.10.1571) gegenüber der Flotte der Heiligen Liga unter der Führung von Don Juan de Austria, Ende der osmanischen Vormachtstellung im Mittelmeer
17. Jh.	Stagnation der osmanischen Expansion, Kriege gegen das Reich der Habsburger und Safawiden schwächen das osmanische Reich finanziell, gesamtgesellschaftliche Krisenerscheinungen
1656-59	Wiederherstellung der zentralen Staatsgewalt über die Janitscharen und die Provinzen
1683	Belagerung von Wien, Niederlage der Osmanen am Kahlenberg, das *Osmanische Reich* gerät in die Defensive
1699	*Frieden von Karlowitz*, das Osmanische Reich tritt ganz Ungarn einschließlich Siebenbürgen sowie den Großteil Kroatiens an Österreich ab
1703-30	Sultan Ahmed III., Gipfel höfischer Eleganz, Reformbemühungen, Förderung der Manufaktur, stärkere kulturelle Öffnung zum Abendland
1718-30	Großwesir Ibrahim Pascha, seine Amtszeit endet 1730 mit dem Patrona Halil-Aufstand und der Abdankung von Ahmed III, Ende der Tulpen-Ära
1768-74	Krieg mit Russland, russische Flotte vernichtet in der Ägäis die osmanische Flotte, osmanische Niederlage an der Donau, Friedensvertrag von Küçük Kaynarca, Unabhängigkeit der Krim und der nördlichen Küsten des Schwarzen Meeres, russische Invasion auf die Krim (1771)
1808	„Übereinkommen" zwischen Mahmud II. und den wichtigsten Machtträgern des Staates (sened-i ittifak)
1826	Abschaffung der Janitscharen
1838	Anglo-osmanisches Handelsabkommen; Beginn des staatlichen Schulwesens nach abendländischem Muster
1839	Beginn der Tanzimat-Reformperiode

1853-56	Krim-Krieg mit Russland, Frankreich und Großbritannien kämpfen auf osmanischer Seite
1856	Reformedikt („Hatt-ı Hümayun") mit weitreichenden rechtlichen Garantien für Nichtmuslime; Pariser Vertrag beendet den Krim-Krieg; Osmanen nehmen formal gleichberechtigt an den Verhandlungen teil; Russland vorläufig zurückgedrängt
1856	Fertigstellung des neuen Sultanspalastes, des Dolmabahçe-Serails
1876	Erste osmanische Verfassung; Aufstände in Serbien, Bulgarien und Montenegro; Sieg der Osmanen über serbisches Heer
1893-95	Armenische Aufstände
1908	Jungtürkische Revolution und Wiedereinführung der Verfassung von 1876; Eröffnung des Parlaments
1912/13	Erster und Zweiter Balkankrieg, das Osmanische Reich verliert bis auf Ostthrakien sein ganzes europäisches Gebiet
1914-1918	Der I. Weltkrieg, Niederlage trotz militärischer Siege in der *Schlacht von Galipoli* und *Kut-ül Amare* (Irak) und Vormarsch auf Kaukasus
1919	Griechische Invasion in Izmir und Hinterland
1919-1922	Militärischer und ziviler Widerstand um Mustafa Kemal (Atatürk), Sieg in der *Schlacht von Sakarya* und *Dumlupinar* gegen die griechische Armee, Izmir wird eingenommen
1923	24. Juli: Vertrag von Lausanne, 29. Oktober: Ausrufung der Republik, Mustafa Kemal wird ihr erster Staatspräsident
1924	Ausweisung des Kalifen, Verfassungsgesetz, Wiederaufnahme der Beziehungen zu Deutschland
1925	Scheich-Said-Aufstand, Gesetz zur „Wiederherstellung der Ordnung" (bis 1929), Verwandlung der Türkei in ein diktatorisches Staatswesen, „Hutgesetz"
1926	Attentatversuch auf Mustafa Kemal in Izmir, Verbot der Bruderschaften, Übernahme des Schweizer Zivilgesetzbuchs
1927	Marathon-Rede Mustafa Kemals (Nutuk), worin er eine expost-Rechtfertigung seines Machtanspruchs liefert
1927-1934	Prowestliche Reformen, Latinisierung der Schrift, Sechs Pfeile als Grundsatz der Republik, Volkshäuser werden errichtet, Familiennamengesetz
1936	Meerengen-Abkommen von Montreux
1937-38	Dersim-Aufstand wird unterdrückt
1938	10. November Tod Atatürks, Inönü wird Staatspräsident

1939-1945	Türkei bleibt im *Zweiten Weltkrieg* neutral (1945 formelle Kriegserklärung an Deutschland)
1946	Einführung des Mehrparteiensystems
1948	Einbeziehung in den Marshall-Plan
1950	Wahlsieg von Adnan Menderes und seiner DP, die CHP-Regierung wird abgelöst
1950-1953	Türkei beteiligt sich am Korea-Krieg mit einer Brigade
1952	Aufnahme in die Nato
1955	Übergriffe auf griechische Einrichtungen in Istanbul und Izmir
1960	27. Mai: Militärputsch, Absetzung von Menderes
1961	Neue Verfassung, Hinrichtung von Menderes und zwei Ministern
1961-1965	Regierung unter Inönü; zweite merkantilistische Periode der Türkei; Assoziierungsabkommen mit der Europäischen Wirtschaftsgemeinschaft (EWG)
1965	Erste AP-Regierung von Süleyman Demirel
1971	12. März: Memorandum der Armeeführung (Militärintervention)
1974	26. Januar: Koalitionsregierung der CHP und der MSP unter Führung von Bülent Ecevit, Besetzung Nordzyperns
1976-1980	Blutige Polarisierung der Gesellschaft
1980	24. Januar: Umfassende Wirtschaftsbeschlüsse mit dem Ziel der Liberalisierung und Weltmarktintegration; 12. September: Putsch der Militärspitze unter Kenan Evren
1982	Neue Verfassung
1983-1993	Turgut Özal wird Ministerpräsident (1991), später Staatspräsident (1989-1993)
1984	Die PKK beginnt bewaffneten Kampf und Terroraktionen
1987	Ausnahmezustand in der Osttürkei, erster Antrag zum Beitritt zur EU
1989	Wahl Özals zum Staatspräsidenten
1991	Koalitionsregierung Demirel – Inönü (DYP – SHP)
1993	Tod Özaös, Demirel wird Stattspräsident
1995	Unterzeichnung des Vertrages über die Zollunion mit der Türkei
1996	Erbakan wird Ministerpräsident

1999	Das größte Erdbeben der türkischen Geschichte in der Westtürkei
1997	Politische Intervention der Militärführung gegen die Regierung Erbakans von der islamistischen Wohlfahrtspartei: Am 28. Februar wird beim Treffen des Nationalen Sicherheitsrates ein Bündel von Maßnahmen beschlossen, die sich gegen die islamistische Bewegung richten. 30. Juni: Rücktritt Erbakans.
2001	Schwere Wirtschaftskrise, Nationales Programm, Verfassungsänderung
2002	Erdrutschsieg für die AKP mit 34,4 Prozent
2005	Beitrittsgespräche mit der EU
2007	Vorgezogene Parlamentswahlen aufgrund versuchter Einflussnahme des Generalstabschefs; AKP-Wahlsieg
2010	Verfassungsreferendum
2011	Bruch mit Israel
2013	Juni: Gezi-Park-Proteste
2014	Kommunalwahlen, AKP-Wahlsieg; Wahl Erdogans zum Staatspräsidenten
2015	Parlamentswahlen: AKP verliert die Mehrheit; Neuwahlen (Nov.): AKP-Wahlsieg
2016	Putschversuch durch Teile der Streitkräfte, Regierung und Parlament verhängen Ausnahmezustand
2017	Verfassungs-Referendum zur Einführung eines Präsidialsystems (Ja: 51,4 %, Nein: 48,6 %)

WOCHEN SCHAU VERLAG
... ein Begriff für politische Bildung

Politischer Systemvergleich

Nikolaus Werz

Spanien

Nach dem Tod Francos 1975 und einer international beachteten Transition zur Demokratie wurde Spanien Mitglied der EU. Ein Zweiparteiensystem sowie eine boomende Ökonomie galten als Stabilitätsfaktoren. Die internationale Wirtschaftskrise 2008 traf das Land hart, mit den Empörten *(Indignados)* entstand eine soziale Protestbewegung, aus der die linkspopulistische Partei *Podemos*, die liberal orientierten *Ciudadanos* und bei den Wahlen 2015/16 ein Mehrparteiensystem hervorgingen.

In den historischen Darstellungen des Landes steht meist der als modellhaft geschilderte Übergang zur parlamentarischen Monarchie Ende des 20. Jahrhunderts im Vordergrund. Die aktuelle Einführung analysiert das politische System Spaniens vor dem Hintergrund der Krise 2008 und der komplizierten Regierungsbildung des Jahres 2016.

ISBN 978-7344-0468-9 (Print),
320 S., € 14,90

ISBN 978-7344-0469-6 (PDF),
€ 11,99

Weitere Titel aus der Reihe
Analyse politischer Systeme

Klaus Stüwe: **USA**
ISBN 978-3-89974637-2
320 S., € 9,80

Steffen Hagemann: **Israel**
ISBN 978-3-89974854-3
240 S., € 14,80

Stefan Schieren: **Großbritannien**
ISBN 978-3-89974662-4,
2. üb. Aufl., 272 S., € 14,80

Axel Klein/Chris Winkler: **Japan**
ISBN 978-3-89974638-9
208 S., € 12,80

Nikolaus Werz: **Argentinien**
ISBN 978-3-89974813-0,
208 S., € 12,80

INFOSERVICE: Neuheiten für Ihr Fachgebiet unter **www.wochenschau-verlag.de** | Jetzt anmelden!

A.-Damaschke-Str. 10, 65824 Schwalbach/Ts., Tel.: 06196/86065, Fax: 06196/86060, info@wochenschau-verlag.de